普通高等教育"十二五"规划教材
全国高等院校规划教材·公共课

大学生职业生涯指导

主　编　张硕秋
副主编　贾海宁　孙卫星

北京大学出版社
PEKING UNIVERSITY PRESS

内容简介

本书以职业生涯发展为主线，引导大学生通过认识自我、认识社会，准确定位，立足所学专业，科学规划自己的职业生涯方向。全书分为认识职业生涯规划、兴趣与性格、技能与价值观、了解工作世界、决策与行动计划、求职策略、职业适应与生涯管理、创业基础、职业发展与社会责任等九个单元。每一个单元都有扩展阅读、练习和讨论与思考，并配有大量阅读材料和实例说明，书后还附有最新的就业创业政策，可读性、针对性和实践性强。本书可作为本科院校和高职高专院校大学生职业生涯指导课程的教材，也可作为青年人职业生涯规划的参考用书。

图书在版编目(CIP)数据

大学生职业生涯指导/张硕秋主编. —北京：北京大学出版社，2013.9
(全国高等院校规划教材·公共课)
ISBN 978-7-301-22964-4

Ⅰ.①大…　Ⅱ.①张…　Ⅲ.①大学生—职业选择—高等学校—教材　Ⅳ.①G647.38

中国版本图书馆 CIP 数据核字（2013）第 179559 号

书　　名：大学生职业生涯指导
著作责任者：张硕秋　主编
责 任 编 辑：李　玥(liyue102@vip.sina.com)
标 准 书 号：ISBN 978-7-301-22964-4/G·3680
出 版 发 行：北京大学出版社
地　　址：北京市海淀区成府路 205 号　100871
网　　址：http://www.pup.cn　　新浪官方微博：@北京大学出版社
电 子 信 箱：zyjy@pup.cn
电　　话：邮购部 62752015　发行部 62750672　编辑部 62765126　出版部 62754962
印 刷 者：三河市北燕印装有限公司
经 销 者：新华书店
787 毫米×1092 毫米　16 开本　16 印张　370 千字
2013 年 9 月第 1 版　2019 年 2 月第 7 次印刷
定　　价：34.00 元

编 委 会

主　编：张硕秋

副主编：贾海宁　孙卫星

编　委：（按姓氏笔画排序）

丁立波　冯素玲　闫　光　刘　芝　刘晨亮

张良红　张沂红　李存岭　柳　春　郝　军

侯启海　程　涛　董俊杰

前　言

大学生活丰富多彩，但是大学生在校期间的主要任务仍然是学习。大学生应通过学习掌握专业基础知识和扎实的业务技能，以及为人处世的方式方法，提高自我综合素质，迎接挑战。调查研究表明，目前高校学风整体状况虽较为乐观，但也有相当一部分学生的学习素质堪忧。其主要表现为没有明确的学习目标和生涯规划，缺乏学习动力。这些问题的存在既严重制约了大学生自身的发展，也使高校因为不能为社会输送有竞争力的毕业生而影响了学校的长远发展。从根本上说，大学生学习动力不足的主要原因就是缺乏人生的目标和对自身职业生涯的规划。因此，在就业形势日益严峻的当今社会，在大学生中开展职业生涯规划教育，提升大学生的学习动力，提高学习效率，促进大学生的自身成长，才能有效缩短大学生由"校园人"到"社会人"转变的时间，才能实现人与职业的合理配置，为大学生提供终生受益的职业发展动力，帮助他们逐步实现由择业、就业、创业到职业、事业的终身的可持续发展。

职业生涯规划有助于大学生加深自我认识和进行恰当的自我定位。通过对自身现有条件的测量评估，大学生可以认识自我、了解自我，在充分肯定自身优势的基础上发现自己在知识、能力和素质上的不足，形成鲜明的自我定位，有针对性地明确职业方向，调动自我完善的愿望，增强学习动力；通过对职业要求的调查了解，大学生可以发现自身现有条件与理想职业要求之间的距离，从而挖掘潜力，奋发学习，提升自我。

职业生涯规划可以强化大学生发展的目的性与计划性。大学生通过制定合理、可行的生涯目标和职业理想目标，促使自己去规划自己的学习和实践，并为获得自己认为理想的职业而去做各种准备，使学习具有明确的努力方向。大学生通过制订具体职业生涯规划分解的自我提升计划，对职业生涯目标进行强化和管理，可以增强学习的有序性，并获得持久的学习动力。

职业生涯规划可以帮助大学生夯实就业基础，提高竞争力。有的学生在认识上存在一些误区，认为找工作是大四的事，有的虽然有目标，但不知道如何下手做好职业的准备。大学生可以从一入学便开始有意识地去培养自己的职业素养，加强专业知识的学习，不断优化自己的知识、素质和能力，并加强与职业目标有关的信息动态的了解，在大学几年的时间里打下坚实的职业基础，从而提高就业的竞争力。

大学生职业生涯规划贯穿大学生整个职业学习的全过程，是社会进步和职业发展变化的迫切需要，是现今严峻就业形势的必然要求，是大学生自身发展的内在要求，对当代大学生认识自我、了解社会以及实现自己的人生价值都有着非常重要的作用。

本教材的编写就是从大学生职业生涯发展的特点、需求、面临的问题和任务出发，帮助大学生深入认识自我，了解职业环境，厘清职业生涯的发展方向，掌握职业生涯规划与决策的方法以及切实有效的求职技巧，学会解决就业、职业适应、职业发展、创业等方面的现实问题，为大学生应对职业生涯的中长期发展做出指导。其目的就是让大学生学会运用生涯规划的理念与方法，为自己的职业生涯做出有效的规划。

在教材编写过程中，我们力求全面、系统地阐述职业生涯管理的理论和实践，将职业生涯规划理论、职业能力培养与解决实际就业、创业问题有机结合起来，既介绍了先进的生涯规划理论和方法，也讲授了毕业求职阶段所需要的相关知识和求职技巧，充分体现系统性、前瞻性、实践性和适用性的特点，对于当代大学生今日的择业、就业，将来的人生运筹，乃至生活的其他方面都具有很强的指导作用。

在编写过程中，我们参考和吸收了国内外部分专家、学者的研究成果，在此向原作者表示谢意。由于时间仓促，能力有限，尽管我们付出了极大的努力，也难免存在不足之处。在此，真诚地期待专家学者和广大师生给予批评指正。

编　者

2013 年 5 月

目　录

第一单元

认识职业生涯规划

假如我能够重新上一次大学的话，我一定会比现在做的更好。
——一位2013届毕业生的感言

本单元要点

理解职业、职业生涯以及职业生涯规划的定义，认识职业生涯规划的重要作用；澄清职业生涯规划与找工作的区别和联系；简要介绍职业生涯规划的内容和方法。通过本单元内容的学习，理解职业生涯规划的理念，加强对职业生涯规划重要性的认知，积极地进行自我生涯探索和职业生涯规划。

你有过这样的困惑吗？

● 张静怡是大一的学生，由于立志在学术上有所成就，所以从一入学起她就打定主意要考研。可是学长们都说，考研从大三下半年准备就可以了，那么大一、大二又该如何安排呢？对于现在的专业学习又该如何处理呢？

● 王晓是大二的学生，因为他认为自己在学术上没有什么天赋，所以从一上大学起他就决心不再考研了，而是本科一毕业就直接就业。因此，他决定要充分地锻炼自己，使自己能够提前适应社会。于是他利用业余时间出去打工，发传单，当临促，还去餐厅打工，除此以外，他还加入了院学生会。但是经过一年以后，他发现自己有两门功课挂科了，而且这一年的忙碌并没有带给自己什么实质性的提高，难道自己的这种规划错了吗？他该怎么办？

● 张平是大三的学生，现在所学的专业虽然是他的第一志愿，也是热门专业，但他当时对这个专业并不了解。通过一段时间的学习，他感觉这个专业好像和自己的想象有所差距，自己并不喜欢这个专业。有学长告诉他，如果要找一份好工作，还得考研。当把自己的困惑告诉父母后，父母也鼓励他考研，但是他不知道坚持读一个自己并不感兴趣的专业又有什么意义呢？读完研究生就一定能找一个好工作吗？

● 王莹今年大四了，她打算趁着年轻去大城市闯一闯，最不济也要留在省会。但是她的父母坚决反对，让她必须回家工作，理由如下：① 父母只有她一个孩子，希望她能够留在身边；② 现在房价这么高，如果去大城市工作的话，什么时候才能买得起房子？如果回家工作的话，结婚之前可以跟着父母住，就算结婚，房价也便宜；③ 作为女孩子，有一份稳定的工作，找个可靠的男孩子嫁了，安安稳稳的多好啊。到大城市工作压力大，生活成本高，有什么好的。如果工作不顺利再回来的话，白耽误几年。而她的理由是：如果一旦回去，现在就可以想象今后几十年的生活，一点变化都没有。她才这么年轻，如果生活没有了希望和惊喜，她简直不能想象这种生活。她该怎么办？

● 刘海今年大四了，在校三年多，他非常努力，专业成绩非常好，每年都能拿到奖学金。而且由于长期担任学生干部，他的表达能力和自信心也很强。在找工作的过程中，他总是能够顺利通过面试，拿到邀约，被同学和学弟、学妹尊称为"面霸"。一方面他看到很多同学总在苦苦地争取一个面试机会时，不免有些得意；但另一方面，他又非常苦恼：在这么多工作中如何选择呢？是选择大城市还是小城市，是选择高底薪还是高奖金，是注重升迁机会还是福利待遇，是选择稳定还是竞争？这些都让他头疼！眼看着其他同学都纷纷签约，他的压力越来越大。他该怎么办？

不知道你是否也会遇到与上面几位同学相似的问题，或者有着其他类似的困惑。其实这些问题正是职业生涯规划要为同学们解决的问题，当然，要解决这些问题，我们还必须了解以下几个概念：职业、生涯和职业生涯规划。

理论与讲解

对于人类的历史而言，职业生涯规划是一个年轻的概念，而对于中国的大学生而言，职业生涯规划的概念则更为短暂。然而，在近几十年，职业生涯规划的理论得到了极大的发展，虽然在这本书里我们不可能进行详尽的介绍，但是我们可以让同学们通过本单元的学习概况性地了解相关内容。这可能有助于大家建立一个简单而全面的认知，今后大家可以对自己感兴趣的内容更深入地了解和学习。

一、职业的概念

（一）一种历史的视角

在引入职业的概念之前，我们必须从历史的角度回顾一下职业的变迁，这可能有助于我们更加深入地了解职业这一概念而不是把它当做一个枯燥的定义。

《荀子·富国》中第一次提出了职业的概念："事业所恶也，功利所好也，职业无分，如是，则人有树事之患而有争功之祸矣。"按照唐人杨琼所著的《荀子注》中的观点："职业，谓官职及四人之业也。"也就是说，职业就是指官和士农工商。其实，无论对几千年来生活在封建社会的中国人来说，还是对欧洲人而言，出身可能带给你的就是终身的职业。子承父业是最自然不过的事情了，农民的儿子必定会是一个农民，而铁匠的儿子也终会成为一个铁匠。

但欧洲工业革命引发了社会的巨大变革，整个经济出现了巨大的变化。很多新兴的产业带来了崭新的工作岗位和工作机会，原来的农民和小手工业者由于失业或者积累财富的原因开始从事新的工作。而职业概念的深入人心则是源于 20 世纪初的美国大移民。成千上万的欧洲人举家迁徙移民到美国，他们怀揣着梦想来到美国，白手起家，做他们想做的事情，进入新的行业，开展新的生意，发展新的技能，等等。这也是为什么职业生涯规划的概念诞生于美国的原因。

（二）职业的定义

按照《辞海》的解释，职业是人们在社会中所从事的作为谋生手段的工作。[①] 心理学家把职业定义为“跨越个人一生的相关工作经历模式”[②]。阿诺德（Arnold. J）把职业定义为“一系列与雇佣相关的职位、任务、活动和经验”，他认为职业可以看作个人的生命历程、工作任务和经历。[③] 然而，阿瑟（Arthur，M. B）等人认为，职业概念不能仅用一个理论或规则表示，他们提出了八种关于职业概念的观点（心理学、社会心理学、社会学、人类学、经济学、政治科学、历史学和地理学）。

在下面几个单元的内容中，我们可能会接触到更多源自心理学的职业生涯规划理论，但是在这里要给大家介绍一个来自巴鲁（Yehuda Baruch）的理论。巴鲁认为，在定义什么是职业时，我们应该区分内部职业、外部职业和组织职业：[④]

内部职业是一个人对他或她自己的职业的自我感觉：发展、晋升和目标实现。这种自我感觉包括实现主观职业目标和评估自己实现目标的成果。内部职业具有主观性，因此内部职业的成功取决于内在的感情和个人价值观，并与自己所制定的职业目标有关。

外部职业是关于其他人或组织如何认知个人职业——发展、晋升和个人目标的实现。通过外部评估来评价职业成果比内部职业评估更客观，但是外部评估取决于评估者的观察角度。对外部职业成果的评估主要取决于在组织中的等级层次以及晋升速度、社会地位、专业资格和财政收入。

组织职业是人们在工作中所承担的职位和角色。在一个组织或具有相同晋升标准的组织之中职业晋升具有客观性和可度量性。然而，这种比较对于动态的职业来说不清晰或者说根本无意义。

在这里引入这个理论的目的在于，我们希望大家能够直面一个事实：职业的变迁（新职业的发展和老职业的衰退）取决于很多因素，职业系统具有其多元性。因此，固然从心理学角度来看，职业是一个人的生命历程，但是作为一个试图掌握职业生涯规划理论的大学生，我们应当更加全面地看待职业以及影响职业的因素。

练习 1-1 列举职业

请同学们分别列举以下三种职业：

(1) 历史上曾经存在，但是现在已经消亡的职业；

(2) 历史上没有，但是在近 30 年出现的职业；

(3) 历史上就存在，现在仍然存在的职业。

---

① 汉典网站：http://www.zdic.net

② Greenhaus，J. H. and Callaan，G. A(1994)*Career Management*，Forth Worth：The Dryden Press；Greenhaus，J. H.，Callnan，G. A. and Godshalk，V. M. (2000)*Career Management*，3rd edn，Forth Worth：The Dryden Press.

③ Arnold，J. (1997)*Managing Careers into the 21st Century*，London：Paul Chapman.

④ 〔英〕耶胡迪·巴鲁. 职业生涯管理教程[M]. 北京：经济管理出版社，2011：50.

练习 1-2 分析职业的主要因素

如果我们把职业看作一个系统的话，那么职业的主要因素有哪些？这些因素分别为系统带来了什么，又做了什么？

扩展阅读

耶胡迪·巴鲁的职业系统及其多元性：谁带来什么，谁做了什么[①]

职业的四个主要因素是个人(他或她的家庭)、组织、社会和公众体(范围涉及当地机构和专业协会，以及国家政府和国际组织)。

表 1-1 描述了职业系统中的每一个因素为系统带来的内容，以及元素的责任(表 1-1(a)考察了谁带来什么，表 1-1(b)考察了谁做了什么)。

表 1-1 谁带来什么，谁做了什么？

个人 需求 特性 价值 态度	组织 组织文化 组织资源 组织结构
社会 文化 学校教育 价值系统	公共团体 立法 专业的和职业的系统

(a) 谁带来什么

个人 表演 计划（设定目标） 寻找自身价值 学习 谈判 反馈	组织 鼓舞 支持 提供 控制 培训 谈判
社会 家庭支持 联合 教育 训练协会	公共团体 合法权限，法庭 公共服务机构（例如就业中心）

(b) 谁做了什么

① 〔英〕耶胡迪·巴鲁. 职业生涯管理教程[M]. 北京：经济管理出版社，2011：18-25.

二、生涯的概念

生涯这个词我们并不陌生，如舞台生涯、戎马生涯等。《庄子》中有这么一段著名的话："吾生也有涯，而知也无涯。以有涯随无涯，殆已。"《辞海》对"生涯"的定义是：指从事某种活动或职业的生活。[①]

与生涯相对应的英文是 career，国外学者对于生涯的定义也是各有不同，但是比较有影响力的定义有以下两个。

(1) 生涯是生活里各种事态的演进方向和历程，它统和了人一生中的各种职业和生活角色，由此表现出个人独特的自我发展形态。生涯也是人生从青春期到退休以后，一连串有酬或者无酬职位的综合。除了职位以外，还包括任何与工作有关的角色，如学生、退休者，甚至包括家庭和公民的角色。[②] 这个定义是舒伯(Super，1976)的论点。

(2) 生涯是指个人通过从事工作所创造出的一种有目的的、延续不断的生活模式。[③] 这个定义是由美国国家生涯发展协会(National Career Development Association)提出的，是生涯领域中使用最为广泛的一个定义。该定义中包含了一些重要的观念，澄清这些观念，对于阅读这本书并试图掌握职业生涯规划理论的同学们来说有着重要的实践意义。

① "延续不断的"(time extended)指生涯本质上是持续一生的过程，而不是作为一个特定的事件或选择的结果而发生的事情，也不局限于一个特定的职业或工作期间发生的事情。

② "创造出"(Working out)强调生涯是人们选择的结果，而非一个自然而然的过程。在整个生涯过程中，需要人们接连不断地作出一系列的选择，而选择时必然要权衡可能的收益与付出的代价和潜在的风险。因此，生涯是人们在将理想、愿望与现实和可能性之间进行比较、权衡的结果。

③ "有目的的"(Purposeful)指生涯对个人而言是有意义和有价值的，生涯反映了个人的价值观和信念，生涯的形成和发展取决于个人的动机、抱负和目标等。因此，生涯不是偶然或者随波逐流的结果，而是个人经过规划、考虑、制定和执行的结果。

④ "生活模式"(Life pattern)强调生涯不仅仅是指一个人的职业(occupation)、职位(position)或工作(job)，而是包括人们所扮演的各种生活角色以及人们整合与安排这些角色的方式。

⑤ "工作"(work)是生涯领域内最容易混淆的词语之一。在这里大家注意到了，这里的工作对应的英文是 work 而非 job，所以在这里的"工作"是指一种为自己和他人创造价值的活动，它强调的是"价值"而非"薪酬"。因此，绝不能把工作简单等同于就业。而在后面的学习中，大家也会理解为什么会把闲暇活动作为生涯的一部分，而且是非常重要的一部分。

⑥ "个人所从事的"则是强调生涯的独一无二和不可复制。正如世界上不可能有两

---

① 汉典网站：http://www.zdic.net

② 沈之菲.生涯心理辅导[M].上海：上海教育出版社，2000：3.

③ Robert C. Reardon, Janet G. Lenz.职业生涯发展与规划[M].北京：中国人民大学出版社，2010：7.

片同样的树叶一样，在现实生活中，也不可能存在两个完全一样的“生涯”。生涯建立在个人特定的历史和情景上，基于每个人不同的特点，因此，生涯对于每个人而言都是独一无二的。

与舒伯的观点相比，美国国家生涯发展协会（NCDA）给出的定义重视了人的主观能动性，更为积极和主动。这也代表了职业生涯规划领域的变迁，从“寻找适合于我的生涯”转变到“发展属于我自己的生涯”。当然，对于某些同学来讲，生涯规划的重心转移到自身是一件令人兴奋的事情，但是，对于某些同学而言，需要承担自身生涯发展的责任则会让他们感到压力乃至恐惧。而这也正是我们希望通过课程的教学来解决的问题之一。

练习 1-3 我的生命线

步骤 1：思考一下，你期待自己活到多少岁？然后，请在一张白纸上画一条直线，这条直线的长度代表了你生命的长度。将直线的一端视为你生命的开始，另一端写上你期待可以活到的年龄。

步骤 2：在这条生命线上找到你现在的年龄点，并标记出来，写下现在的年龄。

步骤 3：回顾你过往生命历程中发生的重大事件，在直线上方写出两到三件对你有积极影响的事件，并在直线相应位置上标明年龄；在直线下方写出两到三件对你有消极影响的事件，并在直线相应位置上表明年龄。

步骤 4：思考一下这些事件对你的影响，即它们如何使你成为今天的你。

步骤 5：尝试使用美国国家生涯发展协会（NCDA）给出的定义，对自己过去生涯的这些重大事件进行分析，尤其是记得使用以下关键词：创造性、有目的的、生活模式和工作。

扩展阅读

五种工作类型的描述[①]

卡维塞、戴思卡和马泽罗勒在他们的书中引用了汉迪对五种工作类型的描述来强调本书中第二个定义，[②]即工作不仅仅是就业，而是一种为自己和他人创造价值的活动，是对生涯进行操作化定义的方式。

1. 工资制工作：依据时间和努力获取报酬的工作。
2. 报酬制工作：依据工作结果获取报酬的工作。
3. 家庭工作：在家里从事的工作，如抚养儿童或者养护草坪。
4. 志愿性工作：志愿或慈善工作。
5. 学习性工作：研习新技能。

---

① Handy, C. (1989). The age of unreason. Boston: Harvard Business School Press.

② Cawsey, T, F., Deszca, G., & Mazerolle, M. (1995, Fall). The portfolio career as a response to a changing job market. *Journal of Career Planning and Employment*, pp. 41-46.

三、职业生涯规划的概念与意义

通过对职业概念和生涯概念的学习，我们已经知道，不应该将职业生涯规划简单等同于找工作，或者局限于与工作相关，而应该从个人持续一生的角度出发去看待职业生涯规划。

（一）职业生涯规划的概念

1908 年，在美国波士顿某个社区的一栋住宅楼里，一个名叫弗兰克·帕森斯（Frank Parsons）的人创建了职业局（Vocations Bureau），来帮助青年和成人梳理复杂的职业选择过程。求职者在他的帮助下审视自我的个性特点，调查当地的就业状况，并最终进行就业机会的选择。这就是职业生涯咨询的肇始。

然而，虽然职业生涯规划的概念已经诞生超过 100 年了，但对于大多数的中国大学生甚至是就业指导中心而言，这还是一个新鲜的概念。因为自 1951 年起，当时的政务院决定"高等学校毕业生的工作由政府分配"。这个政策一直延续到 2007 年 4 月，随着西藏最后一个取消大学生毕业分配，延续了五十多年的毕业分配制度才成为往事。

因此，在过去的年代里，对于绝大多数的中国家庭而言，考上大学就不需要做什么职业生涯规划了，一切由国家安排好了。但是，在国家取消大学生毕业分配以后，大学生不得不思考一系列的问题：我要如何选择自己的专业？如何选择自己的工作？如何安排自己的生活？在这种情况下，职业生涯规划的理论开始受到重视，大量关于职业生涯规划的研究开始引入中国。

（二）职业生涯规划的意义

了解了职业生涯规划的历史以后，大家不免有一个疑问：在没有接触到所谓的生涯理论之前，人们是如何选择职业以及安排自己的生涯呢？职业生涯规划的意义究竟何在呢？

其实，我们每个人都本能地使用被霍兰德称为"个人生涯理论"的方法来解决生涯问题，进行生涯决策。[①] 比如，你可能会这么评价自己："我是一个外向型的人，喜欢结交朋友，我现在对营销和管理很感兴趣，将来我要成为一个成功的企业家。"但是你的朋友可能会认为："这个家伙富有亲和力，将来可能会成为一个不错的销售人员。"在上述的两个例子中，人们都是不自觉地将对自我的了解与各种教育、职业选择相匹配，从而选择一个职业。

根据安妮·罗伊的研究，可以用 12 个因素来解释一个人的职业选择，这 12 个因素可以归为四个不同的类别。[②] 同时，她将这 12 个因素整合为一个代数公式（见表 1-2），其中，小写字母代表调节系数，用来表明 12 个用大写字母表示的一般因素会如何在特定的事件点及个人所处的独特环境中，受到个人独特品质的影响。

---

① Holland, C. (1997). *Making vocational choices* (3rd ed.). Odessa, FL: Psychological Assessment Resources.

② Roe, A., & Lunneborg, P. (1990). Personality development and career choice. In D. Brown & L. Brooks (Eds.), *Career choice and development* (2nt ed., pp. 68-101). San Francisco: Jossev-Bass.

表 1-2　罗伊的公式：影响职业选择的 12 个因素

职业选择＝S[（eE＋bB＋cC）＋（fF，mM）＋（lL＋aA）＋（pP×gG×fF×iL）]	
S＝性别 E＝总体经济状况 B＝家庭背景，种族 C＝机遇 F＝朋友，同伴群体 M＝婚姻状况	L ＝一般学习 A＝后天习得的特定技能 P＝ 生理特点 G＝认知能力或特殊天赋 T＝气质与个性 I＝兴趣和价值观

资料来源：Roe，Anne and Lunneborg，Patricia W. "Personality Development and Career Choice，"formula on p. 88. In D. Brown，and Associates，*Career choice and Development*：*Applying Contemporary Theories to Practice*，2nd ed. Copyright 1990 Jossy-Bass Inc.，Publishers. Reprinted with permission。

公式中的第一组包含的是人们几乎无法控制的因素，后三组中则包含那些基于遗传和后天经验的因素。罗伊的分析告诉我们，一方面，生涯发展与职业选择是如此错综复杂，这有助于我们审视自我决策的过程；但另一方面，一个人能够在某种程度上选择自己的经历或兴趣。

这也正是本书试图告诉同学们的：职业生涯是有关工作经历的过程和结果，不仅仅是外在的客观经历，同时也是一种主观选择、塑造和适应过程。虽然生涯决策的制定和生涯问题的解决是一个非常复杂而困难的任务，但是只要有足够的动机并为之付出相应的时间和精力，我们就能够发展技能，学会规划并掌控自己的生涯。

四、职业生涯规划的理论与实践

那么当前关于生涯发展最好的理论是什么呢？自 20 世纪初帕森斯的开创性工作以来，心理学家、经济学家、社会学家和教育学家一直努力进一步了解人们进行生涯选择和生涯问题解决的过程和方式。职业生涯理论涉及的问题包括个体特征及早期成长环境对职业的影响，人在组织环境中的角色转换和同化，人与组织及社会环境的匹配，人的自我职业规划，社会文化环境、家庭对职业的影响等方面。职业生涯理论经历了从人职匹配的职业指导阶段到关注全面发展和终生发展的生涯指导阶段，产生了如类型学、发展性社会学习以及认知信息加工等理论。

（一）职业生涯规划理论的历史嬗变

龙立荣、李晔从职业指导的角度对职业生涯管理理论的历史嬗变过程进行了概括，他们认为，关注职业选择和职业适应的职业指导从 20 世纪初诞生后，从概念到理想上都发生了很大的变化。这种发展大致经历了三个阶段，即职业与职业指导、职业生涯发展与职业生涯辅导、生涯发展与辅导。①

1. 职业与职业指导阶段（20 世纪初～20 世纪四五十年代）

这一阶段的主要实践是对职业选择或决定有困难者进行的帮助活动，其理论依据是心理学中的人职匹配理论，使用的工具是心理测验。早期代表人物是帕森斯和威廉姆逊，近现

① 龙立荣，李晔. 职业辅导思想的历史嬗变——从职业指导到生涯辅导[J]. 华中师范大学学报（人文社会科学版），2001，(6).

代代表人物是霍兰德。这个阶段有两大贡献：第一，重视职业指导工作，强调科学的职业选择需要教育工作者和社会予以指导和帮助，开辟了职业指导这个新的研究和工作领域；第二，提出了职业指导的人职匹配理论，并将这种理论建立在理性、科学的方法基础之上，对职业指导的科学化做出了贡献。

2. 职业生涯发展与职业生涯辅导阶段(20 世纪四五十年代～70 年代)

这一阶段的主要代表人物是舒伯和罗杰斯(Rogers)。舒伯在继承前人理论和实践的基础上，提出了终生的职业生涯发展理论，并将职业生涯定义为一个人终生经历的所有职位的整个历程，比较全面地阐述了其早期职业生涯发展理论。罗杰斯主张在职业指导过程中无条件尊重被咨询者，这使传统的指导活动观(如指导者与被咨询者关系上的权威主义态度和家长式作风、过分依赖测验、过多的直接指导等)受到了严峻的挑战。由此，静态的、一次完成的职业指导开始向发展的、多次完成的职业选择转变，职业指导观念也开始向职业辅导观念转变，职业指导活动进入到了一个新阶段。

3. 生涯发展与辅导阶段(20 世纪 70 年代开始)

这一阶段的职业发展理论不只是包含职业生涯，而是进一步扩大到家庭生活；职业辅导从以民间、社会为主，过渡到学校、政府，再到企业的全面参与。专家、学者开始采用一种生命全程和生活整体的观点来进行研究，将职业生涯纳入个人整个生涯之中，探讨工作和家庭的有机统一和平衡，丰富和发展了职业生涯的理论。

(二) 职业生涯规划的理论

在生涯发展理论从职业指导到生涯辅导的转变过程中，诞生了很多经典的理论。这些理论从不同的角度提出了很多新的观点，它们的侧重也由职业抉择转变为生涯的全方位、长期发展。但是，相同的是它们都强调了解自我的独特性，强调个人所处的家庭及社会环境对个人的影响，都认为生涯的发展是一个持续的、长期的决策过程。

通过对下面理论的学习，同学们将会对生涯发展理论有一个基本的了解，在后面的章节中，我们将依据这些理论进行实践和探索。

1. 帕森斯的特质因素论

(1) 地位

特质因素论由弗拉克·帕森斯在其 1909 年出版的《选择职业》(Choosing a Vocation)一书中首次提出，是最早期的职业辅导理论，在 20 世纪 50 年代曾经非常流行，是职业辅导最基本的理论，至今仍然对职业辅导工作具有重要的指导意义。由于帕森斯在职业辅导工作上作出的巨大贡献及深远影响，他被人们尊称为“职业辅导之父”。

(2) 观点

特质因素论的基本假设是：每个人均有稳定的特质，而职业也有一组稳定的条件(因素)。所谓“特质”(Trait)，就是指个人的人格特征，包括能力倾向、兴趣、价值观和人格等，这些都可以通过心理测量工具来加以评量；“因素”(Factor)则是指在工作上要取得成功所必需具备的条件或资格，这可以通过对工作的分析而了解。将个人与职业相匹配，如果个人的特质与工作因素越接近，则个人成功的可能性就越大。

基于以上的假设，帕森斯认为，在选择职业的过程中主要涉及三个因素，即对自我爱好和能力的认识、对工作环境及性质的了解、二者之间的协调与匹配。对应这三个因素，他提出了“职业辅导的三大原则”：

原则一：对自我进行探索，包括理解个人的兴趣、能力、资源、限制及其他特质。

原则二：了解各种职业，如职业的技能要求、工作条件、薪酬福利、发展前途等。

原则三：将上述两类资料进行综合并找出与个人特质匹配的职业。

（3）评价

帕森斯被视为结构取向的理论家，因为他分别聚焦于每种职业选择或生涯选择，他试图考察与个人及其职业选择相关的所有因素。帕森斯认为，生涯决策的制定需要掌握有关个人以及各种职业选择的高质量信息。因此，对于帕森斯而言，生涯决策的最后环节就是要运用逻辑和推理技能来决定最佳的选择，如果一个人缺乏对自己或职业的了解，或者推理能力不足，那将会有做出糟糕选择的可能性。帕森斯将高质量的自我评价、职业信息以及专业的咨询者作为帮助人们解决生涯问题的关键。

但是，特质因素论也存在以下几个不足：① 心理测量工具本身存在信度与效度的问题；② 特质因素论假定个人的特质与工作的特征是稳定不变的，但事实上，二者都是不断发展变化的；③ 它强调理性的适配，而忽略了情感在抉择中的影响作用；④ 职业生涯的概念过于狭隘，职业辅导的目标仅在于个人与职业进行匹配。

2. 霍兰德的类型论

（1）地位

约翰·霍兰德(John Holland)发展了一种被称为“类型学”的理论，它是关于人格类型和与之相匹配的环境类型的理论。① 霍兰德的 RIASEC 模型是在实践中得到最广泛应用和在学术上得到最普遍认可的模型之一，RIASEC 这六个英文字母分别代表六种类型的人和六种职业环境，这六种类型之间具有关联性，并被画成了六边形。

自 20 世纪 50 年代起，生涯发展领域基于霍兰德的理论发展出最为广泛使用的工具和材料，不断产生出关于人们如何选择职业的大量研究，他编制的兴趣量表——职业自我探索量表(Self-Directed Search)，自 1970 年问世以来，已经被翻译成 25 种语言，销量达 2700 余万册。而且，霍兰德的方法还被广泛用于研究各种社会、工作环境，包括职业、职位、组织、学校和人际关系。

（2）观点

霍兰德的类型论也被称作 RIASEC 理论，该理论认为：

① 职业选择是人格的一种表现，某一类型的职业通常会吸引具有相同人格特质(Personality)的人，这种人格特质反映在职业上，就是职业兴趣。大多数人的职业兴趣(人格)可以归纳为六种类型，即实用型(Realistic Type，简称 R)、研究型(Investigative Type，简称 I)、艺术型(Artistic，简称 A)、社会型(Social Type，简称 S)、企业型(Enterprising Type，简称 E)和事务型(Conventional Type，简称 C)。

② 个人的职业兴趣往往是多方面的，个人在六个类型上的得分高低，则体现出个人的

---

① Holland, J. L. (1958)'A Personality inventory employing occupational titles', Journal of Applied Psychology, 42, 336-342; Holland, J. L. (1959)'A theory of vocational choice', Journal of Counseling Psychology, 6, 35-45; Holland, J. L. (1985) Manual for the Vocational Preference Inventory, Odessa, FL: Psychological Assessment Resources.

兴趣(人格)分化与否(区分性,Differentiation)。如果六个类型上的得分之间有较大的差异,这代表个人的人格特质发展或对职业环境的偏好越清晰。若六个类型的得分比较接近,则显示个人的职业兴趣仍然不够明确。

通常用三个字母(代表最强的三种兴趣类型)的代码来表示一个人的职业兴趣,而三个字母之间的顺序则表示不同类型兴趣强弱程度的不同,这个代码被称为“霍兰德代码”(Holland Code)。

③ 由于同一职业团队内的人有相似的人格特质,因此,面对相同的情景和问题往往会有类似的反应。这就产生了特定的职业氛围亦即职业环境,而这种职业环境具有特定的价值观念、态度倾向和行为模式。

④ 因而工作环境也可以分为六种类型,其名称及性质与人格类型的分类一致;具体职业通常也采用上述三个字母代码的方式来描述其工作性质和职业氛围。

⑤ 霍兰德提出了六角形模型用来解释六种类型之间的关系。在六角形模型上,任何两种类型之间的距离越近,其职业环境及人格特质的相似程度越高,或者说,它们的一致性(Consistency)就越高。

⑥ 个人人格类型和职业环境之间的适配将增加个人的工作满意度、职业稳定性和职业成就感。六角形模型可以帮助我们对人格特质类型与职业环境类型之间的适配性(Congruence)进行评估。例如,一个霍兰德代码为 AIS 的人在一个艺术型、研究型、社会型占主导地位的职业环境(当一名大学美术老师)中工作会感到更舒适自在,但如果让他在一个 RCE 类型,即实用型、事务型占主导的环境(如充当吊车司机)中工作可能就会感到格格不入、非常痛苦。根据霍兰德的假设,适配性的高低可以用来预测个人的职业满意度、职业稳定性及职业成就感。因此,霍兰德主张,个人人格特质中占主导地位的类型可以为个人在选择职业和工作环境上提供方向。

(3) 评价

霍兰德的理论遵循帕森斯的职业选择概念基本三要素——个人、职业以及两者之间的适合性,其理论结构完整、清晰易懂,尤其是他所编制的测量工具及相关资料具有相当实用的价值,因此,在生涯辅导实践中被广泛应用。

尽管霍兰德的理论得到实践的检验,但是该理论的问题在于:① 没有相关理论为其六要素 RIASEC 提供依据;② 霍兰德将职业兴趣作为个人稳定的个人特质来看待,忽略了个人成长发展和学习经历的重要性;③ 该理论主要涉及职业选择阶段,只有很少部分设计职业后期阶段和管理问题。

练习 1-4 用 Holland RIASEC 调查表测一测你自己

Holland 调查表可以在以下网站中得到:在 www. self-directedsearch. com 上可以找到 John Holland 最初测试版本,另外,更高的版本包括许多新型职业可以在 http://career-planning. com 中找到,但是这些往往都要收取一定的费用。下面的网站则提供一些免费的 RIASEC 模型,比如 http://www. apesk. com/holland/index. html 以及 http://www. yi-iway. com/ysds/。

3. 明尼苏达工作适应论

(1) 地位

明尼苏达工作适应论起源于一项在明尼苏达大学进行的旨在探索如何帮助残障人士适应工作的研究，由戴维斯和罗圭斯(Dawis，England & Lofquist)于1964年提出，经过几十年的发展，现已成为强调人境符合的心理学理论。

(2) 观点

工作适应论的观点简单来说就是只有当工作环境能满足个人的需求(内在满意)，个人也能满足工作的技能要求(外在满意)时，个人在该工作领域才能够得到持久发展。其理论可以概略为图1-1。

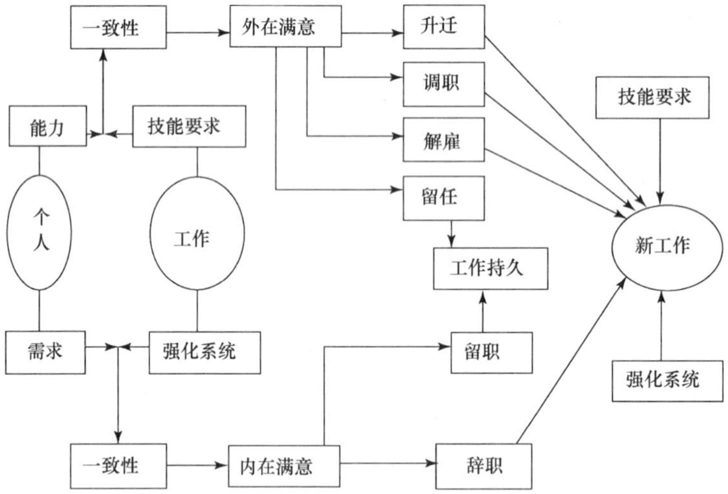

图1-1 明尼苏达工作适应模式(Dawis & Lofquist, 1984)

戴维斯等人认为，每个人都会努力寻求个人与环境之间的一致性(Correspondence)，而“工作适应”(Work Ajustment)就是指个人为了能维持此一致性所做的努力，以在同一职位上的工作持久程度为衡量指标。当工作环境能够满足个人的需求(即给予个人“内在满意”，Satisfaction)，而个人亦能够满足工作的技能需求(即达到“外在满意”，Satisfactoriness)时，个人与环境的一致性就较高。但由于个人与环境都是动态发展的，相互之间会产生影响，因此，人境之间是否一致是一个互动过程的产物，而不是一成不变的。随着时间的推移，个人的需求会改变，工作的要求也会变化、调整。如果个人或雇主能努力并维持这种人境之间的协调关系，则个人的工作满意度和雇主对其员工的满意程度就会越高，个人在该工作领域也越能持久发展。

(3) 评价

从本质上讲，工作适应论仍属于特质论的范畴，其重点在于就业后个人需要的满足及对工作要求的满足，亦即就业后的适应问题。

但是明尼苏达工作适应论的创新之处在于，其为研究个人的工作满意度及工作适应问题提供了一个比较完整而系统的理论框架。而传统上对这方面的探讨仅限于个人内心需求的满足，但工作适应论提出了外在满意的概念，对于就业适应问题具有重要的指导意义。它不仅适用于就业适应问题，也对未来职业选择的标准提供了参考。无论在职人员、即将就业的大学生、下岗人员，还是正在考虑跳槽的人士，都可以运用该理论对其就业/转变过程中的问题进行探索，帮助其做到更"满意"和更"令人满意"。

4. 舒伯的生涯发展理论

(1) 地位

唐纳德·舒伯(Donald Super，1990)是最为重要的"过程取向"理论家之一，他于20世纪的50年代开始提出了关于生涯发展的新思路。舒伯整合了发展心理学、差异心理学、人格心理学及职业社会学的长期研究结果，将其汇聚成为一个完整而系统的理论体系。他的理论观点至今仍是生涯辅导的重要理论基础和实践指导。

(2) 观点

1953年，舒伯在《美国心理学家》上发表文章，提出"生涯"的概念，指出职业选择部分基于个人的自我概念，也就是说，个人通过职业选择来寻求自我概念的实现。这一观点与人格、职业这两个概念紧密结合，形成了他对生涯的看法。

简单来讲，舒伯从人们的自我概念、年龄和生活角色来看待生涯发展，把生涯的发展看成一个持续渐进的过程，由童年时代开始一直伴随一个人的一生。舒伯的生涯彩虹理论认为，每个人在其一生的不同时期内承担着一个或者多个生活角色。此外，每个人承担的生活角色的强度和力度随着时间发生变化。而这些生活角色的结合及其强度构成了每个人的生涯基础。

① 自我概念

"自我概念"(Self-Concept)是舒伯理论中的核心概念。所谓"自我概念"，就是指个人对自我的兴趣、能力、价值观及人格特征等方面的认识和主观评价。一个人的自我概念在青春期以前就开始形成，至青春期较为明晰，并于成人期由自我概念转化为生涯概念。一个人对工作与生活满意与否，就取决于其能否在工作和生活中找到实现自我的机会，用舒伯的话来说即："生涯就是对自我的实现"。

② 职业阶段

舒伯开创了职业阶段理论，[①]揭示了一个人在其一生中是如何在一个或多个职业选择中实现自我概念的。这个自我实现亦即生涯发展的过程，可以划分为五个阶段，在每个阶段都有其独特的职责和角色，以及不同的发展任务。上一阶段发展任务的完成情况会影响下一阶段的发展。个人面对及发展任务的准备程度则体现了个人的生涯成熟度(Career Maturity)(见表1-3)。

表1-3 生涯发展过程表

阶段	年龄	发 展 任 务
成长阶段	出生～14、15岁	发展自我概念，发展对工作世界的正确态度，并了解工作的意义
探索阶段	15～24岁	发展相关的技能使职业偏好逐渐具体化、特定化并实现职业偏好
建立阶段	25～44岁	在适当的职业领域稳定下来，巩固地位，并力求晋升
维持阶段	45～64岁	维持既有成就与地位，更新知识与技能，创新
退出阶段	65岁以上	减少在工作上的投入，计划安排退休生活，退休

① Super. D. E. (1957) The Psychology of Careers, NY: Harper & Row; Super, D. E. (1980) 'A life-span, life space approach to career development', Journal of Vocational Behavior, 16, 282-298.

第一阶段（成长期）。这一阶段，儿童辨认他们周围的事物，并逐渐意识到自己的兴趣所在以及一些和职业相关的最基本的技能。这个阶段的发展任务是：发展自我概念，建立对工作世界的正确态度，了解工作的意义。

第二阶段（探索和调查期）。青少年开始通过学校生活、休闲活动以及从事兼职等机会，对自己的兴趣、能力及角色、职业进行探索，收集相关的信息，尝试自己对于职业的一些遐想。这个阶段的发展任务是：使职业偏好逐渐具体化、特定化并实现职业偏好。

第三阶段（建立期）。个人通过工作与实践接触，尝试选择适合自己的职业领域。经过不断的探索和尝试，最终在某个领域稳定下来，巩固地位，并力求晋升。这一阶段通常是大部分人最具创造力的时期，是生涯发展的上升和高峰期。

第四阶段（继续或维持期）。个人不断付出努力来获得生涯的发展和成就，避免产生停滞感。这一阶段发展的任务是：维持既有成就地位，更新知识与技能，创新。

第五阶段（衰退或退出期），由于生理及心理机能日渐衰退，个人已经有意退出工作岗位安享自己的闲暇生活和晚年生活，职业角色的分量逐渐减少。这一阶段的发展任务是：减少在工作上的投入，计划安排退休生活，为退休做准备。

需要注意的是，在人生中的不同时期，都有可能经历由这五个阶段构成的“小循环”。比如说，失业人员必须重新对自我的能力、兴趣和价值进行评估（成长期），培养和发展新的技能，“探索”和寻找新的工作（探索期），然后在新的工作岗位上努力适应新的角色与工作环境，“建立”自己的职业地位（建立期）。随后可能再次经历“维持”与“退出”的阶段（见表1-4）。这个横跨一生的历程就是舒伯所谓的“生活广度”（Life Span）。而在发展历程的各个阶段中个人所扮演的各种角色（如子女、学生、工作者等），舒伯则命名为“生活空间”（Life Space）。

③ 角色

所谓“角色”，就是一种功能性的行为标准，被个人暂时接受和采纳。每个人都有一系列的角色，并在不同时期扮演着不同的角色，而且对于不同的角色有不同程度的认同与投入。舒伯认为，个人所扮演的角色是对自我概念的具体体现。在舒伯看来，人一生中必须扮演九种主要的角色，这些角色有的是从生物和遗传角度来定义的，有的则是个人的选择。这九种角色是：子女、学生、休闲者、公民、工作者、配偶、持家者、父母和退休者。

角色之间是互相影响的，某一个角色上的成功或失败，可能影响到其他角色的成功或失败。舒伯还特别指出，过于投入某一角色并为其成功付出太大的代价，有可能导致其他角色的失败。由此又可引出“显著角色”的概念。例如，很多事业心很强的人在退休后会出现很强的不适应情况，这是因为在建立阶段和维持阶段中的显著角色通常都是工作者。如果个人仅仅注重这一角色的发展而忽视了对家庭、社会角色的投入，那么到退出阶段的时候，由于工作者角色的中断，个人又缺乏其他角色可以替代它满足个人的心理需求，往往会产生巨大的失落感乃至出现严重的不良状况。再比如，很多现代的年轻女性容易在产后出现抑郁症，也是因为工作角色的中断以及缺乏对新角色的适应。角色和显著角色的概念有助于我们评估一个人在工作、学习、家庭、休闲和社会活动等各方面的投入程度及互相的关联影响，从而帮助个人协调生活各部分的内容，丰富个人生活空间。

表 1-4　舒伯的循环发展任务（Super，1990）

生涯阶段	青春期（14～25岁）	成年期（25～45岁）	中年期（45～65岁）	老年期（69岁）
成长期	发展适宜的自我概念	学习与他人相处	接受自身的限制	发展非职业性的角色
探索期	了解更多的机会	寻找心仪的工作机会	辨识新问题并设法解决	寻找合适的退休处所
建立期	在选定的领域里中起步	在一个选定的工作里安顿下来	发展新的技能	从事未完成的梦想
维持期	验证目前所做的职业选择	致力维持工作的稳定	巩固自己面对竞争	维持生活乐趣
退出期	减少休闲活动的时间	减少运动的时间	专注于重要的活动	减少工作时间

④ 生涯彩虹

生活广度（发展阶段）属于时间的向度，生活空间（角色）属于空间的向度。舒伯将二者交汇成为生涯彩虹图（见图 1-2）。

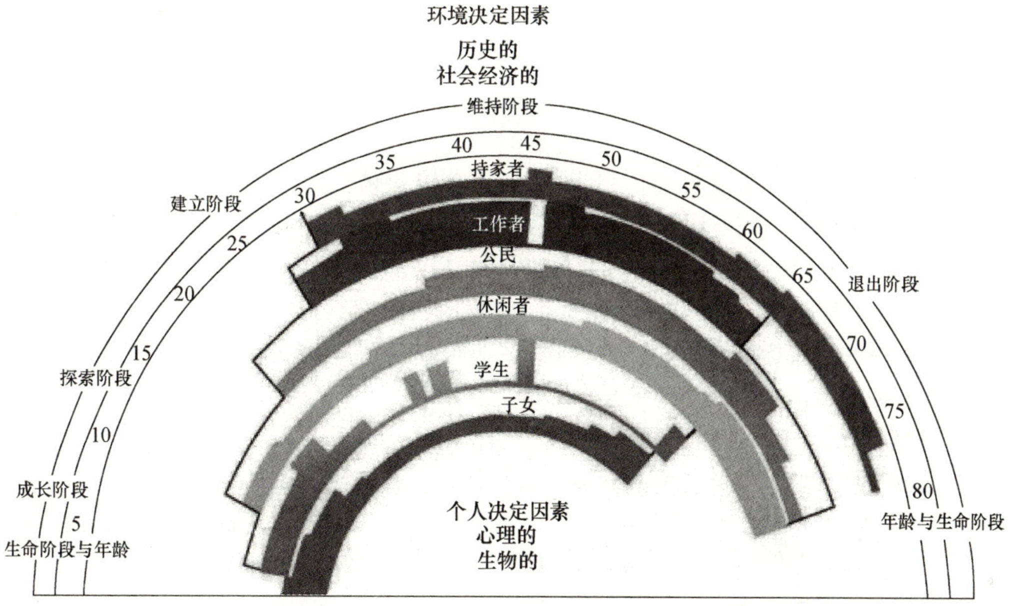

图 1-2　生涯彩虹图

在生涯彩虹图中，横向层面代表的是横跨一生的“生活广度”，在彩虹的外围标示出了人生主要的发展阶段和相应的大致年龄。纵向层面代表的是由一组角色组成的“生活空间”，它描绘了生涯阶段与角色间的相互影响和发展状况。而个人在不同时期对不同角色的投入和重视程度，则以每一道彩虹深浅不一的颜色来表现。生涯彩虹图非常直观地在同一张图上展现了个人生命的长度（发展阶段）、宽度（角色）和深度（个人对角色的投入程度），展现了生命的意义所在。

（3）评价

舒伯的理论对于生涯辅导来说是一个非常大的进步，其理论原则也得到了广泛的应用。自他以后，动态发展性的“生涯”的概念逐渐取代了静态稳定性的“职业”的概念，以规划人生长期生涯发展为主线的“生涯辅导”取代了以短期职业选择为重心的“职业指导”。

5. 克朗伯兹的社会学习理论

（1）地位

社会学习理论（Social Learning Theory）由班杜拉（Albert Bandura）在20世纪70年代提出，它以经典行为主义、强化理论和认知信息加工理论为基础。克朗伯兹（John D. Krumboltz）又将之引入生涯辅导领域。社会学习理论特别强调社会影响因素及学习经验的重要，从社会学习的观点来解释生涯选择的行为，弥补了其他职业生涯理论在这方面的不足，因此具有重要的意义。

（2）观点

克朗伯兹提出，个人的社会成熟度在很大程度上依赖于对他人行为的学习和模仿，并由此决定他们的职业导向。

克朗伯兹认为以下四种因素会影响职业决策：

① 遗传因素和特殊的能力。

② 环境因素和事件。

③ 学习经验。克朗伯兹提出有以下两种类型的学习：工具式学习经验（Instrumental Learning Experiences）和联结式学习经验（Associative Learning Experiences）。

④ 任务取向的技能。

克朗伯兹认为，在个人发展的历程中，上述四种因素相互作用，从而形成了个人对自我与世界的推论或信念。他认为，所谓的个人兴趣、价值观等实际上都是学习的结果，属于个人生涯信念的一部分。生涯信念就是一系列对自己以及自己生涯发展的假设，这种假设会影响到个人在生涯历程中的期望与行动。个人可能会由于学习经验不足、不当，以致形成错误的推论、单一的比较标准、夸大式的灾难情绪等种种问题，而有碍于生涯的正常发展。因此，克朗伯兹特别强调丰富而适当的学习经验的重要性。

（3）评价

克朗伯兹的贡献在于，其认为其他理论所强调的兴趣也是学习的结果，因此职业选择的关键在于广义的学习。对于我们的启迪在于，心理测量的结果不应仅仅用于诊断，而应被视作过去学习经验的总结与将来学习的指导工具。生涯辅导不仅仅是将个人特质与工作相匹配，其重点应在于帮助探索者获得多种多样的学习经验。对于那些处于生涯发展困境中的个人，则需要去分析其由于以往不当的学习结果而造成的不恰当的生涯信念，并以不同的方式认识存在的问题，从而以新的学习经验取代旧有的经验。

6. 认知信息加工理论

(1) 地位

1991 年，加里·彼得森、詹姆斯·辛普森和罗伯特·利尔敦等人(Sampson, Peterson & Reardon)合著了《生涯发展与服务：一种认知的方法》(Career Development and Services: A Cognitive Approach)一书，提出了信息加工理论(Cognitive Information Processing 简称 CIP)。该理论创造了一种新的方法来看待生涯问题，将信息加工引入了生涯问题的解决，有助于改善个人生涯理论的信息加工质量。

(2) 基本观点

该理论认为，生涯发展就是关于一个人是如何做出生涯决策以及在生涯问题解决和生涯决策过程中是如何使用信息的。

CIP 理论基于以下几个假设：

① 生涯选择以我们的思考和感受为基础；

② 进行生涯选择是一种问题解决活动；

③ 作为生涯问题解决者，我们的能力以我们所知及我们如何思考为基础；

④ 生涯决策需要良好的记忆；

⑤ 生涯决策需要有动机；

⑥ 生涯发展持续进行，是我们毕生学习和成长的一部分；

⑦ 我们的生涯很大程度上取决于我们思维的内容和方式；

⑧ 我们的生涯质量取决于我们对生涯决策和生涯问题解决所了解的程度。

信息加工理论把生涯发展与规划的过程视为学习信息加工能力的过程。彼得森、辛普森和利尔敦按照信息加工的特性构成了一个信息加工金字塔，即认知信息加工模式图(见图 1-3)。

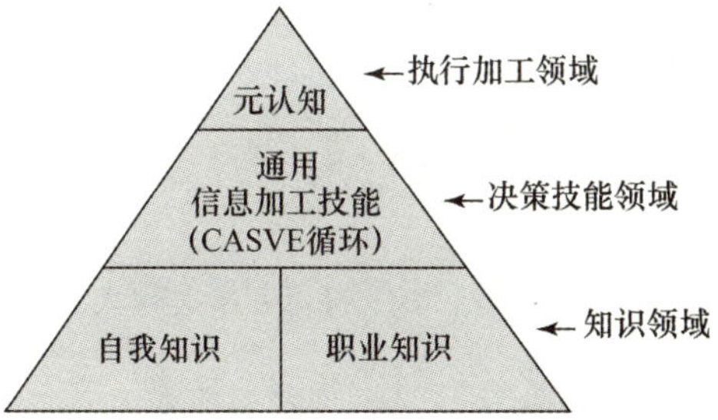

图 1-3 生涯决策的信息加工金字塔模型①

位于塔底的知识领域可以看作存储于计算机存储器里的数据文件。各种信息以图式的方式存储，或者是储存为一条动态的信息。这些图式使我们能够对生涯问题解决和决策制

① Reprinted, by permission, from Gray W. Peterson, James P. Sampson, and Robert C. Reardon, Career Development and Services: A Cognitive Approach. Copyright 1991 by Brooks/Cole Publishing Company, a division of International Thomson Publishing Inc. All right reserved.

定中的信息进行处理和加工。例如，在自我认知领域，如果我们做过霍兰德人格类型测试，那么我们就会对自己的人格类型有了更为清晰的了解和认知。同样，如果你的父亲是一个出色的电影导演，这可能有助于你更多地了解导演这一职业，而这也会帮助你发展出更为完善、更为详细的关于导演的工作、技能、兴趣的图式。

塔的第二级——决策制定技能领域，其实就是知道我们如何决策，包含如何进行良好决策的五步骤。这部分内容将在后面的单元里进行更为详尽的讲解。

这一步骤可以看作使用存储在计算机内存和文件中的事实和数据的计算机程序。生涯问题的解决需要占用大量的记忆空间，同时要求我们的大脑有足够的能力来进行信息处理。

在塔顶，我们要对决策过程进行思考，即执行加工领域。这一部分就好像一种工作控制功能，它告诉位于金字塔第二级的各种程序将以何种顺序进行运作。

总之，在信息加工金字塔中，知识领域储存信息，决策领域处理信息，执行领域对上述两个领域进行监控和调节。

(3) 评价

信息加工理论强调生涯发展是一个持续的学习过程，生涯决策能力的获得也可以被视为一种学习策略。它区别于其他理论的最主要方面是，着重强调了认知信息加工的重要性，并提出了具体、直观的加工金字塔模型和决策模型来阐明信息加工的过程。该模型不同于其他理论的地方还在于其强调了元认知的作用。另外，促进元认知的发展也是该理论用于咨询所强调的重要方面。

上面我们重点介绍了六个理论。这六个理论相对比较成熟，也有较完整的理论结构和实际的研究支持，并对研究和实践都具有较大的影响。除此以外，比较重要的生涯辅导理论还有罗伊(Roe)的心理需求理论、鲍丁(Bordin)的心理动力论、兰特等人(Lent，Brown & Hackett)的社会认知论、高特·弗莱德森(Gottfredson)的妥协与限制理论，以及最近的后现代主义建构理论(叙事疗法)等。在本教材中我们就不再一一介绍，感兴趣的同学可以自行阅读。

讨论与思考

我是一名大二的学生，觉得生涯规划很有用，但毕竟我离找工作还很远，现在学习是否太早了？

相关资源

1. 汉典网站：http://www.zdic.net
2. http://www.beisen.careersky.org 中的“职业规划现状测评”。
3. 〔英〕耶胡迪·巴鲁著：《职业生涯管理教程》，经济管理出版社，2011 年第 2 版。

第二单元

兴趣与性格

我与其他人的差别，可能只是我每天起床后，有机会做自己想做的事情。

——沃伦·巴菲特

一个人的房子，一个人的家具，一个人的衣服，他所读的书，他所交的朋友，这一切都是他自身的表现。

——亨利·詹姆斯

本单元要点

兴趣是影响人们工作满意度、职业稳定性和职业成就感的重要因素，同时也是对职业进行分类的重要基础；每个人都有与众不同的特质，性格与职业的最佳匹配使得我们成为更有效的工作者。通过本单元的学习，同学们可以了解自我人格特征中兴趣与性格对职业发展的意义，了解兴趣、性格的基本内容及其与职业的关系，了解 MBTI 理论、霍兰德职业兴趣理论，掌握职业兴趣、性格自我探索的方法。

你有过这样的困惑吗？

● 时间追溯到 1984 年夏天，刚刚参加完高考，唐时进便马上着手填报大学志愿，对唐时进而言，这是他在人生道路上的第一次重要选择。教学楼前的墙上贴满了全国各大学校的招生宣传画，伫立画前，唐时进一片迷茫，不知所措，于是他咨询了一直支持他的父母。唐时进的父母都是地地道道的农民，每天日出而作，日落而息，对外面的世界知之甚少，他们心有余而力不足，无法给孩子一个具体的建议。面对儿子求助的眼神，慈祥的母亲只对儿子说了一句话："孩子，妈妈没什么文化，我觉得你自己喜欢什么（专业）就选报什么吧。"唐时进说："我喜欢学医。"就这样，他决定把所有志愿都填上医学院校。这时唐时进的大伯听说侄儿高考要填报志愿，也赶来出主意。大伯是唐时进家族中最有知识的人，他是新中国成立早期的大学生，当时又在当地市政府经济部门任职，所以他的建议在唐时进眼里具有绝对的权威性。大伯根据自己多年的社会经验，并从国际国内的经济形势分析入手，建议唐时进选择"纺织材料检验"专业。理由有三：一是当时（指在 20 世纪 80 年代初期）正是中国棉花产量持续高产的时期；二是在我国的经济出口创汇中，纺织材料的出口份额始终名列榜首；三是外国人特别喜欢中国的纺织品，尤其是棉纺织品。听了大伯有理有据的具有权威性的分析，唐时进最终决定接受大伯的建议。不久，唐时进接到了大学录取通知书，从此踏上了纺织材料之路。

在跨入大学校园后的第一学期，唐时进很快就发现，他的兴趣不在纺织材料方面。从此以后，唐时进便利用大量课余时间到学校图书馆阅读各种书籍，寻找自己兴趣的闪光点。

不久，唐时进在图书馆中借阅到一本普及心理学知识的《心理学》教材，在翻过数次的目录之后，他就有一种感觉：对心理规律的探索，将是他内心的兴趣所在。唐时进一口气把此书看完，并且做了非常详细的笔记。

心理学不仅唤起了唐时进浓厚的学习热情，而且也使他高考时的自我潜在兴趣得到了满足。在心理学知识的进一步深化过程中，唐时进发现心理现象与身体、生理等要素关系密切，要学好心理学，还必须学习相应的解剖学、生理学等方面的知识，而解剖学与生理学等学科内容的补充正好迎合了唐时进对医学专业的酷爱。正如唐时进所说："高考志愿的选择使我偏离了从医的轨道，但对心理学这门学科的发现与学习却使我找回了原来的路线，纠正了偏离的道路。今后虽不能成为医学方面的大夫，但完全可以成为心理方面的医生。"

大学四年是重要的职业探索和定向期，唐时进能在广泛拓展各方面知识的基础上，结合自己的兴趣爱好、特长等实际情况来选定自己未来就业的方向。想一想你高考之后填报志愿的情景，你有过像唐时进这样的情景吗？想一想在大学里你学的专业是你喜欢的吗？你怎样处理？

兴趣是人们最好的老师，它可以使人集中精力做事情。如果可以从事自己感兴趣的职业，人们就更能够全身心地投入工作、探索工作、在自己的工作岗位取得更大的成绩。

唐时进的经历在当今的大学生中并不少见：有的人不知道自己的兴趣，有的人兴趣广泛，还有的人兴趣明确却因为种种原因进入了一个与自己兴趣不相符合的专业。他们都对此感到苦恼，想要知道怎样才能将自己的兴趣与未来的职业结合起来。更重要的是，怎样正确地认识自己、了解自己的兴趣，并将它与自己的专业和职业结合，这是当代大学生普遍面临的问题。

理论与讲解

一、你的兴趣与职业生涯

练习 2-1 回忆幸福时光

现在请放松、深呼吸，然后回忆：三个自己感觉最快乐的时刻，可以让你专心致志的事情，你曾经废寝忘食的时候，你感受过的忘我的状态；回想当时的场景细节以及自己的感受。

讨论：人在什么时候感到快乐？

(一) 兴趣是什么?

美国芝加哥大学心理学教授米哈里·契克森-米哈里(Mihaly Csikszent-mihalyi)花了三十多年的时间对几百位各行各业的人进行了访谈，研究是什么东西真正令人们感到兴奋和满足。他发现,和人们通常想象的不同,不是在人们很放松、什么事也不做(比如看电视)的时候,而是当人们专心致志地从事某项活动甚至忘我地完全沉浸在这种活动中的时候,他们感到最为愉悦和满足。对不同的人而言,幸福和满足可能是跳舞,可能是演奏乐器、绘画,也可能是阅读、写作或即兴演讲,等等。

米哈里将这种状态称为"flow"(它的原意是"流动",也被译为"沉浸"或"心流"状态),因为这时候人们的体验好像被一股潮流往前推动,一切都很平稳而自然地发生了。在这种状态下,人们没有考虑到做这件事情可能带来什么样的回报或担心自己的表现如何,而只是整个人都忘情地投入其中,享受从事这个活动过程本身带来的快乐。而且这种活动通常对我们的体力或智能有一定的挑战,同时人们也在最大限度地使用自己的技能(Csikszent-mihalyi,1988)。所以,米哈里的这一发现说明:人们的满足感、幸福感往往来源于从事某种活动,而不是无所事事或单纯地享乐、游玩。他一直强调,做自己喜爱的事情才能获得快乐。而这也是工作原本的意义所在。毕竟对大数人而言,工作总是占据他们一生之中、一天之中最好的时光。

兴趣不只是对事物表面的关心,任何一种兴趣都是由于获得这方面的知识或参与这种活动而使人体验到情绪上的满足而产生的。例如,一个人对踢足球感兴趣,他就会主动地、积极地找机会去参加,而且在踢足球时感到愉悦、放松和乐趣,表现出积极而自觉、自愿。

兴趣不足是和个人的认识和情感密切联系着的。如果一个人对某项事物没有认识,也就不会产生情感,因而也就不会对它发生兴趣。相反,认识越深刻,情感越丰富,兴趣也就越深厚。例如,有的人对集邮很入迷,认为集邮既有收藏价值,又有观赏价值,它既能丰富知识,又能陶冶情操,而且收藏的越多、越丰富,就越投入、越情感专注、越有兴趣,于是就会发展成为一种爱好。兴趣是爱好的前提,爱好是兴趣的发展和行动。爱好不仅是对事物优先注意和向往的心情,而且表现为某种实际行动。例如,对刺绣感兴趣,而且由喜欢观赏发展到自己动手学刺绣,那么就对刺绣有了爱好。

兴趣和爱好是受社会性制约的,不同环境、不同职业、不同文化层次的人,兴趣和爱好都不一样。有的人兴趣和爱好的品味比较高,有的人的则比较低,而兴趣和爱好品位的高低会直接影响和表现一个人的个性特征的优劣。例如,对公益活动感兴趣,乐于助人,对高雅的音乐、美术有兴趣和爱好,反映了一个人个性、品质的高雅;反之,对占小便宜感兴趣,对低级、庸俗的文艺作品有兴趣和爱好,则表现了一个人个性、品质的低级。

兴趣和爱好有时也受遗传的影响,父母的兴趣和爱好也会对孩子有直接的影响。

年龄的变化和时代的变化也会对人的兴趣产生直接影响。就年龄方面来说,少儿时期往往对图画、歌舞感兴趣,青年时期对文学、艺术感兴趣,成年时期往往对某种职业、某种工作感兴趣。它反映了一个人兴趣的中心随着年龄的增长、知识的积累在转移。就时代来讲,不同的时代,不同的物质和文化条件,也会对人的兴趣的变化产生很大的影响。

但不管人的兴趣是什么,都是以需要为前提和基础的,人们需要什么也就会对什么产生兴趣。由于人们的需要包括生理需要和社会需要或物质需要和精神需要,因此人的兴趣也同样表现在这两个方面。人的生理需要或物质需要一般来说是暂时的,容易满足,例如,人对某一种食物、衣服感兴趣,吃饱了、穿上了也就满足了;而人的社会需要或精神需要是持久的、稳定的、不断增长的,例如人际交往、对文学和艺术的兴趣、对社会生活的参与是长期的、终生的。兴趣是在需要的基础上产生的，也是在需要的基础上发展的。大学生需要知识，他的知识越多，他的兴趣也就越广泛、越浓厚。

（二）兴趣与生涯发展的关系

如果我们所从事的事情是自己所喜欢的，那么我们的工作和生活就会愉快很多，也会对这样的工作更有激情，更有可能在这样的工作中获得满足感。

兴趣和能力也有密切的关系。人们倾向于在他们感兴趣的事情上投入更多的时间，往往得以培养更强的能力。兴趣指的是：无论我们能力高低，也无论外界评价如何，我们依然乐此不疲的事情。兴趣并不等同于能力，兴趣测评的分数也不代表能力的高低。因此，在下面进行职业兴趣的探索时，请不要考虑自己是否有能力做好某事，而只需要考虑你对某一活动的好恶。由于有较强的能力，人们在从事自己喜欢的事情时就会感到得心应手，因此增添了对这些事情的兴趣，从而形成良性循环。

大量的研究表明，兴趣和工作满意度、职业稳定性和职业成就感之间存在着明显的关联。正因为如此，兴趣是影响人们工作满意度、职业稳定性和职业成就感的重要因素，同时也是对职业进行分类的主要基础。它对职业生涯规划的影响体现在三个方面：

- 兴趣是大学生职业生涯选择的重要依据。
- 兴趣可以提高工作效率，充分发挥个体的才能。
- 兴趣是保证职业稳定、职业成功的重要因素。

因此，在规划自己的职业生涯时，个体不仅需要知道自己有能力从事什么样的工作，更重要的是需要知道自己对哪类工作感兴趣。只有将能力和兴趣结合起来考虑，才更有可能规划好职业生涯并取得职业生涯的成功。

当然，并不是所有的兴趣都应该或能够在自己的职业中得到满足。兴趣也可以通过兼职、志愿活动、参加社团、业余爱好等多种方式来实现。关键在于工作和生活（补贴的生活角色）之间的协调与平衡，以及工作与爱好的适度统一。在选择职业的时候，有必要将兴趣作为一个重要的因素考虑进去。在现实的基础上进行"择业"，是成功"就业"的前提和基础。

在实际生活中，兴趣与职业也往往交织在一起。虽然我们将兴趣划分为职业兴趣和非职业兴趣，但二者之间往往很难划分，几乎每一种兴趣都可以与某种职业联系起来。例如，逛商场购物的兴趣可以演变为采购或着装指导的工作；饲养小动物的兴趣可以与动物饲养人员、宠物医生、野生动物保护专家挂钩。有很多人也的确将自己的业余爱好变成了自己的职业。例如，有的人因为喜欢研究公交线路变成旅游设计师，也有的人因为喜好而成立野外探险俱乐部并成为旅游器材经销商，这样的例子，比比皆是。

练习 2-2 兴趣与专业、职业

想一想，你的兴趣可以和哪些职业相联系？这些兴趣有可能与你的专业相结合吗？

如果你自己做这个练习感到有困难，你可以就这个问题与你的同学、老师、父母、有相同爱好的朋友，以及与你同专业的前辈交流……集思广益，或许对你有所启发。

二、霍兰德的兴趣类型理论

（一）兴趣类型

著名的生涯辅导理论家霍兰德(Holland)自20世纪70年代以来，提出了一系列的研究假设。他认为：

职业选择是人格(personality)的一种表现，某一类型的职业通常会吸引具有相同人格特质的人，这种人格特质反映在职业上就是职业兴趣。

大多数人的职业兴趣可以归纳为六种类型，即实用型(realistic type，简称R)、研究型(investigative type，简称I)、艺术型(artixtic type，简称A)、社会型(social type，简称S)、企业型(enterprising type，简称E)和事务型(conventional type，简称C)。见表2-1。

个人的职业兴趣往往是多方面的，很少只是集中在某一类型上。大家可能或多或少地具备所有六种兴趣，只是偏好程度不同。因此，为了比较全面地描绘个人的职业兴趣，通常用最强的三种兴趣的字母代码来表示一个人的兴趣，这个代码就称为“霍兰德代码”(Holland code)。这三个字母间的顺序表示了兴趣的强弱程度的不同。比如，SAI和AIS的人具有相似的兴趣，但他们对同一类型事务的兴趣强弱程度是不同的。

表2-1 霍兰德职业兴趣类型

类型	喜欢的活动	重视	职业环境要求	典型职业
实用型 R(realistic)	用手、工具、机器制造或修理东西。愿意从事实物性的工作、体力活动，喜欢户外活动或操作机器，而不喜欢在办公室工作	具体实际的事物，诚实，有常识	使用手工或机械技能对物体、工具、机器、动物等进行操作，与“事物”工作的能力比与“人”打交道的能力更为重要	园艺师、木匠、汽车修理工、工程师、军官、兽医、足球教练员
研究型 I(investigative)	喜欢探索和理解事物，喜欢学习研究那些需要分析、思考的抽象问题，喜欢阅读和讨论有关科学性的问题，喜欢独立工作，对未来知识问题的挑战充满兴趣	知识，学习，成就，独立	分析研究问题、运用复杂和抽象的思考创造性地解决问题的能力，谨慎缜密，能运用智慧独立地工作，一定的写作能力	实验室工作人员、生物学家、化学家、心理学家、工程设计师、大学教授
艺术型 A(artistic)	喜欢自我表达，喜欢文学、音乐、艺术和表演等具有创造性、变化性的工作，重视作品的原创性和创意	有创意的想法，自我表达，自由，美	创造力，对情感的表现能力，以非传统的方式来表现自己；相当自由、开放	作家、编辑、音乐家、摄影师、厨师、漫画家、导演、室内装潢设计师
社会型 S(social)	喜欢与人合作，热情关心他人的幸福，愿意帮助别人成长或解决困难、为他人提供服务	服务社会与他人，公正，理解平等，理想	人际交往能力，教导、医治、帮助他人等方面的技能，对他人表现出精神上的关爱，愿意担负社会责任	教师、社会工作者、牧师、心理咨询师、护士

续表

类型	喜欢的活动	重视	职业环境要求	典型职业
企业型 E(enterising)	喜欢领导和支配别人，通过领导、劝说他人或推销自己的概念、产品而达到个人组织的目标，希望成就一番事业	经济和社会地位上的成功，忠诚，冒险精神，责任	说服他人或支配他人的能力，敢于承担风险，目标导向	律师、政治运动领袖、营销商、市场部经理、电视制片人、保险代理
事务型 C(convenshional)	喜欢固定的、有秩序的工作或活动，有希望确切地知道工作的要求和标准，愿意在一个大的机构中处于从属地位，对文字、数据和事物进行细致有序的系统处理以达到特定的标准	准确，有条理，节俭，盈利	文书技巧，组织能力，听取并遵从指示的能力，能够按时完成工作并达到严格的标准，有组织、有计划	文字编辑、会计师、银行家、簿记员、办事员、税务员和计算机操作员

请注意，“实用”、“事务”等只是霍兰德概括某一人格特征的词，在此有其特定的含义，与我们日常用语中的含义不完全等同。因此，不要受我们日常用语的褒贬含义误导。另外，在阅读每一种类型的描述时，要知道这些特质的描述是一种理想的、典型的形式，不可能恰好符合某个人的情况。

需要说明的是，爱好并不等同于兴趣，相对兴趣而言，爱好更表征，比如一个人喜欢体育运动，他的兴趣类型可能是实用型，也可能是企业型。多种爱好的集中表现能反映出一个人的兴趣，但仅凭一种爱好是无法考察出一个人的兴趣的。

练习 2-3 兴趣岛活动——找出你的霍兰德代码

假如你获得了一次免费度假游的机会，有机会去下列六个岛屿中的一个。唯一的要求是你必须在这个岛上待满至少半年的时间。请不要考虑其他因素，仅凭自己的兴趣按一、二、三的顺序挑出你最想前往的岛屿。

- 岛屿 R：自然、原始的岛屿。岛上保留有原始森林，自然生态保持得很好，有各种各样的野生动物。岛上居民生活状态还相当原始，他们以手工见长，自己种植瓜果蔬菜、修缮房屋、打造器物、制作工具，喜欢户外运动。
- 岛屿 I：深思冥想的岛屿。岛上人迹较少，建筑物多僻处一隅，平畴绿野，适合夜观星象。岛上有多处天文馆、科技博物馆以及科学图书馆等。岛上居民喜好观察、学习、探究、分析，崇尚和追求真知，常有机会和来自各地的哲学家、科学家、心理学家等交换心得。
- 岛屿 A：美丽、浪漫的岛屿。岛上充满了美术馆、音乐厅，街头雕塑和街边艺人，弥漫着浓厚的艺术文化气息。当地的居民很有艺术、创新和直觉能力，他们保留了传统的舞蹈、音乐与绘画，许多文艺界的朋友都喜欢来这里找寻灵感。
- 岛屿 S：友善、亲切的岛屿。岛上居民个性温和，十分友善，乐于助人，社区均自成一个个密切互动的网络，人们重视互助合作，重视教育，关怀他人，充满人文气息。
- 岛屿 E：显赫、富庶的岛屿。岛上的居民善于经营企业和贸易，能言善道，以口才见长。岛上的经济高度发展，处处是高级饭店、俱乐部、高尔夫球场。来往者多是企业家、经理人、政治家、律师等，曾数次在这里召开财富论坛和其他行业巅峰会议。

● 岛屿 C：现代、井然的岛屿。岛上建筑十分现代化，是进步的都市形态，以完善的户政管理、地政管理、金融管理见长。岛民个性冷静、保守，处事有条不紊，善于组织、计划，细心高效。

如果是在团体内做这个活动，可以将房间分为六个区域，分别代表上述六个岛屿。按自己的第一选择的岛屿就坐。如果同一小组的人数太多，可以分为两组。

同一岛屿的人交流一下：自己为什么选择这个岛屿，看看大家有什么共同的兴趣、爱好，归纳为关键词。根据大家的交流给自己的小组命名并选取一个标志物(logo)，在大白纸上制作一张本小组的宣传图。每个小组请一位代表用两分钟时间展示自己小组的图，并在全班分享一下自己小组成员共同的特点。

● 我最想前往的三个岛屿：________ ________ ________

● 我们的岛屿名称：____________

● 岛屿标志物及其含义：________________________

● 岛屿关键词：___________________________

说明：这六个岛屿实际上代表着霍兰德提出的六种类型。做完这个活动后，你应当能得出自己最有兴趣的前三个类型，亦即你的霍兰德代码，并对六种类型的基本特征有所了解。

需要注意的是，这只是对你兴趣类型的一个初步判断，因为霍兰德理论比较复杂，初学者对霍兰德类型的掌握不深入，再加上社会期望和缺乏自我认识等原因，个人不易准确地判断自己的职业兴趣类型。因此，最好通过职业兴趣测试来加以确认。

(二) 职业环境类型

霍兰德认为：① 同一职业群体内的人有相似的人格特质，因此对情境和问题会有类似的反应，从而产生特定的职业氛围亦即职业环境，它具有特定的价值观念、态度倾向和行为模式。② 因此工作环境也可以分为六种类型，其名称及性质与兴趣类型的分类一致。③ 具体职业通常也采用上述三个字母代码的方式来描述其工作性质和职业氛围。例如，建筑师这一职业代码是 AIR，律师是 EAS，而会计师则是 CRI。

为了鉴别不同职业的代码，霍兰德及其同事做了一项非常庞大的研究，并于 1996 年出版了《霍兰德职业代码字典》(Holland Career Index)，为 12000 多个工作提供了霍兰德代码。书末的附录二有霍兰德编写的《自我探索表》所附的《霍兰德职业索引》。需要注意的是，该职业索引是一份未经本土化的版本，因此在职业名称和职业对应的霍兰德代码上可能与中国国情有所偏差。考虑到国内这方面的资料较少，我们仍然将这份索引附录于后，在使用时仅作为参考，主要是为了拓展大家对于职业的思路，不必拘泥于职业的代码。

(三) 六种类型之间的关系

霍兰德提出了六角形模型(见图 2-1)来解释六种职业类型之间的关系：在六角形模型中，任何两种类型之间的距离越近，其职业环境及人格特质的相似程度就越高。例如，企业型和社会型在六角形模型中是相邻的类型，它们的相似性也最高，因为这两种类型的人都比其他类型的人更喜欢与人打交道，只是他们打交道的方式不同而已。而事务型和艺术型处于对角线的位置上，它们就缺少一致性而具有相反的特质：事务型的人喜欢循规蹈矩，而艺术型的人则喜欢自由和个性化。六角形模型可以帮助我们对兴趣类型与职业环境类型之间的适配性(congruence)进行评估。

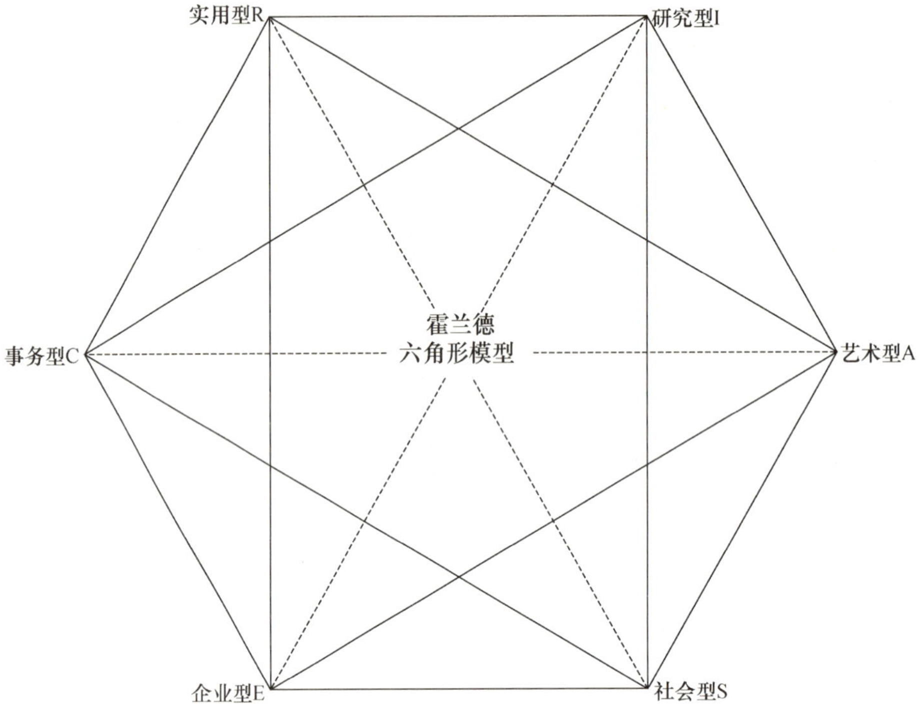

图 2-1　霍兰德六角形模型

(四) 个人与环境的适配

霍兰德认为，个人兴趣类型和职业环境之间的适配将增加个人的工作满意度、职业稳定性和职业成就感。因此，占主导地位的兴趣类型可以为个人选择职业和工作环境提供方向。可以使用霍兰德类型来了解并组织自己的兴趣，并根据它来探索及理解工作世界。通过自我探索活动或测评工具得出自己的兴趣代码后，就可以对照找出与之相匹配的职业，从而了解可能有哪些适合于自己的工作领域。

人们可能常常因为客观条件的限制而感到难以单纯从事自己喜欢的工作。有不少大学生在选专业时由于缺乏对自我和专业的认知而未能选择与自己兴趣类型适配的专业，或由于父母的意见、社会的舆论导向而被迫选择了与自己兴趣类型截然相反的专业。在现实情况下，能够改换专业的毕竟是少数人。许多大学生常常因此而感到痛苦，希望通过考研等手段换专业的人不在少数，甚至有人在就读研究生以后退学重新参加高考换专业。那么，面对这种情况，“适配”是否是一个恰当的、可行的目标呢？

实际上，现实中的适配可以通过多种方式灵活地实现。首先，专业与职业并不是简单的一对一关系，同一个专业其实有相当多的职业可以从事。因此，专业类型的不适配并不一定意味着职业类型的不适配。比如，一个希望当律师帮助弱势群体的大学生，他最高的兴趣类型可能是(S)，而法律专业常见的职业律师的第一位的兴趣类型则是企业型(E)。这时候，他可能感到自己所学的专业与自己的兴趣不完全匹配。但如果他将来从事"青少年法律援助"之类的工作，则完全可以满足他社会型的兴趣（助人）并很好地与他的专业知识相结合。

其次，专业类型可以与兴趣类型相结合，哪怕是相对的两种类型也是如此。比如，一个喜爱文学（艺术型兴趣较高）的计算机专业（实用型）的大学生，可以考虑在毕业后去《电脑世界》一类的杂志社工作。这样就可以将自己艺术型的兴趣与实用型的专业结合起来，在一定程度上满足自己的兴趣。

再次，当我们倡导在职业选择上寻求个人兴趣与职业环境之间的适配时，"完全的"适配只是我们不断接近的一个理想目标。现实中，我们做不到百分之百的适配，但不必因此而放弃对个人兴趣的重视。我们的职业至少应当在一定程度上体现我们的兴趣，可以是百分之九十，也可以是百分之四十，而其余的部分可以在生活中的其他方面或通过其他活动（如业余爱好、志愿活动、辅修专业等）来实现。

最后，即使一个人从事与自己的兴趣类型不适配的工作，也没必要沮丧。具体的工作实际上千变万化，很难用简单的类型来划分。比如，像机械修理这样实用型的工作，也可以在其中加上社会型的元素，将它作为一项为客户提供满意服务的职业来从事。由于从事某一职业的典型人群通常都趋向于特定的兴趣、爱好，这既是他们的长处也可能是他们的弱点。而一个与职业环境不太适配的人，则可能成为这个群体中独树一帜的人，做出一些独特的贡献。当然，这个人也需要理解并能接受这样的现实：在这个职业环境中可能会感到格格不入。

实践与应用

自我兴趣探索

下面是一些帮助你进行自我兴趣探索的练习和活动。请仔细阅读每个练习的指导语，按要求进行。完成练习以后，将结果记录在书末的附录一《我的职业生涯规划档案》的相关部分。它们是你以后选择职业时的重要考虑因素和评价标准。

1. 兴趣探索练习

请具体、详细地回答下列问题。回答时特别注意问题的第二部分，即"为什么"感兴趣的部分。如有可能，请与一位同伴相互讲述自己对问题的思考和回答。同伴可以提问并帮助讲述的人发掘细节和原因。这个练习的目的是帮助你回忆并梳理日常生活中有关个人兴趣的一些代表性事件，增进自我察觉，因此，仔细思考和讲述的过程非常重要。

(1) 我的白日梦：请列举出三种你非常感兴趣的职业（摒除所有现实的考虑）。这些工作中的哪些特征吸引着你？

____

____

____

(2) 请回忆三次从事某件事情时令你感到快乐（满足）的经历。请详细地描述这三个画面，是什么令你感到如此快乐（满足）？

____

____

____

(3) 从小到大你担任过哪些职务？你喜欢的是哪些职务？不喜欢的是哪些？请具体说明为什么。

(4) 你最崇拜的人是谁？他对你产生了什么影响？你最像他的是什么地方？最不像他的地方是什么地方？

(5) 你最喜欢看哪种杂志？这些杂志中的哪些部分吸引着你？或者，如果你到书店看书，你通常会停留在哪类书架前(不是仅仅因为学习需要的情况下)？

(6) 你喜欢浏览哪类网站？你喜欢看网站的哪部分内容？

(7) 除了单纯的娱乐放松以外，你最喜欢看哪几类电视节目？节目中什么吸引你？

(8) 你喜欢浏览哪类网站？你喜欢看网站的哪部分内容？它们属于哪个专业？

(9) 休闲的时候，如果只是出于兴趣的考虑，你最想做什么或学什么？这里面又是什么吸引着你？

(10) 你最喜欢的科目是什么？为什么喜欢它(们)？

(11) 我们生活中都有过某些时刻，因为全神贯注于做某件事情而忘了时间。什么样的事会让你如此专注？

(12) 你的答案里面有什么共同点吗？是否可以归纳为什么主题或者关键词？这些主题或关键词可能和霍兰德的哪些类型相对应？你如何能够让这样的主题在你今后的生活中得到更充分的彰显？

说明：对最后一个问题的回答将有助于你总结和归纳前面所有的问题，并将你在日常生活中的一些表现与本单元所讲的职业兴趣类型挂起钩来。所归纳出的主意和关键词是你今后在职业决策时需要尽可能纳入的一些关键因素。

2. 基于霍兰德理论的职业兴趣测评

霍兰德的理论提出以后，对职业生涯辅导产生了广泛的影响。有许多被广泛使用的测量工具都以霍兰德的类型论为依据，如霍兰德本人编制的"自我探索量表"(self-directed search)、斯特朗兴趣量表(strong interest inventory)等。这些测评工具可以作为个人进行自我探索的有用工具。经过测评，通常会得出一个由三个字母组成的霍兰德代码，以及与这一代码相匹配的一些职业。

做兴趣测试的目的是帮助你增进对自我及工作世界的认识，拓宽在职业前景上的思路，为未来发展提供方向性的指导，而不是限定自己。因此，不要局限于测试结果所建议的职业，也不要简单地用某些类型给自己贴标签、限制自己。

大学生仍然处在生涯发展的"探索期"，重要的不是得出某个确定的职业结果，而是以兴趣类型作为自己探索和定位的参考依据。

- 根据职业兴趣测试得出的你的霍兰德代码：
- 职业兴趣测评所推荐的与该兴趣类型相关的职业：
- 对照书末《霍兰德职业索引》找出与你的兴趣类型相符合的其他职业：

扩展阅读

19 世纪末，一个男孩降生于布拉格一个贫穷的犹太人家里。随着男孩一天天长大，人们发现他虽生为男儿身，却没有半点男子气概。他的性格内向、敏感、多虑，防范和躲避的心理在他身上根深蒂固。

男孩的父亲竭力想把他培养成一个男子汉，希望他具有刚毅、勇敢的性格。在父亲严厉的培养下，男孩的性格不但没有变得刚烈、勇敢，反而更加的懦弱、自卑，以至于生活中的每一个细节、每一件小事对他都是一个不大不小的灾难。他经常独自躲在角落里，小心翼翼地猜度着会有怎样的伤害落到他的身上。

面对儿子，父亲彻底失望了。你能够让他去当兵、去冲锋陷阵吗？不可能。部队还没有开始选拔，他也许就已经当逃兵了。让他去从政？依靠他的智慧、勇气和决断力，要从各种纷杂势力的矛盾冲突中寻找一种平衡、妥当的解决方法，那更是可望而不可即的幻想。他也不可能做律师，懦弱、内向的性格怎么可能面对法庭上紧张、激烈的辩论？懦弱的性格也许是人生的悲剧，即使想要改变也改变不了。

后来，这个男孩成为了一位闻名世界的文学家，他就是捷克的作家卡夫卡。

为什么会这样？原因很简单，就在于卡夫卡找到了适合自己性格的职业。性格内向、懦弱的人往往有丰富的内心世界，能敏锐地感受到一般人感受不到的东西。他们也许是外部世界的懦夫，却是精神世界的国王。在自己营造的艺术王国中，在这个精神家园里，卡夫卡的懦弱、悲观、消极等性格弱点，反倒使他对世界、生活、人生、命运有了更尖锐、敏感、深刻的认识。他以自己在生活中受到的压抑、苦闷为题材，开创了文学史上一个全新的艺术流派，给我们留下了《变形记》、《城堡》、《审判》、《美国》等不朽的文学巨著。

想象一下，如果卡夫卡当初听从父命去做律师，法律界可能就多了一个失败的律师，更可惜的是，世间也就少了这些不朽的巨著。

每个人都有自己的性格，每一种性格都有其擅长的职业。无论哪一种性格，我们都应该接受它，并按照这一性格去寻找适合的职业。如果找对职业，每一种性格都能成功。

你是否遇到和卡夫卡一样的问题呢？很多大学生都有类似的困惑：一方面，他们不清楚从性格的角度考虑自己适合学什么专业、做什么工作；另一方面，他们也常常对自己的性格有这样或那样的不满，担心性格影响未来发展，又不知道性格能否改变。要解决这些困惑，需要更清晰地了解自己的性格，知道性格和职业的关系到底是什么。

三、你的性格与职业生涯

（一）性格是什么？

性格是人格的核心。公元前3世纪希腊学者提奥夫拉斯塔在《各种各样的人》一书中，把在不同人身上表现的“阿谀奉承”、“吝啬”、“贪婪”、“粗野”、“虚荣”、“自私”等30种特征都用“性格”一词加以概括。若干年来，哲学家、文学家、心理学家等都对性格进行了不同的论述。性格已成为人和人之间个性差异的重要特征。

性格是人在现实的稳定的态度和习惯化了的行为方式中表现出来的个性心理特征，是一种与社会相关最密切的人格特征。每个人在其成长经历中，可能受到生理、遗传、家庭教养、文化、学习经验等因素的交互作用，从而形成自己的独特个性，在不同的情境中表现出特定的气质。人的性格具有稳定性，一旦形成则较难改变，但在特殊情况下也不是不可改变的，比如，生活中某些重大打击会使一个人的性格变得判若两人。

（二）性格与生涯发展的关系

练习 2-4 签名

- 请同学们拿出一张空白纸，在纸上签下自己的名字。

- 请换一只手，再次在纸上签下自己的名字。
- 两次签名有什么不同的感受？请用几个词来形容一下。

当我们用自己常用的那只手签名时，通常会感到“得心应手”，很自如，几乎不假思索，也不用费什么力气，对自己能够做好这件事也很有自信。而当我们用另一只手签名时，就感到不习惯、别扭、费劲，而且签的名字也歪歪扭扭。不过，我们发现自己也还是可以用这只手签名的。

我们在其他事上也是如此，天生有自己擅长的一面，也有自己不擅长的一面，就如我们的右手、左手，它们没有好坏或者对错之分。如果能够找到一个适合的环境，使我们在其中发挥自己的长处和优势，那么我们会很自信，并且往往会取得佳绩。相反，如果要求我们做不擅长的事情，那么多半会感到不舒服、不自在，而且可能干不好工作。

如果我们知晓自己性格上的“左右手”，并了解与之相适应的环境和职业，就能帮助我们做出合乎自己情况的职业选择。这样的最佳匹配，会使得我们容易成为有效的工作者。

现有的人格测评技术有很多种，大致来说，可以分为三大类：观察法、投射法和自陈法。

观察法可以说是了解一个人的人格特性的最简单易行的方法。这种方法可以在自然情境中进行，也可以在实验室的人为情境中进行。在观察过程中，观察者可以与被观察者进行直接的接触，也可以在被观察者毫无察觉的情况下与其进行间接接触。比如，招募雇员的人事主管常常要同求职者面谈，目的就是想要在交谈过程中考察、了解求职者的基本情况，包括其最主要的人格特点。

投射法又称投射测验，是为被试者提供一种暧昧的刺激情境，让他在不受限制的情形下，自由反应，从而分析探究受试者隐而不显的人格特质的方法。心理学家对投射法有一种假设，认为受试者面对暧昧刺激情境时因为不受明确题意的限制，反而容易自由表达，在不知不觉中将内心的问题流露在反应之中。根据此种假设所编制的人格测验，即称为投射测验。最常用的投射测验主要有罗夏墨渍测验和主体统觉测验。

自陈法通常以被试者填写问卷的形式进行。问卷都是事先编制好的，由一系列问题或条目组成，要求被试者报告自己在给定情境中可能有的行为、情绪感受和想法。这种问卷都有指定的回答方式，如“是——否”，“同意——不同意”，或是用一定的评分尺度评定某一情形在多大程度上适合自己。这种方式对被试者的行为具有高度的规定性，计分也就比较简单、容易、明确。常见的自陈表有爱德华个人兴趣量表(EPPS)、艾森克个性问卷(EPQ)、卡特尔16人格因素调查表(16PF)等。这里我们采用的是迈尔斯—布瑞格斯类型诊断量表，即MBTI。

1. MBTI介绍

MBTI(Myers-Briggs type indicator)的理论基础来源于瑞典心理学家荣格(Carl Jung)有关知觉、判断和人格态度的观点，由布莱格斯(Katherine C. Briggs)和她的女儿迈尔斯(Isabel Briggs-Myers)研究并发展成为心理测评工具，因此称作Myers-Briggs Type Indicator。

MBTI有许多研究数据的支持，属于信度、效率都较高的心理测评工具。它的用途非常广泛，被用于自我探索、职业发展、人才选拔、团队建设、管理培训、恋爱与婚姻咨询、教育(学业)咨询及多元文化培训中。

2. MBTI中的四个维度

MBTI衡量的是个人的类型偏好(preference)，或称作倾向。所谓“偏好”，“是一种天生的倾向性，是一种特定的行为和思考方式”。这些偏好并无优劣之分，却形成了人与人之间的不同。他们各自识别了一些人类正常和有价值的行为，也可能成为误解和偏见的来源。MBTI 用四维度偏好二分法来评估一个人的类型偏好，每个维度偏好二分法均由两级组成，具体见表 2-2 所示。

表 2-2　MBTI 维度解释

能量倾向：你更喜欢将自己的注意力集中于何处？你从何处获得活力？E-I 维度 外倾 extroversion(E) 注意力和能量主要指向外部世界的人和事，而从与人交往和行动中得到活力。 ● 关注外部环境 ● 喜欢用谈话的方式进行沟通 ● 通过谈话形成自己的意见 ● 用实际操作或讨论的方式能学得最好 ● 兴趣广泛 ● 好与人交往，善于表达 ● 先行动，后思考 ● 在工作和人际关系中都很积极、主动 内倾 introversion(I) 注意力和能量集中于自己的内心世界，从对思想、回忆和情感的反思中得到活力。 ● 关注自己的内心世界 ● 更愿意用书面方式沟通 ● 通过思考形成自己的意见 ● 用思考、在头脑中“练习”的方式学得最好 ● 兴趣专注 ● 安静而显得内向 ● 先思考，后行动 ● 当情境或事件对他们具有重要意义时会采取主动
接受信息：你如何获取信息？S-N 维度 感觉 sensing(S) 用自己的五官来获取信息。喜欢收集实实在在的、确实已出现的信息。对于周围所发生的事件观察入微，特别关注现实。 ● 着眼于当前的实际情况 ● 现实、具体 ● 关注真实的、实际存在的事物 ● 观察敏锐，并能记住细节 ● 经过仔细、周详的推理一步步得出结论 ● 通过实际运用来理解抽象的思维和理论 ● 相信自己的经验 直觉 intuition(N) 通过想象、无意识等超越感觉的方式来获取信息。喜欢看整个事件的全貌，关注事实之间的关联。想要抓住事件的模式，特别善于看到新的可能性。 ● 着眼于未来的可能 ● 富于想象力和创造性 ● 关注数据所代表的模式和意义 ● 当细节与某一模式相关时才能够记得 ● 靠直觉很快得出结论 ● 希望在应用理论之前先能对之进行澄清 ● 相信自己的灵感

续表

<table>
<tr><td>
处理信息：你是如何做决定的？T-F 维度
思考 thinking(T)
通过分析某一行动或选择的逻辑后果来做出决定。会将自己从情境中分离出来，对事件的正反两方面进行客观的分析。从分析和确认事件中的错误并解决问题中获得活力。目标是要找到一个能应用于所有相似情境的标准或原则。
● 好分析的
● 运用因果推理
● 以逻辑的方式解决问题
● 寻求一个合乎真理的客观标准
● 爱讲理的
● 可能显得不近人情
● 公平意味着每个人都得到平等的待遇
情感 feeling(F)
喜欢考虑对自己和他人来说什么是重要的。会在头脑中将自己放在情境所牵涉到的所有人的位置上并试图理解别人的感受，然后在此基础上根据自己的价值判断做出决定。从对他人表示赞赏和支持中获得活力。目标是创造和谐的氛围，把每一个人都当作一个独特的个体来对待。
● 善于体贴他人、感同身受
● 受个人价值观的引导
● 衡量决定对他人产生的后果和影响
● 寻求和谐的气氛和积极的人际交往
● 富于同情心
● 可能会显得心肠太软
● 公平意味着每个人都被作为独特的个体来对待
</td></tr>
<tr><td>
行动方式：你如何与外部世界打交道？J-P 维度
判断 judging(J)
喜欢将事情管理得井井有条，过一种有计划的、井然有序的生活。喜欢做出决定，完成后继续下面的工作。生活通常会比较有规划、有秩序，喜欢把事情敲定下来。照计划和日程安排办事对他们来说很重要。从完成任务中获得能量。
● 有计划的
● 喜欢组织、管理自己的生活
● 有系统、有计划
● 按部就班
● 爱制订短期和长期计划
● 喜欢把事情落实敲定
● 力图避免最后一分钟才做决定或完成任务的压力
知觉 perceiving (P)
喜欢用一种灵活、自发的方式生活，更愿意去体验和理解生活而不是去控制它。详细的计划或最后的决定会使他们感到被束缚。愿意对新的信息和选择保持开放，直到最后一分钟。足智多谋，善于调节自己适应当前场合的需要，并从中获得能量。
● 自发的
● 灵活
● 随意
● 开放
● 适应，改变方向
● 不喜欢把事情确定下来，以留有改变的可能性
● 最后一分钟的压力会使他们感到活力充沛
</td></tr>
</table>

在 MBTI 测评结果中，每个维度上一个人只能属于一种偏好，如果一个人是内倾的就不可能是外倾的，是知觉型的就不会是判断型的。但是，这并不代表一个人是内倾的就没有丝毫外倾的特征，这就好像右利手的人不代表他的左手是完全没有用处的，有很多时候需要左右手配合。性格也是如此，一个人如果是内倾，就意味着在绝大多数情况下其自然反应是内倾的，但是也有外倾的时候。在特别的情境下，甚至可能主要表现为外倾。所以，不要绝对地看待测评的结果。

在下面的具体维度介绍中，我们会通过一些活动来帮助大家理解和判断自己的偏好(在这里强调的是“天生”的偏好)。事实上，由于环境的限制，我们常常不能照自己天性所喜好的那样生活。比如，社会往往要求我们用一种有规律、有计划的方式生活，要求我们多与人打交道。这就好像在这个右利手居多的社会，左利手不得不改用右手一样。因此，在我们判断自己更偏向于哪一方面的时候，要注意区分到底是出于天生的倾向还是出于社会的期望，关注哪些是我们的第一反应，哪些通常是出于我们天生的偏好。

(1) E-I 维度

外倾的人习惯于外界活动，愿意与人打交道，而内倾者则多安静、保守，喜欢独处或习惯一对一的人际交往，具体区别如表 2-2 所示。一个外倾的人需要通过参加外界活动或与不同的人打交道来积蓄力量，而内倾者则只有独处后能量会更足。所以，在练习 2-2 中，可以通过发言的先后顺序以及热烈程度等看出他们的偏好。例如，外倾的人通常会先发言，而且一次也许会表达多个不同主题，因为他们听、说、想同时进行；而后发言者常为内倾者，且他们一次多表达一个主题，但探讨深入，他们更习惯先听、后想、再说。下面是一些典型的表现。

外倾者：“平日里要是有人突然问我对某人或某事的看法，我可能会回答得非常宽泛，甚至不会回答。因为在我脑中确实没有对该事的任何想法。我的观点往往是在交谈中形成的。”

“我总是精力充沛，并随时准备帮助任何一个遇到麻烦的人。我喜欢结交朋友，我不喜欢独自工作，喜欢和朋友们呆在一起。”

“我喜欢有人气的生活，即使和一群人在一起说话我也乐意。所以在生活中，一般情况下我不会独自出去逛街购物，除非那些东西我很急用。”

内倾者：“我从来就不爱主动地表现、交往、参加特别多的活动。虽然与知心朋友在一起会是另一番景象，但那是另一回事。”(喜欢小范围、知心地交流本身也是内倾型的表现)

“在多数情况下，我更关注自己的内心想法和感受，我可以沉浸在自己的世界里大半天儿对周围的世界毫无感觉。以前经常有同学很生气地问我为什么在路上碰到他们却不理睬，我也只得一遍遍跟他们解释我在想其他事了，最后他们也就将信将疑地默认了。但这并不表示我忽略别人。我也会站在别人的立场上来考虑事情，也在乎他们的喜怒哀乐，并容易受他们的影响。如果你在路上遇见我，你总会看见一张似乎永远那么平静、毫无表情的脸。”

在工作中，和人打交道的事情往往让外倾的人更有活力，安静独处的时间则令内倾的人更好地发挥才能。讨论问题时，外倾的人通常首先发言，而且观点很多，内倾的人则一般在深思熟虑后才发表意见，且内容深刻。内倾者常不能抢在第一时间发表意见，往往给人留下的印象是没有什么想法。这会让一些内倾者感到自己缺乏表现的能力，进而缺乏自信。其实，这只是不同的性格有不同的行为方式而已。这也提醒讨论的组织者，适当地给发言者多留些时间，也许会让讨论更有收获。

需要提醒的是，MBTI 中所讲的内倾和外倾不同于我们日常所说的“内向”和“外向”。在习惯中人们认为，外向的人善于和人打交道，能言善辩；内向的人不善言辞，缺乏交际能力。MBTI 中所谈的外倾、内倾，是以能量朝向角度来区分的，内倾者并非不能说，只是他们谈话的内容更多朝向内而已。MBTI 是从性格角度出发的。

（2）S-N 维度

练习 2-5 看图说话

① 请同学观察上图(展示时间 3～5 秒)。

② 请同学描述这幅图给自己留下的印象，并写在纸上。

③ 请同学说说自己的描述。认真倾听每个同学描述的不同，根据这些不同判断哪些同学可能是感觉型的，哪些同学可能是直觉型的。

感觉和直觉是我们获取信息的两种方式。感觉型的人倾向于用五官来获取精准的信息。直觉型的人则习惯于通过所谓的第六感来获取信息，他们更注意事情的含义、象征意义和潜在意义，具体解释见表 2-2。在练习 2-5 中，对同一幅图的典型描述是：

- “有很多齿轮，有一个人爬在上面，顶上有个钢盔，后面是一些树和人。”
- “战争和人类对森林的砍伐将毁灭地球，警钟已经敲响，这是对现实真实的写照。”

从上面的描述中不难看出区别：A 很具体而写实，B 则抽象一些。所以，前者通常是感觉型人的描述，后者则是直觉型人的描述。

现实生活中，感觉型和直觉型的人区别也很明显。比如，对某个人的印象，感觉型的人往往能够说出他的相貌、衣着，如长脸还是圆脸、戴没戴眼镜等，而直觉型的人更多说出的是对这个人的感觉，比如诚恳、热情等。如果你让一个感觉型的人给你指路，他会说得非常详细，走大约多少米，或者多长时间，在有个什么标志的地方应该怎么转弯，然后再怎么走，等等，而直觉型的人只会告诉你要朝哪个方向，走一会儿就到了。

感觉型和直觉型的人不同，造成他们在工作上可能的冲突。感觉型的人更关注事情的细节和事实，如应用类的工作，而直觉型的人更喜欢新的问题和可能性，如理论类的工作。感觉型的人可能会觉得直觉型的人太富幻想、不切实际，而直觉型的人则会认为感觉型的人太保守、抵触革新。其实，二者在工作中各有所长，可以很好地配合：直觉型的人因为较重远景和全貌，适于做策划的工作；而感觉型的人注重细节和现实，适于做实施执行的工作。

(3) T-F 维度

练习 2-6　你该如何决策?

某所大学规定，学生被发现三次夜不归宿就要勒令退学。假如你是这所大学做学生工作的老师，有一名学生已经两次被发现夜不归宿，你和他认真地谈了一次话，警告他如果再有第三次将被开除。现在，这名学生在即将毕业的时候第三次夜不归宿被抓。你会怎么办?为什么?

请同学们说说自己的决定和想法。认真倾听每个同学的想法，判断哪些同学可能是思考型的，哪些同学可能是情感型的。

思考和情感这两个功能是关于人们如何处理、获取信息的。思考型的人习惯于通过分析数据、权衡事实来做出符合逻辑的、有目的的结论和选择；而情感型的人则习惯于通过自己的价值观来做决定，他们通常会对信息做出个人的、主观的评价。思考型的人通常是直接的、分析性的，他们用大脑做决定；而情感型的人更坚信自己的价值观，并习惯于用心灵来做决定。需要说明的是，此处的"情感"并不等于"情绪化"，它也可以是符合逻辑的，只是依据不同而已。

在练习 2-6 中，有这样几种典型的回答：

"开除他。我已经和他谈过了事情的严重性，但他一犯再犯，制度就是制度，一定要开除，否则再出现类似的事情就没法管了，这样做对其他学生也是一种公平。"

"我会再找他谈谈，问问他再次夜不归宿的原因是什么。考虑到他马上就毕业了，这时候开除他有点可惜，对前途的影响比较大，所以我会和他谈谈问题的严重性，并告诫他以后类似的事情不要再犯，但是最后还是决定不开除他。"

"开除他。虽然他马上就毕业了，现在开除他对他影响很大，但是如果这次不给他教训，让他有了侥幸的心理，下次他遇到类似的事情还可能会犯错，这容易让他养成对自己行为不负责任的习惯，不利于他的成长，所以宁可痛一时，强于痛一辈子。但在开除之前我会好好和他谈谈这里面的原因，希望他能够吸取教训。"

从上面的三种回答中，我们可以看到：第一种回答和第三种回答的结果相同，但思考的角度却有很大区别。第一种回答更看重制度，追求制度上的公平；第三种回答则从人成长和价值角度出发。而第二种回答更多地是从对学生产生的影响出发来考虑问题的。所以虽然结果不尽相同，但不难看出，第一种通常是思考型人的回答，第二种和第三种是情感型人的回答。

做决策时，思考型的人以事为主，情感型的人以人为主。思考型的人重在解决问题，而情感型的人更关注感受、建立关系。

在工作中,情感型的人很看重所做事情的价值是否符合自己的价值观,愿意追求心灵层面的东西,他们更喜欢和谐的工作环境,并乐意为人服务;思考型的人讲究逻辑性,他们更喜欢分析、解决问题,尤其愿意和概念、数字或者具体事物打交道,找到客观的标准和原则是他们的乐趣。

(4) J-P 维度

练习 2-7 你会去吗?

假设现在是周五下午,你在本周日上午要参加大学英语四级考试。这是你最后一次机会参加这个考试了,而你感觉自己有不少东西还没准备好,因此打算在今晚和周六好好复习一下。但是,你忽然接到电话,一个好朋友从外地来北京了。你们已经好久没见面了,他邀你今晚去看他,他周六早上就要离开。你会去吗?为什么?

请同学们说说自己的想法。认真倾听每个同学的发言,判断哪些同学可能是判断型的,哪些同学可能是知觉型的。

判断和知觉是关于人们在与外界发生关系的过程中是如何做决定的。判断型的态度意味着这样的人会通过思考和情感去组织、计划和调控自己的生活。而知觉型的态度意味着这样的人倾向于用感觉和直觉的方式去对事物做决定,他们的态度通常是灵活的、开放的。判断型的人喜欢将事情管理得井井有条,习惯过一种井然有序的生活。当他们做决定时,他们会做明确的计划,并考虑不同的观点。而知觉型的人喜欢自发、随意地处理问题,他们愿意保持开放的思想。

在练习 2-7 中,有以下两种典型答案:

"当然去,好朋友难得一见当然重要了。英语考试周六还可以有一天复习时间,这种临时报佛脚的复习也不见得有多大用处。"

"不会去。即使复习好了也不会去,因为那样就找不到考试的感觉了。朋友虽然很重要,但以后肯定还会有机会再见面,可是考试就最后一次机会了。"

显然,前者是知觉型人的答案,他们喜欢在体验中生活,同时身处在不同事件中;后者是判断型人的回答,他们不喜欢意外的变化,集中精力、按部就班地处理好一件事让他们感觉良好。

判断型的人乐于制订和执行计划,井井有条的生活是他们乐于追求的。而知觉型的人则痛恨计划,他们希望所做的事情最好不要有完成的期限,他们的注意力常常很快就从一件事转移到其他事情上去,他们最感兴趣的就是最初解决问题的时候以及创造新思路的阶段。他们喜欢在具有挑战性的问题面前寻找自己的灵感。但是在此之后,往往会失去兴趣,缺少一种完成任务的自制力。

在工作中,知觉型的人可能会接太多的事情却难以完成,但往往能够很灵活,善于抓住机会。对他们来说,面对新的环境或情境去适应和理解它远比管理它要来得有趣;而判断型的人常拘泥于计划和秩序,如果计划被打乱会非常烦躁。在他们眼中,有系统的工作和秩序是最重要的。

在完成了MBTI四个维度的练习后，你是否已经能初步判断出自己在每个维度上的偏好是什么？你可以再次对照表2-2中对每个偏好的解释，然后在下面的横线上写下自己的MBTI类型：

我的MBTI类型

能量倾向：________________

接受信息：________________

处理信息：________________

行动方式：________________

3. 16种MBTI类型

为了方便理解，前面将MBTI的各个维度做了单独的介绍，但这并不等于可以从单个的维度去理解人。人的性格非常复杂，每个维度都会彼此影响。因此，将四个维度结合起来，是正确理解一个人的方法。在MBTI中，四个维度中的两极正好组合成16种人格类型，这16种性格类型及其特点见表2-3。

表2-3 MBTI 16种性格类型及其通常具有的特征

ISTJ	ISFJ	INFJ	INTJ
沉静，认真，贯彻始终，得人信赖而取得成功。讲求实际，注重事实，能够合情合理地去决定应该做的事情，而且坚定不移地把它完成，不会因外界事物而分散精神。以做事有次序、有条理为乐——不论在工作上、家庭上或者生活上。重视传统和忠诚。	沉静、友善、有责任感和谨慎。能坚定不移地承担责任。做事贯彻始终、不辞辛劳和准确无误。忠诚，替人着想，细心；往往记着他所重视的人的种种微小事情，关心别人的感受。努力创造一个有秩序、和谐的工作和家居环境。	探索意念、人际关系和物质拥有欲的意义和它们之间的关系。希望了解什么可以激发人们的推动力，对别人有洞察力。尽责，能够履行他们坚持的价值观念。有一个清晰的理念以谋取大众的最佳利益。能够有条理地、果断地去实践他们的理念。	具有创意的头脑，有很大的冲劲去实践他们的理念和达到目标。能够很快地掌握事情发展的规律，从而想出长远的发展方向。一旦做出承诺，便会有条理地开展工作，直到完成为止。有怀疑精神，独立自主。无论为自己或为他人，有高水准的工作表现。
ISTP	ISFP	INFP	INTP
容忍，有弹性，是冷静的观察者，但当有问题出现，便迅速行动，找出可行的解决方法。能够分析哪些东西可以使事情进行顺利，又能够从大量资料中，找出实际问题的重心。很重视事情的前因后果，能够以理性的原则把事实组织起来，重视效率。	沉静、友善、敏感和仁慈。欣赏目前和他们周遭所发生的事情。喜欢有自己的空间做事，又能把握自己的时间。忠于自己所重视的人。不喜欢争论和冲突，不会强迫别人接受自己的意见或价值观。	理想主义者，忠于自己的价值观及自己所重视的人。外在的生活与内在价值观配合。有好奇心，很快看到事情的可能与否，能够加快对理念的实践。试图了解别人、协助别人发展潜能。适应力强，有弹性；如果和别人的价值观没有抵触，往往能包容别人。	对任何感兴趣的事物，都要探索一个合理的解释。喜欢理论和抽象的事情，喜欢理念思维多于社交活动。沉静，满足，有弹性，适应力强。在他们感兴趣的范畴内，有非凡的能力去专注而深入地解决问题。有怀疑精神，有时喜欢批评，常常善于分析。

续表

ESTP	ESFP	ENFP	ENTP
有弹性，容忍，讲求实际，专注即时的效益。对理论和概念上的解释感到不耐烦，希望以积极的行动去解决问题。专注于“此时此地”，喜欢主动与别人交往。喜欢物质享受的生活方式。能够通过实践达到最佳的学习效果。	外向，友善，包容。热爱生命，热爱人，爱物质享受。喜欢与别人共事。在工作上，能用常识注意现实的情况，使工作富趣味性。富灵活性、即兴性，易接受新朋友和适应新环境。与别人一起学习新技能可以达到最佳的学习效果。	热情而热心，富于想象力。认为生活充满很多可能性。能够很快地找出事件和资料之间的关联性，而且有信心地依照他们所看到的模式去做。很需要别人的肯定，又乐于欣赏和支持别人。即兴而富有弹性，时常信赖自己的临场表现和流畅的语言能力。	思维敏捷，机灵，能激励他人，警觉性高，勇于发言。能随机应变地去应付新的和富于挑战性的问题。善于引出在概念上可能发生的问题，然后很有策略地加以分析。善于洞察别人。对日常例行事务感到厌倦。甚少以相同方法处理同一事情，能够灵活地处理接二连三的新事物。
ESTJ	ESFJ	ENFJ	ENTJ
讲求实际，注重现实，注重事实。果断，很难做出实际可行的决定。能够安排计划和组织人员以完成工作，尽可能以最有效率的方法达到目的。能够注意日常例行工作的细节。有一套清晰的逻辑标准，会有系统地跟着去做，也想别人跟着去做。会以强硬态度去执行计划。	有爱心，尽责，合作。渴望有和谐的环境，而且有决心营造这种环境。喜欢与别人共事以能准确地、准时地完成工作。忠诚，即使在细微的事情上也如此。能够注意别人在日常生活中的需要而努力供应他们。渴望别人赞赏他们和欣赏他们所做的贡献。	温情、有同情心、反应敏捷和有责任感。高度关注别人的情绪、需要和动机。能够看到每个人的潜质，要帮助别人发挥自己的潜能。能够积极地协助别人和组织的成长。忠诚，对赞美和批评都能做出很快的回应。社交活跃，在一组人当中能够惠及别人，有启发人的领导才能。	坦率，果断，乐于作为领导者。很容易看到不合逻辑和缺乏效率的程序和政策，从而开展和实施一个能够顾及全面的制度去解决一些组织上的问题。喜欢有长远的计划，喜欢有一套制定的目标。往往是博学多闻的，喜欢追求知识，又能把知识传给别人。能够有力地提出自己的主张。

请你对照表 2-3，看一看在你所属的类型描述和你了解的自己有多少相符。当然，通过前面的一个活动往往一下就准确地判断你的 MBTI 类型。所以，除了完成前面的活动以更好地理解 MBTI 类型外，你最好做一些正式的 MBTI 测评，再结合你在课堂活动中的反应及自己在日常生活中的性格表现来判断自己属于哪个类型。

（三）MBTI 与职业的匹配

知道自己的 MBTI 类型，可以帮助你了解职业倾向。有研究数据表明，S-N 和 T-F 两种维度的组合 ST、SF、NF、NT 与职业的选择更为相关（Hammer and Macdaid，1992）。

ST 型的人更关注通过实效和实际的方式应用详细资料，如商业领域。例如，一位 ST 型的心理咨询硕士将会成为心理测评和应用方面的专家。

SF 型的人喜欢通过实践的方式帮助别人，如健康护理和教育领域。例如，一位 SF 型的心理咨询硕士将关注自己的管理，督导技能，以发展和促进同事之间有效的工作关系。

NF 型的人希望能通过在宗教、咨询、艺术等领域的工作来帮助人们。例如，一位 NF 型的心理咨询硕士将成为临床专家来帮助人们成长、发展，学习如何更好地了解自己和他人。

NT 型的人更专注理论框架，如科学、技术和管理，喜欢挑战。例如，一个 NT 型的心理咨询硕士将运用他的战略重点和管理技巧，成为人力资源领域的管理者。

工作安全感则受 IJ、IP、EP、EJ 的影响最大，其中 EJ 类型的人最易有工作安全感，而 IP 类型的人常常在工作中对组织、未来等缺乏安全感。

当然，如表 2-4 所示，16 种 MBTI 类型各有其职业倾向。其中，职业倾向的描述都是从大的类别描述的。因此，从中理解自己的职业倾向时，请不要陷入类别名称的描述，而更重要的是要看到这一类别工作的特点。因为在现实的工作世界中，工作名称千变万化，即使相同名称的职业也可能因不同的公司而要求相异，所以，只有知晓适合自己性格类型的工作特点，才能灵活地运用这一理论帮助自己选择工作。

表 2-4 MBTI16 种性格类型的职业倾向

ISTJ 管理者 行政管理 执法者 会计 或者其他能够让他们可以利用自己的经验和对细节的注意完成任务的职业。	ISFJ 教育 健康护理(包括生理、心理) 宗教服务 或者其他能够让他们运用自己的经验亲力亲为帮助别人的职业，这种帮助是协助或辅助性的。	INFJ 宗教 咨询服务(包括个人、社会、心理等) 教学/教导 艺术 或者其他能够促进他们情感、智力或精神发展的职业。	INTJ 科学或技术领域 计算机 法律 或者其他能够让他们运用智力创造和技术知识去构思、分析和完成任务的职业。
ISTP 熟练工种 技术领域 农业 执法者 军人 或者其他能够让他们动手操作、分析数据或事情的职业。	ISFP 健康护理(包括心理生理) 商业 执法者 或者其他能够让他们运用友善、专注于细节的相关服务的职业。	INFP 咨询服务(包括个人、社会、心理等) 写作 艺术 或者其他能够让他们运用创造和集中于他们的价值观的职业。	INTP 科学或技术领域 或者其他能够让他们基于自己的专业技术知识独立、客观分析问题的职业。
ESTP 市场 熟练工种 商业 执法者 应用技术 或者其他能够让他们利用行动关注必要细节的职业。	ESFP 健康护理(包括生理、心理) 教学/教导 教练 儿童保育 熟练工种 或者其他能够让他们利用外向的天性和热情去帮助那些有实际需要的人们的职业。	ENFP 咨询服务(包括个人、社会、心理等) 教学/教导 宗教 艺术 或者其他能够让他们利用创造和交流去帮助促进他人成长的职业。	ENTP 科学 管理者 技术 艺术 或者其他能够让他们有机会不断承担新挑战的工作。
ESTJ 管理者 行政管理 执法者 或者其他能够让他们运用对事实的逻辑和组织完成任务的职业。	ESFJ 教育 健康护理(包括生理、心理) 宗教 或者其他能够让他们运用个人关怀为他人提供服务的职业。	ENFJ 宗教 艺术 教学/教导 或者其他能够让他们帮助别人在情感、智力和精神上成长的职业。	ENTJ 管理者 领导者 或者其他能够让他们运用实际分析、战略计划和组织完成任务的职业。

（备注：MBTI16 种性格类型的职业倾向：Isabel Briggs Myers，Mary H. McCaulley，Naomi L. Quenk，Allen L. Hammer：MBTI Manual，Third Edition，Consulting Psychologists Press，INC，1998，pp. 294。）

根据你的 MBTI 类型，在表 2-4 中找找适合你的职业倾向：________________

在运用 MBTI 性格类型时，我们应该注意：每个偏好、每种类型没有哪种是更好的，也没有更坏的，更没有对错之分。每种类型都是独特的，会在适合的环境中发挥自己的特点。认识自己的性格类型，可以让你更好地了解自己，理解自己的行为特点，根据自己的特点学习、工作和解决问题，但这并不意味着它可以成为约束你不做某事或不选择某种职业的借口。世界上没有百分之百适合某种性格的职业，也没有百分之百不适合某种性格的职业，懂得用己所长，整合资源，才是问题解决之道。性格认识旨在帮助我们更好地了解自己的行为和做事特点，理解他人为何与自己不同。评价的标准不止一个，人与环境的互动也很复杂，很难用某个标准来评价。所以，请注意不要在工作中因性格类型而固化地看待甚至歧视某些人。

（四）探索性格的其他方法

练习 2-8 他人眼中的我

写下自己的五个特质，分别找同学、朋友、家人等熟悉自己的人，请他也列出你的五个特质。看看他们对你的认识与你对自己的看法有什么异同，并和他们讨论这些异同。

"不识庐山真面目，只缘身在此山中。"我们眼中的"自己"，常和别人眼中的"自己"有一些甚至是很大的差距。陷于"自己"这座山，一个人对自己的认识常常是有局限的。小 A 一向觉得自己内向，待人不够热情，但她在同学的反馈中看到了"亲和"、"热情"这样的描述。小 A 在惊讶之余开始反思和重新审视自己，并和同学进行了沟通。她发现，其实自己并不像自己认为得那样内向与不热情，只是过于担心自己成为那样的人而已。明白了这点，小 A 在和人打交道的时候轻松了许多，也有了更多的信心。

所以，对自己性格的了解，不要局限于借助 MBTI 或其他的性格测评。你身边有很好的资源来帮助你认识自己，不仅在性格方面，后面章节提到的兴趣、能力等也是如此。当你疑惑你的 MBTI 类型有些描述与你不符合时，或许借助身边的资源可以更好地认清你是谁。

实践与应用

20 句"我是怎样的人"

该探索的目的是强化自我认识，促进自我接纳，操作办法如下。

1. 写出 20 句"我是怎样的人"，要求尽量选择一些能反映个人风格的语句，避免出现类似"我是一个男生"这样的句子：

我是一个________________的人。

我是一个________________的人。

……

2. 将陈述的 20 项内容做下列归类。

(1) 身体状况(体貌特征，如年龄、身高、体形、是否健康等)。

编号：________________

(2) 情绪状况(常持有的情绪、情感,如乐观开朗、振奋人心、烦恼沮丧等)。

编号:________________

(3) 才智状况(智力、能力情况:如聪明,灵活、迟钝、能干等)。

编号:________________

(4) 社会关系状况(与他人的关系,如何和别人应对进退,对他人常持有的态度、原则,如乐于助人的、爱交朋友的、坦诚的、孤独的等)。

编号:________________

(5) 其他。

编号:________________

分类是为了了解自己对自己各方面的关注和了解程度,某一类项目多,说明你对这方面的关注和了解多;某一类项目少或没有,说明你对这方面关注和了解少或根本就没关注、不了解。健全的自我意识应能较为全面地关注和了解自己。

3. 评估你对自己的陈述是积极的还是消极的。在你列出的每句话的后面加上正号(+)或负号(—)。正号表示"这句话表达了你对自己肯定、满意的态度",负号的意义则相反,表示"这句话表达了你对自己不满意、否定的态度"。看看你的正号与负号的数量各是多少。

如果你正号的数量大于负号的,说明你的自我接纳状况良好。相反,如果你的负号将近一半甚至超过一半,则显示你不能很好地接纳自己,你的自尊程度较低。这时你需要内省一番,寻找问题的根源,比如是否过低地评价了自己?是什么原因使你成为这样?有没有改善的可能?

4. 分组交流,将团体成员分成 4～6 人的小组,在组内进行交流。交流对自己的认识,以及对活动的感受。

5. 团体内分享。每组派一名代表在团体内进行小组情况交流或个人体会的发言,供大家分享。

讨论与思考

1. 我好像没有什么兴趣,不知道自己到底喜欢什么,怎么办?
2. 我的兴趣太多,该怎么选择?
3. 我所学的专业不是我的兴趣所在,除了考研换专业还有别的出路吗?
4. 通过这个单元的学习,我还是不能确定自己的性格到底是什么类型,怎么办?

相关资源

1. http://www.beisen.careersky.org 中职业兴趣、性格测评的部分。
2. 〔美〕布莱德·哈林顿,道格拉斯 T. 霍尔著,张星,张璐译:《职业生涯规划与管理》,2013 年版。

第三单元

技能与价值观

如果我们都去做自己能力做得到的事，我们真会让自己大吃一惊。

——佚名

本单元要点

技能是大学生简历和面试常使用的语言，技能不足会让你裹足不前，没有勇气去做你喜欢的工作；有能力完成一些想做的工作，会让你信心大增；价值观在职业生涯发展中起到极其重要的、决定方向性的作用。本单元介绍了技能和价值观的概念分类，重点讲解了如何借用工具来对技能和价值观进行认识和澄清。帮助大学生面对职业选择时，能够明确自身求职的内在需求和职业所需技能，正确认识技能尤其是可迁移技能和自我管理技能，深入了解自己的职业价值观倾向，调适自己的择业心态，坚持自己择业的行为、信念等，从而为自己选择理想的职业提供导向。

你有过这样的困惑吗？

- 刘彦是体育教育专业大四的学生，专项修的是网球。他说当初学习网球就是看到现在网球在国内发展越来越快，市场需求量大，利于找工作。大学即将结束，而他也未能考上研究生，面临着大学毕业找工作，对于体育教育专业来说，最好、最稳定的就是当老师。而对于一般学校，想要开网球课，是有点困难的，况且他来自农村，如果去大城市找教师工作，会十分困难，他对自己当初的选择后悔了。

- 吴天是管理学院大三的学生，预备党员，任班级团支书，工作能力得到了老师的肯定。他性格开朗，擅长演讲，经常为学弟、学妹们演讲，每每振奋人心。他兴趣广泛，但是自己感觉却没有真正精通的东西，就像专业一样，计算机技术和经济管理方面的知识都学，学的很多、很杂，但都学得不精。还有一年就毕业了，感觉自己一下子走到了十字路口，不知道该往哪里走。

- 李明是文学院大四的学生，爱好旅游，上大学以后利用假期去过很多地方，梦想能够逛够祖国的大好河山。可是面临毕业，就业的压力越来越大。为了找一份好工作，不得不放弃自己的假期和休息时间写简历，投简历，到各家公司企业去面试。他感觉自己跟旅游越来越遥远了，甚至连一点出去晒晒太阳的时间都没有了。面对如此大的压力，李明由心里发出一种感慨：当梦想和现实碰撞在一起的时候，自己当初的梦想还能继续吗？

● 慕橙是体育学院体育教育专业大三的学生。高三冲刺阶段为了能考一个本科学校，他违背了家长的意愿，毅然决然地选择了理改体这条路(并不是因为喜欢体育才做的选择)，最终经过调剂来到了目前就读的高校(不是自己心目中的学校)，他甚至后悔当初选择了理改体。纵使心中充满了不满，也只能随遇而安。如今即将面临就业，小慕再次陷入了选择的两难境地：是该选择家长心中比较安稳的体育教师职业(自己专业素质不够也并不喜欢)，还是该选择自己有兴趣但相对不稳定的企业职工从底层做起(或许充满挑战，可能会有所成就也可能一辈子都在底层摸爬滚打)，或是该尝试一下公务员考试(当前比较火的就业去向)……前方有好多路但却不知道哪一条才是属于自己的。见同学们都已纷纷找到自己的奋斗目标，小慕顿时觉得前途渺茫，不知自己的未来到底在何方……

● 王静是山东济南人，威海某高校计算机专业大四的学生。她现在遇到了一些令她困惑的问题：在学校的招聘会上她打算与烟台的一家软件公司签约，待遇不错，但是试用期长达六个月，一次性签三年合同，最主要的是离家较远，王静犹豫了。是回济南重新投简历、找工作，还是与烟台的公司签约？犹豫中她回到了济南，在济南的招聘会上她发现这边给出的工资远不如烟台的公司。是找个离家近但工资较低的公司工作，还是与烟台公司签约承受离家较远的煎熬，她对此陷入了深深的思虑。

"你的技能"是大学生求职简历上必填的一项，这是每个要求职的人都要认真面对和思考的问题。技能是用人单位最关心的问题，也是我们最需要证明的。怎样发现、培养、展现自己的技能，从而在毕业后的求职过程中占据优势，是非常关键的。

在规划你的职业生涯之前，你要明白自己的技能是什么，只有在明白自己的特点之后，你才能有一个好的规划。

理论与讲解

一、你的技能与职业生涯

(一) 技能是什么?

技能是通过练习获得的能够完成一定任务的动作系统，是通过学习而形成的合乎法则的活动方式，它来自活动主体所做出的行为及其反馈的动作经验。技能形成过程中，各种技能动作之间会相互影响。已形成的技能若促进新技能的形成，叫技能正迁移；已形成的技能若阻碍了新技能的形成，叫技能干扰或技能负迁移。

(二) 技能形成影响因素

技能的形成与发展受多种因素的影响，既包括先天素质，也包括后天因素，主要指对先天素质产生影响作用的环境、教育和实践活动等。实际上，技能就是这些因素交织在一起相互作用的结果。

1. 先天素质

先天素质是人们与生俱来的生理特点，主要是神经系统、脑的特征以及感官和运动器官的特征，它是技能形成和发展的自然前提和物质基础。没有这个基础，任何技能都无从产生，也不可能发展。

先天素质在技能形成中发挥了作用，先天素质也具有遗传性，但并不能由此而得出技能由遗传决定的结论。先天素质只能为技能提供形成与发展的可能性，并不能预定或决定技能的发展方向。例如：人手指的长短是由遗传决定的，手指长为学弹钢琴提供了良好的自然条件，但这不能决定将来就一定能成为钢琴家，因为成为钢琴家还需要许多主客观条件。所以说，先天素质并不等于技能本身。同样的先天素质可能发展多种不同的技能，而良好的先天素质由于没有受到良好的培养和训练，技能也不可能得到应有的发展。

2. 环境

在儿童成长的整个过程中，智力的发展速度是不均衡的，往往是先快后慢。美国著名的心理学家布卢姆(B. S. Bloom)对近千人进行追踪研究后，提出这样的假说，即五岁前是儿童智力发展最为迅速的时期。可见，发展技能要重视早期环境的作用。

3. 教育条件

一个人能朝什么方向发展，发展水平的高低、速度的快慢，主要取决于后天的教育条件。家庭生活方式，家庭成员的职业、文化修养、兴趣、爱好，以及家长对孩子的教育方法与态度，对儿童技能的形成与发展有极大的影响。

4. 实践活动

实践活动是人与客观现实相互作用的过程，是人所特有的积极、主动的运动形式。实践活动是技能形成与发展的必要条件，人的自学技能是在学习活动中形成与发展的；人的组织技能也是在长期的社会实践中逐渐形成的。人的各种技能若脱离了具体的实践活动是无从提高和发展的。

5. 其他个性因素的影响

环境和教育是技能形成与发展的外部条件，外因必须通过内因起作用。主观努力是获取成功的必由之路，要充分发挥自身的主观能动性——积极的个性心理特征，即理想、兴趣及勤奋和不怕困难的意志力。

练习 3-1 你擅长做什么？怎么造就你这方面能力的？

____

____

____

____

(三) 技能的分类：知识技能、自我管理技能和可迁移技能

技能对一生职业道路的选择、事业的成败具有重要的作用。任何一个职业岗位都有相应的岗位职责要求，一定的职业能力则是胜任某种职业岗位的必要条件。一个人只有对自己的能力有正确的认知，才能够在社会上找准自己合适的位置，更好地实现自己的人生价值。我们需要清楚技能有哪些分类，从而清楚自己具备什么样的技能，做自己能够胜任的工作。

知识技能就是通过后天的学习、教育和培训而获得的能力或知识，它完全是个人拥有的技能。知识技能相比其他技能而言，更具有理论性和技巧性，因此它对人的要求也会更高一些。知识技能不可迁移，也就是说，它们是一些特殊的语汇、程序和学习内容，必须经过有意识的、专门的培训才能掌握，它们常常与我们的专业、学习或工作内容直接相关。通常，知识技能应包括课本上的知识和实践的知识两个方面，就像老百姓常讲的一句话：肚里得有货，才能拿出来。所以说，现如今的许多大学生，只有获得一些专业的知识技能，才能在选择就业方向和就业职位时掌握主动权，才能拥有一个广阔的就业前景。

知识技能并非只有通过正式的专业教育才能够获得。除了学校课程的教授，我们仍然可以通过多种方式来获得我们所需的专业技能，比如课程培训、专业学术会议、研讨会、座谈会、资格认证考试等。同样，我们也可以通过自学来帮助自己获得个人所需的专业知识技能，并且这种方法针对性强，具有较强的可行性，可以根据个人的喜好来选择。此外，也有很多企业会为新上岗的职工提供职业技能培训，比如，像健身俱乐部、酒店等，都会提供这方面的培训。

自我管理技能是指受教育者依靠主观能动性，按照社会目标，有意识、有目的地对自己的思想、行为进行转化控制的能力。自我管理技能经常会被看作个性品质而非技能，因为它们被用来描述或说明人具有的某些特征。自我管理技能包括自我评估、自我完善、自我管理，它可以体现在很多方面，比如积极主动性、团结合作精神等。而我们现在所说的自我管理技能主要是针对即将步入社会的在校大学生而言的，它可以提高学生们的自我教育能力，并能够适应新的环境和规则，最终得到一份工作，在工作中取得成就，获得加薪和晋升的机会。事实上，人们被解雇或离职更多的时候就是因为缺乏自我管理技能，而不是因为缺乏专业能力，由此我们可以看出自我管理能力的重要性。

可迁移技能是那些能够从一份工作中转移运用到另一份工作中的，可以用来完成许多类型工作的技能。与知识技能相比，可迁移技能无所谓更新换代，而且无论你的需求和工作环境有什么样的变化，它们都可以得到应用。可迁移技能包括你的沟通能力、领导能力、适应能力、分析和解决问题的能力等。比如学习是一个连续的过程，而在这一过程中，任何学习都是在学习者已具有的知识经验和认知结构之中，在已获得动作技能、习得的态度等基础上进行的；而新的学习过程及其结果又会对学习者原有知识、技能和态度甚至学习策略等产生重要的影响。这种新旧学习之间的相互影响就是学习的迁移能力。

练习 3-2 夸夸你自己

请在 5 分钟内尽可能多地写下自己所拥有的技能。与你的同伴分享，看看谁写得多。大家写的一样吗？有什么不同？

____

____

____

（四）雇主们最重视的技能

用人单位通常在大学毕业生身上寻求的，是使得这些学生有资格担任某一职位的素质，如他们的教育背景、经验和态度等。有些领域需要专门的知识或证书(如医学、程序设计、化工等),但所有职业共同需要的是一些更为普遍、一般性的技能和素质(即可迁移技能和自我管理技能)。根据美国“全国大学与雇主协会”(National Association of Colleges and Employers)的调查,美国雇主们最为重视的技能和个人品质按顺序排列如下:① 沟通能力;② 积极主动性;③ 团队合作精神;④ 领导能力;⑤ 学习成绩;⑥ 人际交往能力;⑦ 适应能力;⑧ 专业技术;⑨ 诚实正直;⑩ 工作道德;⑪ 分析和解决问题的能力。

由此我们可以看到,一个大学毕业生的与人沟通能力、分析能力、团队工作能力、专业技能、职业道德规范,这些软实力虽然不像名校、优秀的学习成绩那样耀眼,但恰恰就是这些软实力会导致雇主雇佣一个大学毕业生,而放弃雇佣另一个大学毕业生。无疑雇主很喜欢雇用成熟的大学毕业生,而不仅仅是学习成绩好的大学毕业生。

美国大学和雇主协会的另一项调查结果也表明,是否拥有实习的经历对大学毕业生能否找到工作至关重要。在调查中,超过四分之三的受访雇主表示,他们更喜欢雇用那些在大学学习期间实习的毕业生。一般而言,这种实习往往是要与所学专业和毕业后求职的工作相近,而不仅仅就是在餐馆打工或是在沃尔玛商店当售货员。当然,美国也有16%的雇主认为,他们雇用新毕业的大学生,对工作经历的要求不一定必须与其专业和现在的工作密切相联,只要有工作经历就行。

(五)如何探索自我技能

探索自我技能的过程也是一个了解自身的过程。我们只有对自己有一个充分的了解,才能在就业选择时做出正确的判断。每个人都是一块金子,但就是由于不了解自己,自身的某些能力得不到有效的开发而被淹没在沙土中,被世界所忽略。

1.“认识你自己”

进行自我技能探索之前,我们必须充分地了解自己。伟大的哲学家苏格拉底有一句至理名言:“认识你自己”。我们只有先充分地认识自己、剖析自己,才能将自我的能力与优势发挥到极致,达到事半功倍的效果,在个人的事业上做出一番成绩。

2. 听听他人的意见

对于大学生来讲,他们对自身的认知是进行自我技能探索的重要组成部分,但是,这其中难免存在主观因素,可能认知不清、盲目自大或妄自菲薄,这都会导致学生在探索路上走向歧途。因此,我们要认识到,适当地寻求他人的帮助,通过他人对自身的认知,来更加客观地了解自己、挖掘自己。

(1) 父母、亲朋的评定

父母对于每个学生来讲,应该是最为亲近、最为了解自己的人。父母目睹了孩子的成长与变化,对孩子的性格、脾性、爱好、缺点应该是最为了解的。大学生应该多拿出一些时间来与父母进行沟通,询问他们对自己的看法。通过与父母的交流与沟通,大学生可以更加全面地了解自我。亲朋的职业经历将会帮助大学生认识更多的职业状况,并且亲朋的帮助也将带来更多的就业信息。

(2) 老师、同学的评定

除了父母,在学生生活中陪伴大家最多的就是老师、同学了。尤其是在专业与职业选择关系中,多与老师交流沟通,他们的建议,也有利于加深你对自己的了解。与同学交流,侧重对自己兴趣、性格从旁观角度的确认，也可借鉴他们的方法，从中学到一些自己没有想到、没有考虑到的方面。

3. 专业测评

职业指导师为大学生提供直接的服务，如性格测试、能力测试、个人素质测试，因为学生往往不易找到这些专业的测试题目，也不能充分理解其中的专业术语，而专业指导师则可以为学生提供专业测试题目、解答疑问。学生可以通过学校内部信息或者网络上的信息，联系专业指导师，与他们进行交流，但一定要注意验证他们的职业资格证书与等级证书，不要随意相信不正规的职业指导中心。

4. 社会实践

对于在校大学生来说，社会实践具有加深对本专业的了解、确认适合的职业、为向职场过渡做准备、增强就业竞争优势等多方面意义。现在很多大学生都已经进入了社会实践中。除了可以为自己赚得一份零花钱之外，所获得的职业信息实际而且真实，比书本上的更容易理解，更具有可信度，对同学们未来的职业规划与技能的提高也具有十分重大的意义。学生通过社会实践，将自己所学过的基础理论、基础知识和基本技能运用于实践中，将所学的知识转化为能力，培养实际工作能力。

“鱼与熊掌不可兼得”是自古不变的道理。我到底想要什么？对于自己来说什么是相对较好的工作？什么是适合自己的工作？在哪份工作中我能乐观开心地做事，从而做出成绩，实现自己的人生价值？真花十里飘香却会凋零，假花永不凋败却是无香。你究竟想做一个什么样的人？如何实现自己的人生价值？这些或许是很多人在择业时都要去面对的问题。

练习 3-3 你的理想工作是什么？

当看到工作这一字眼时，你大脑反映出的第一个场景是什么？除去所有的客观因素，在主观意志上你最想做的工作是什么？请据此描述一下你脑海中的工作场景。（可以描述多个）

____

____

____

练习 3-4 你对一份工作的评价标准是什么？如何衡量一份工作的“好”与“坏”？

以下是部分大学生对于工作评价标准的例子。

- 好工作是适合自己的工作。可以让自己充分施展才华，发挥特长；和自己的兴趣对口，不会觉得枯燥无味；不会反复重复一项事物，不单调，具有多样性；具有创造性；具有挑战性；具有专业性。
- 我觉得一份好的工作会让你：期盼着去工作；工作能让你在大部分时间里感到兴奋、充实；你的付出能被尊重和赏识；当向别人描述你的工作时感到自豪；喜欢并且尊重你的上司及同事；对未来充满信心。
- 对经验和能力有所培养；工作的氛围好，周围的同事可以给你好的激励；具有与自己做的事相匹配的薪酬；可以从工作中感到幸福和快乐，能够给人满足感。

- 工作收入稳定；公司事业和本职位的发展潜力大；晋升前途光明；工作有关的社会关系的情况好；待遇相符，福利高；公司的社会形象和信誉较好；公司规模大。
- 工作单位距离家较近；工资丰厚；单位领导指挥有方；可以从工作中学习到很多方面的知识，开拓自己的视野；较为清闲，有较为自由的支配时间，可劳逸结合。

请大家注意带下划线的词语。它们都反映了个人在工作中所寻找的是什么、需要的是什么、用什么样的标准来判断工作的“好”与“坏”等，它们就是我们所说的工作价值观。

二、你的价值观与职业生涯

（一）价值观是什么

所谓价值观，是指一个人对周围的客观事物（包括人、事、物）的意义、重要性的总体评价和总体看法。

在跨文化交际研究中，学者们都认为，文化是一个至关重要的问题，可以说是跨文化交际的核心。Michael Prosser 对于价值观是这样叙述的：“价值观是个人或群体主要通过文化交际构成的模式。它们是最深层的文化，我们认为所有的人都有价值观。”Geert Hofstede 的定义简明扼要：价值观是“喜欢某种事态而不喜欢另一种事态的大致倾向。”Clyde Kluckhohn 认为，价值观是“个人或群体所特有的一种显形或隐形的认为什么是可取的观念，这一观念影响人们从现有的种种行动模式、方式和目的中做出选择。”Samovar 和 Porter 认为，价值观通常是规定性地告诫人们什么是好的和坏的，什么是正确的和错误的，什么是真实的和虚假的，什么是正面和反面的。

从以上所引的几个定义可以看出，价值观是决定人们所持看法和所采取行动的根本出发点。它与文化一样是一种抽象和概括，用肉眼无法看见，但是通过观察人们的言行举止，我们可以发现人们持有什么样的价值观。[①]

（二）价值观的重要性

价值观引导我们追求所想要的东西，无论你是否意识到。事实上我们一切行为都是为了实现我们的价值观，否则就会觉得人生没有意义。价值观会主宰我们的人生方式，影响我们对周围一切的反应，从你所穿的衣服、所开的车子、所住的房子，到你教养孩子的方式，这一切都受价值观的左右。它是我们行事为人的规范，帮助我们了解和判定自己以及别人的行为。我们的行为若无法与内心最重要的愿望相合，那么便会在内心产生对立，成功也就遥遥无期了。

世界上不存在无主体的、抽象的、普遍的“终极”价值观。正因为人与人之间价值观的差异，对同一件事，各人对其价值的判断不尽相同，反应也会各不相同，而客观事物的价值也因此不同。价值观是行为的动机和选择的基础，不同的价值观也决定了对成功的不同定义。一家私营企业的老板认为，员工加班可以做更多的事情，可以获得更高的职位，可以拿更多

---

① 资源来源：http://wenku.baidu.com/view/4daf77e9998fcc22bcd10d95.html

的薪水，可以为他们的家人提供更多的东西。但事实上这家企业离职率特别高，因为并不是每个员工都希望成为企业家，也并不是每个人都把金钱和地位做为衡量成功的惟一标准。

不同的人有不同的价值观念，而不同的价值观念适合从事不同的职业或岗位。大学生生涯规划中，常常需要作出这些选择：是要工作舒适轻松，还是要高标准的工资待遇？是要成就一番事业，还是要安稳太平？当两者有矛盾冲突时，最终影响我们决策的是存在于内心的职业价值观。可见价值观对职业生涯的影响是高层的、深远的。如果在制定职业生涯规划选择职业时，没有考虑自己的价值观念，选择了不适合自己的职业，也就很难在这个岗位上工作下去，当然也就谈不上事业发展的成功。

舒伯曾说过，职业价值观是个人追求的与工作有关的目标，亦即个人从事满足自己内在需求的活动时所追求的工作特质或属性。大学生在校四年看似很长，实则很短。人们的行为动机受价值观的支配和制约。大学生越清楚自己的价值观，越了解自己在工作和生活中想要寻找什么，什么对自己来说是最重要的，他的职业生涯发展目标也就越清晰。探寻自己的价值观，有利于我们在选择职业生涯的过程中少走弯路。

大学生的价值观与他的世界观、人生观相互联系、密不可分。不同的人生选择，决定着不同的人生。不同的选择表现出不同的人生态度，体现着不同的人生观。同学们应树立积极进取、乐观向上、厚德载物、自强不息的人生态度，学会如何做一个有利于社会、有利于人民、有利于国家的人。

（三）价值观的特点、作用和类型

1. 价值观的特点

（1）稳定性和持久性

价值观是随着人们认知能力的发展，在环境、教育的影响下逐步培养而成的。因而在特定的时间、地点、条件下，人们的价值观一旦形成，便相对稳定和持久。

（2）历史性与选择性

在不同时代、不同社会生活环境中形成的价值观是不同的。一个人所处的社会生产方式及其所处的经济地位，对其价值观的形成有决定性的影响，而报刊、电视和广播等宣传的观点以及父母、老师、朋友和公众名人的观点与行为，对一个人的价值观也有重要影响。

（3）主观性

价值观是因人而异的。由于每个人从小所受的环境熏陶和生活经历不同，每个人都会受到自己主观意志的影响，因而使价值观带有主观性。根据个人内心的尺度进行衡量和评价的标准都可以称为价值观。

2. 价值观的作用

马斯洛(Maslow，1970)的需要层次理论如图 3-1 所示。

各种需求在我们的生活中反映出来，就体现为我们的价值观。人的需要有一个从低级向高级发展的过程，这在某种程度上是符合人类需要发展的一般规律的。低层次的需要基本得到满足以后，高层次的需要便会取代它成为推动行为的主要原因。

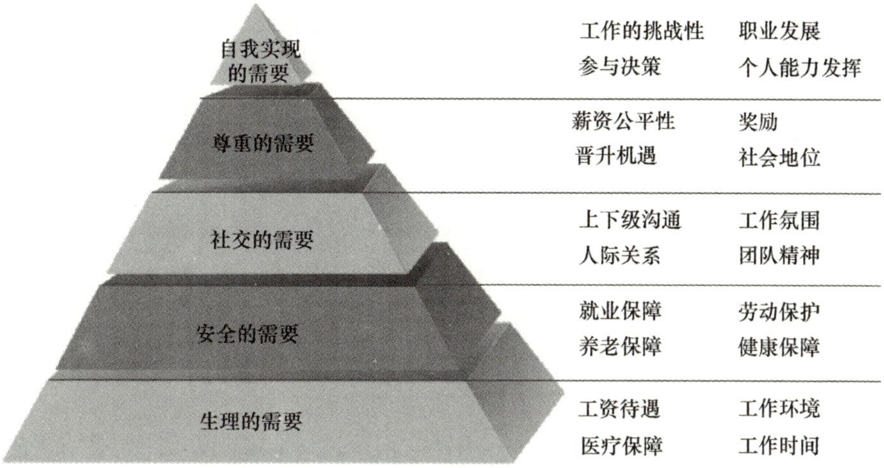

(a)

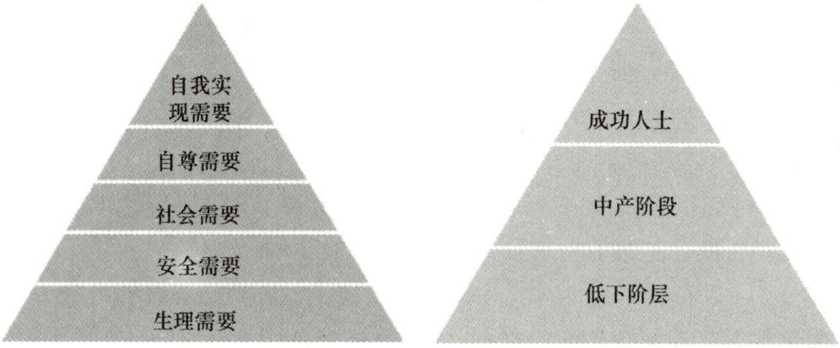

(b)

图 3-1　马斯洛需求层次理论

练习 3-5　你处于哪一级需求层次之上？

对照马斯洛的需求层次模式图，仔细思考：你最希望在工作中获得哪个层次上的需求？什么因素可以给你带来满足感，激励你更好地工作？

● 价值观对于大学生的职业规划具有重要意义

价值观是人们考虑问题的内在驱动力，对人们的职业生涯发展起到极其重要的、决定方向性的作用，甚至往往超过了兴趣和性格对人们的影响。

首先，价值观可以让你了解对于自己来说生命中最重要的是什么，让你对生命中的诸多方面确定一个优先次序，建立一个平衡，找到此时此处最佳的平衡点。其次，当你面临重大的决策，很难取舍的时候，正确的价值观可以帮助你做出正确的选择，即使眼前利益受损，时间也将证明你的选择是明智、正确的。再次，当你面临巨大困难与挫折的时候，价值观在你背后做坚固的支撑，将迅速帮助你重新建立信心，使你最终还将壮大、强大。

练习 3-6　回顾以往的决定

请你回顾以往比较难以下定决心做出的最终决定。回想最终决定是如何做出的？影响最终决定的都有哪些因素，包括父母、朋友和老师的观点建议。仔细思考：别人的观点和建议是否体现了不同的价值观？试着写出他们不同的价值观，体会价值观对自己生活的影响。

3. 价值观的类型

同一时代的大学生会形成基本相同的价值观，但因为大学生所面临的不同环境又不完全相同，他们之间的价值观会呈现一定的差异。奥尔波特(Allpon)及其助手对价值观的分类是该领域中最早的尝试之一，他们划分了六种价值观类型：

理论型价值观：以知识和真理为中心，重视以批判和理性的方法寻求真理，习惯用理论来解释事物。十分重视“道理”，极端厌恶不合乎道理的事情。

经济型价值观：以有效和实惠为中心，重视实用价值，强调学以致用。具有严重的实用主义、现实主义倾向，习惯通过行为所带来的经济效益来判断行为的价值。

审美型价值观：以外形协调和匀称为中心，认为美的体验才是最有价值的。十分重视自己的形象，厌恶世俗中争名夺利的丑恶行径。

宗教型价值观：以信仰为中心，认为神秘体验比做任何事情都有价值。其中有的人尊重眼前的世界，有的人寻求超越的世界，有的人介于两者之间。

社会型价值观：以群体和他人为中心，认为人际关系应该是超越利害关系的，关爱他人、被人关爱、互相帮助才是最有价值的。

政治型价值观：以权力地位为中心，认为支配他人、指导人与组织的行动是最有价值的。将社会简单地看成支配被支配的关系，习惯把人生看成斗争的舞台。

你的职业价值观通常都是与你期望或正在做的工作紧密相连的，并且职业价值观也可以作为在你和工作之间进行匹配的基础。假如创造性对你来说是一项重要的工作价值，那么建筑师、设计师、广告创意人员、工程师和表演艺术家们的工作就是以创造性为显着特征的。而独立、变化、被认可和有影响力则被认为是记者这一职业的工作价值。如果你认为帮助他人有意义，你应该经营服务取向的生意。如果你生性喜欢冒险，可以选择充满刺激的行业。如果安全在你心目中是第一位的，则应尽量避免那些风险大的职业。当你认为某项很重要的价值在一项职业里缺失的时候，就会出现职业错位的现象。对于大学生来说，拥有正确的价值观对选择合适的工作有重要的指导意义。

(四) 如何探索自己的价值观

“一份工作适不适合你，永远只有双赢或两败俱伤两种结果，你不应该因为心中的某种需求，欺骗自己投入到错误的工作中，因为在两败俱伤的局面中，你个人的损失绝对高于他人或企业的。”

——《哈佛职业生涯设计》

由于每个大学生的思想观念、生活阅历、家庭环境、兴趣爱好等方面的不同，大学生择业价值取向也存在着差异。从大学生群体来讲，因时代不同、地域不同等原因也会出现择业价值取向的不同。当代大学生择业价值取向的特点如下。

(1) 在价值主体上个人取向增强。当代大学生在职业追求上更多地看重职业的个人价值，很少考虑职业的社会价值。大学生个体更多地考虑自身的利益，而很少考虑个人利益和国家利益的结合，这是价值取向上的一种失衡，是很值得注意的问题。

(2) 在价值目标上注重经济价值。毕业生在择业时，把经济收入因素放在重要的位置，而对未来专业知识的发挥看得较轻、甚至不顾，这反映出大学生在择业价值取向上首先追求经济利益。

(3) 在地域选择上普遍向往经济文化发达地区。普遍趋势是边远地区的学生向往内地，内地的向往沿海地区；农村的向往城市，中小城市的向往大城市，而不愿到边远贫困地区工作，加剧了艰苦贫困地区人才缺乏的状况。

(4) 行业的选择大都把经济利益、个人发展、社会地位等几个方面作为重要因素来考虑。社会形成的新的人生观和价值观，使某些大学生在学与用、个人生活目标与社会长远发展、物质享受和精神理想之间产生了尖锐的冲突。他们将大学的功能看作获得一些实用技能，将教育目标定为毕业以后找一个"金饭碗"，部分丧失了大学生应具有的文化底蕴和精神素质。

随着经济的发展，社会因素的复杂多变，人们不再把生活的价值目标和意义视作一成不变的。生活世界的动荡不定使得人们难以形成固定不变的价值观念，怀疑主义、相对主义、非理性主义随之蔓延。人们从来没像今天这样强烈地需要相对稳定的价值观念的支撑，需要在变动不定的世界寻求到一个安定的精神家园。现代社会也在不断要求人们对自己的生活有着明确的态度，做出明确的自我选择和决定。

实践与应用

1. 认清自己的职业倾向

步骤：

(1) 制作纸片，参考马斯洛的需求层次分别写出50项常见的职业价值观。然后根据自己的实际感受将所有价值观按"很重要"、"比较重要"、"一般"、"不太重要"、"不重要"进行分类。在分类过程中必要排除任何客观干扰因素，只遵循自己的主观意志。

(2) 将分类后的卡片按照感觉由强到弱的顺序再进行第二次排序。

(3) 将可以接受放弃的价值观拿出放在另一边。

(4) 将绝对不能放弃的价值观抽出并由最重要到比较重要的顺序从上到下排列。

(5) 在挑选出的最为重要的几个价值观上加上所必要的条件。例如，对于薪水的具体数目要求等。

(6) 加上外在的客观限制条件，将你必须要放弃的价值观拿出。

通过这个测试，你对自己的价值观有什么新的了解和看法？

你的价值观会对你的职业生涯规划产生什么样的影响？

客观因素(他人的价值观等)会对你的职业生涯规划造成什么影响？

2. 真实价值观澄清

价值澄清学派提出了价值澄清的理论假设：人们处于充满相互冲突的价值观的社会中，这些价值观深刻影响着人们的身心发展，而现实社会中根本就没有一套公认的道德原则或价值观。根据这一假设，价值澄清学派认为，教师不能把价值观直接教给学生，而只能通过分析、评价等方法，帮助学生形成适合本人的价值观体系。所以，正如价值澄清学派的基尔申·鲍姆所说的，价值澄清可被定义为利用问题和活动来教学生评价的过程，而且，帮助他们熟练地把评价过程应用到他们生活中价值丰富的领域。

每个人都有自己独到的见解，而这些见解形成我们独特的价值观和价值体系。生活中他人(如父母、朋友、老师等)的价值观也会对我们产生较为重要的影响，我们由于受到这些外界因素的影响会随时小幅度地改变自己的价值观念。我们也应该认识到，很少有工作能够完全满足一个人具有的全部价值观。因此，我们总是要不断地做出妥协和放弃。这是不可避免的，只有对自己的价值观进行澄清和排序，才能知道如何进行正确的取舍，才能通过放弃得到最想要的。

价值澄清论者认为，某种信念、态度或其他价值要成为个人价值时，必须根据表 3-1 所示的三个阶段、七个准则进行操作。

表 3-1　价值观澄清表

阶段	准则
选择(choosing)	● 自由的选择 ● 从不同的情境中选择 ● 经过考虑后才选择
珍视(prizing)	● 重视和珍视自己的选择 ● 公开表示自己的选择
行动(acting)	● 根据自己的选择采取行动 ● 重复实施

对于某件事情，倘若你能够对表格所示的三个阶段，七个准则全部肯定，那么这项价值观的确对你很重要；倘若你对里面一些问题的回答是否定的，那么你就要反复思考自己到底看重什么、究竟想要什么了。

练习 3-7　真实价值观澄清

1. 人生的最后时刻

由于某种原因，现在我们每个人只剩下最后一天的寿命，也就是我们只有 24 小时可以利用。如果你的身体如常，可自由思考与行动，你会如何使用这仅剩的 24 小时？每个人认真思考后写下来，通过自我的探索与他人分享。

2. 火光熊熊

现在你的宿舍正被烈火吞噬，情况危殆，时间只够你冲进火海取出三样东西，你会选择哪三样？先后顺序是怎样的？为什么选择这三样？它们对你有什么价值？还有没有重要的物品不在抢救之列？为什么？

3. 临终遗命

由于种种原因，你正面临着死亡。终期将至，时间只允许你再做最后 10 件事，你会做哪 10 件事，并排出先后次序；然后写下你的遗嘱(只写 50 字以内)。认真思索后写下你的决定和遗嘱，并解释原因。谈一谈你在写的时候有什么感受，这感受对你今后的生活有什么影响？可以通过与他人的交流，启发自己。

回答这些问题的过程就是价值澄清。价值澄清需要你在面对问题时做出郑重的选择，放弃那些原本不重要的东西，仅保留对你而言甚至胜过生命的东西。当你依照符合自己健康发展要求的真实价值观行动时，会感到很满足。

讨论与思考

1. 两份工作各有千秋，让人举棋不定，左右摇摆。比如，面对自己感兴趣却收入一般和薪水较高却觉枯燥无味的两份工作应如何做出选择？面对极具挑战性却又不稳定和收入较高、较稳定的两份工作如何选择？

2. 你想找一份符合自己兴趣意志的工作，而父母从基本生活需求考虑，要求你找一份收入较高、较稳定、“钱”途无量的工作。你该遵循自己的主观意志还是该采纳父母的意见？

相关资源

1. http://www.beisen.careersky.org 中的职业技能测评。
2. http://www.tools.hsbcadvance.com/vs/cn/Default.aspx 职业价值观测验。
3. 百度百科价值观、职业价值观、马斯洛需求层次理论。

第四单元

了解工作世界

社会犹如一条船，每个人都要有掌舵的准备。

——易卜生

本单元要点

工作世界是一个实现个人生涯理想的外部平台。如何能够更好地利用这个外部平台，帮助个人实现其理想，是职业生涯中很关键的一部分内容。本单元将帮助你掌握一些有效探索工作世界信息的内容和方法，帮助你对自己的目标职业进行分析和选择，并在明确和职业的差距中制定求职策略，从而有效地规划大学生活。

你有过这样的困惑吗？

● 李毅所学的专业是行政管理，马上面临毕业找工作了，他不知道这个专业是否有前途，不知道应该从何做起。自己应该从事专业相关方面的理论研究工作还是从事其他相关的职业？这些招聘信息应该到哪里找？是到北京、上海、广州这样的一线城市工作好，还是到二线、三线城市工作好呢？

● 张静是汉语言文学专业二年级的学生，她很喜欢这个专业，但是不知道毕业后除了做教师、文职秘书和考公务员之外，还有什么工作可以选择。而且这些相关职业的具体情况如何，需要什么技能和资格证书，她也不是很清楚，希望老师能够告诉她。

● 王茹是经济学专业三年级的学生，最近一直被考研还是本科毕业就找工作这个问题所困扰。一方面她认为现在用人单位对求职者的学历要求越来越高，本科毕业很难找到好工作；另一方面又觉得自己上学已经这么多年了，想早点步入社会，实在不想再读书了。她一想起考研要复习和准备的内容就头疼，难道现在的用人单位真的是越来越青睐高学历？

● 王京是市场营销专业大四的学生，两年时间考取各类职业资格证 11 个。他考的第一个证是助理人力资源管理师，之后，他又相继考取了 photoshop 软件证书、会计从业资格证、助理营销师资格证、物流师资格证、银行从业风险管理资格证等 10 个职业资格证书（不包括学校规定考的证书），已花费考试费 3138 元。他现在即将毕业，不知道这些证书在他求职过程中能有多大作用。

● 刘阳是计算机专业的学生，他不太喜欢现在这个专业，他希望将来能够从事销售方面的工作，但是他不知道销售工作都需要哪些技能，工作环境和待遇如何，将来的发展前景怎么样,他是否应该跨专业就业,他应该做哪些准备呢?

● 张鑫是经济学专业大四一名家庭经济困难的学生,她一直希望将来能够从事人力资源方面的工作。但是临近毕业,叔叔帮她介绍了一份做会计的工作,姑姑劝她考公务员。会计这份工作小张不是特别喜欢,但是可以马上上岗就业,缓解家庭的经济负担,实现家人的愿望;考公务员结果是个未知数,但是如果考上,对于家人是个很好的事情。张鑫目前有三个职业选择摆在面前,那么她到底该选择哪一个,哪一个更适合她呢?

在学校读了十几年的书,突然要面对工作、面对社会,这份陌生感对大学生而言是正常的。他们对工作世界的不了解,通常表现出两种极端状态:一无所知和想当然。这两种状态常常令他们在进行职业规划或求职时产生困惑,在生涯规划中难以决策,陷入被动,就像大学生说的那样,稀里糊涂地就把自己卖了。所以学习对工作世界的探索和了解可以帮助大学生更为主动地把握个人生涯的发展。

理论与讲解

一、职业环境概述

职业环境就是指影响职业选择的一些相关外部环境。每个人都生活在一定的环境中,其成长与发展都与环境息息相关。达尔文说过:物竞天择,适者生存。所以,在制定个人的职业生涯规划时,要分析环境的特点、环境的发展变化、自己与环境的关系、自己在特定环境中的地位、环境对自己提出的要求或挑战,以及环境对自己的有利条件与不利因素等。

对职业环境分析的目的是要认清所选职业在社会大环境中的发展状况、技术含量、准入条件、社会地位、未来发展趋势等,并分析对职业生涯产生影响的各种客观因素,从中找到制定个人职业生涯规划的依据和理由。

如果你希望抓住机遇,建立明确的职业目标,有效降低机会成本和降低选择的风险,那么深入的职业环境分析是必不可少的重要一环。

(一) 有关职业的一些基本事实

练习 4-1 猜猜看——拓展职业范围的思考

请同学们用头脑风暴列举出与房地产相关的尽可能多的职业,并将所有联想到的职业都记录到纸上。

讨论:你从这个活动中得到了什么启发?

通过这个活动,同学们可以了解到一个行业涉及许多的人和职业,比如从设计研发到市场,从管理到制造,这说明有很多专业和技能是可以变通的。因此,同一个专业可以从事很多职业,比如土木工程专业毕业的学生,可以从事房屋建筑、地下结构、隧道桥梁、机场港口等土木工程领域的设计、施工、研究与开发工作,也可以从事相关行业的管理、咨询、监理、教育等与人打交道的工作。因此,同学们在探索工作世界时,应了解和自己专业相关的职业有哪些，学习专业知识的目的是帮助人更好地发展自己，绝不是限制人的发展。当我们用更广阔的思路来看工作世界时，会更容易理解下面的一些基本事实：

(1) 目前工作世界中有超过20000种职业，对于大多数人来说，都有数种职业适合他们。

(2) 调查表明，各个经济收入阶层和各种行业领域的人都热爱自己的工作。

(3) 没有哪一种工作能够完全满足你的所有需求，所有的工作都有其局限性和令人失望之处。你需要通过其他活动来平衡你的生活，才有可能感到丰富和完整。

(4) 劳动力市场和市场经济形势都时常发生变化，甚至是急剧的变化。有的行业在目前可能充满了机会，但会在数年内饱和。

所以在工作世界中，每个同学都可能找到属于自己的那份工作，只是需要做好心理准备：这是一个过程，对不同的人，过程也会有长短；变化是生活的一部分，你的决定很可能不会持续一生，而需要不断调整和变化才能保持满意感。你需要学会如何应对工作的变动，而不是如何去避免它。记住：铁饭碗是相对的，变化是必然的；逃避是不可能的，学会面对是必须的。

(二) 职业环境分析的内容

职业环境分析主要有四个维度，分别是宏观的社会环境、中观的行业环境分析、企业环境分析和微观的岗位环境分析。下面，将向同学们逐一阐述职业环境分析的方法。

1. 社会环境

有这样一则故事：一个美国人，上穿英国斜纹软呢服、韩国衬衣，下着香港长裤，脚蹬意大利皮鞋，看看腕上的瑞士表，瞟一眼新装了四个法国轮胎的德国车，用加拿大杯子倒上一杯滚热的哥伦比亚咖啡，放到爱尔兰亚麻桌布上的中国丝绣杯垫上，那是一张用印度亚麻籽油漆装饰过的丹麦桌子，一边听着日本产的电视机里面播报的新闻，一边从摩洛哥公文包中拿出一支中国台湾制造的圆珠笔，写信给议会代表，了解为何美国的贸易不平衡。

由以上故事可以看出，信息化、全球化时代带来了国际化人才竞争。因此，同学们在进行职业规划时，要充分认识到社会环境对职业生涯的影响，要注意分析社会环境的基本特点，了解社会环境的发展变化。同学们只有充分了解社会环境因素，才能做到在复杂的社会环境中找到自己的职业位置，职业生涯规划才能具有实际的意义。

社会环境主要包括政治、经济、文化、法律、人才等各方面的发展环境，属于宏观层面的职业环境探索，主要目的是引导学生认识到社会环境对个人职业发展的重要性，能够适应环境，规划自己的职业发展。

(1) 经济环境。分析经济模式的转变、经济体制的改革、经济政策的变化、产业结构的调整、经济的增长率、经济的景气度、经济建设重点的转移、改革开放的政策等对自己所选职业的影响。

(2) 政治环境。分析国家的政治制度尤其是教育制度和大学生的就业制度、国家的政治体制、人才流动的政策等对自己所选职业的影响。政治和经济是相互影响的，政治不仅影响到一国的经济体制，而且影响着企业的组织体制，从而直接影响到个人的职业发展；政治体制和氛围还会潜移默化地影响个人的追求，从而对职业发展产生影响。

(3) 文化环境。分析教育条件和水平、社会文化设施等对自己所选职业的影响。社会文化是影响人们行为、欲望的基本因素。在良好的社会文化环境中,个人能受到良好的教育和熏陶,从而为职业发展打下更好的基础。

(4) 价值观念。分析社会主体价值取向等对自己所选职业的影响。社会价值观念是通过影响个人价值观念而影响个人的职业选择和职业发展。

2. 行业环境

行业是指从事相同性质经济活动的所有单位集合。俗话说:女怕嫁错郎,男怕入错行。行业的整体发展状况会直接影响到个体的职业发展,同学们进行职业生涯规划时有必要对自己的目标行业进行全方位的解读,更好地了解职业世界。行业环境分析主要内容包括:

(1) 行业的内涵与外延。可以参考《中华人民共和国职业分类大典》的权威解释,了解整个行业的概况,并且熟悉行业内的细分领域有哪些,进而探索行业的全貌。

(2) 行业的现状及发展趋势。可以通过国家各级行业主管部门或者社会研究机构每年撰写的各种行业分析报告了解行业现状和发展趋势,可以通过网络、图书或者听讲座等形式,了解该行业的发展优势和劣势以及在国民经济发展中的地位,探索其未来的发展趋势。

(3) 行业规范、标准以及人才需求状况。行业的规范及标准代表了行业的人才准入门槛以及从业人员基本守则,分析并掌握了该行业的规范和标准,也为进入该行业铺平了道路。分析行业人才发展前景、人才培养目标、人才晋升路径以及行业的人力资源需求状况及趋势,了解从事该行业需要具备的通用素质和从业资格,了解得越详细,个人的职业定位也就越清晰,职业规划也越具有针对性。

(4) 行业的社会评价与社会声望。分析目前该行业的社会发展地位和整体社会声望情况,也是进行职业选择与规划的参考依据。对行业的评价向来都是仁者见仁智者见智的,行业的社会声望也会是褒贬不一的,同学们应该端正自己的认识,不宜随波逐流、人云亦云。

(5) 行业知名企业名录和行业代表人物。了解国内外最著名的业内公司,行业知名企业一般是该行业的缩影,代表了该行业的最高发展水平,因此了解行业的标杆企业是了解该行业的最好方法。了解行业的代表人物是了解行业的一个较好的手段。通过调研行业代表人物的先进事迹、成长经历或者了解一般职员、部门职业的一天,可以加深对该行业的认识与了解。相反,了解行业反面典型的失败经历,也能够从侧面知道行业存在的风险和弊端,增强对行业全面、客观的认识。

练习 4-2

基于自己的专业,选择感兴趣的一个行业,利用网络、调查、访谈等方法对该行业环境进行分析。

3. 企业环境

企业是实现职业规划目标的载体。通过对企业内部环境的分析,同学们可以了解目标企业的发展概况及运行情况,全面认识目标企业的企业文化与发展前景,从而制定合理的职业规划。企业环境分析的主要内容有以下几个方面。

（1）企业的基本状况及发展目标。企业的基本情况主要是了解企业的产品服务、组织机构、经营战略、核心竞争力、资金和技术实力，也包括企业内部员工关系、领导者的管理水平等。分析企业发展目标要了解企业目前所处发展阶段、阶段性发展目标以及未来的追求目标。

（2）企业文化及人力资源战略。企业文化是一个企业不同于别的企业，并得以生存和持续发展的核心要素。真正的企业文化是在没有任何掩饰的时候仍然坚持的理念。倘若一个人的价值观与企业文化有冲突，难以适应企业文化，这也决定了他在组织中难以得到发展。企业人力资源是企业发展的基础，了解企业的人力资源战略及规划，可以比较理性地判断出哪些类型的企业更适合自己的未来发展。同时，在选择企业时，应该更加注意到是否有适合自己偏好职业的人际环境，是否有自己的发展空间和发展机会，从而做出决定。

（3）企业福利薪酬。企业福利薪酬状况是同学们非常关心的问题。当然，薪酬是职业选择的关键因素，但是进行职业规划时，不宜因为薪酬的高低而有所动摇。个体的职业发展与薪酬是直接挂钩的，职业发展初期薪酬可能较低，但是经过个人的努力，一定会得到应有的回报。

（4）企业的用人标准。企业用人标准，是求职择业和职业发展最需要关注的。通常企业用人时主要考虑用合适的人，而不是用最能干的人。单位在选才时，主要考察以下几个方面。

① 品格：品格是做人的准则和范式，主要包括行为品格、情态品格、心理品格和意志品格。品格是社会选择人才的核心要素。几乎所有的企业在招聘面试时都会向应聘者问及这样的问题："你有哪些业余爱好"，"请介绍一下你自己"，"你为什么要来本单位工作"等，这都是对大学生品格的考查。

② 能力：现代用人单位高度重视对能力的考查，主要是对大学生思维能力和实践能力的考查，主要表现在以下几个方面：一是表达能力；二是组织管理能力；三是人际交往能力；四是适应能力；五是实践能力；等等。

③ 知识：中外雇主的择才标准清楚地表明，在大学生就业过程中，专业因素与非专业因素同等重要。非专业知识包括一般性社会知识、经济知识、管理知识、科技知识、演讲知识、写作知识等多方面，这些知识既是大学生成为"社会人"的需要，也是大学生可持续发展的需要。

4. 岗位环境

岗位是企业的组织细胞，也是个体实施职业行动的具体位置。同学们进入企业之后，都是在具体岗位上开展工作，接受部门负责人的教导，实现自己的价值。岗位环境分析的主要内容如下。

（1）岗位描述：工作岗位和工作内容是什么？工作环境条件如何？岗位职责与任职资格是什么？谁做过和谁在做着这个岗位？岗位责任人是谁？

（2）背景下的岗位要求：岗位操作规范及操作守则是什么？与相关岗位工作人员的关系要求是什么？不同行业对这个岗位的理解是什么？不同类型企业及企业所处发展阶段对这个岗位的理解是什么？不同领导和上司对这个岗位的理解和要求是什么？

（3）岗位晋升通路：和这个岗位相关的岗位是什么？这个岗位的职业发展通路是什么？

（4）个人与岗位的差距：当你综合了解岗位要求后，就可以进行差距量化和差距补充了。

练习 4-3　职业环境分析

围绕上述问题对你的备选职业进行一次职业环境分析。当你详细地回答出这些问题的时候，你对你即将从事的职业世界就有了清楚的了解。

二、探索工作世界的方法与途径

（一）职业分类

职业分类是指采用一定的标准和方法，依据一定的分类原则，对在业人员按照从事工作的种类进行全面、系统的划分与归类。职业分类的意义有：一是了解社会职业领域的总体状况；二是增强职业意识；三是有目标地不断提高职业素质。

1. 霍兰德职业分类（前面已阐述，这里不再赘述）

2.《中华人民共和国职业分类大典》

它是我国第一部对职业进行科学分类的权威性文献，由劳动和社会保障部、国家质量技术监督局、国家统计局联合编制。该书将中国目前的社会职业分为 1943 个。这 1943 个职业分归 8 个大类、66 个中类、413 个小类，并具体确定各个职业名称。其中 8 个大类具体为：

- 国家机关、党群组织、企业、事业单位负责人；
- 专业技术人员；
- 办事人员和有关人员；
- 商业、服务业人员；
- 农、林、牧、畜、水利业生产人员；
- 生产、运输设备操作人员及有关人员；
- 军人；
- 不便分类的其他人员。

《国际标准职业分类》与《中华人民共和国职业分类大典》略有差异，具体对照如表 4-1 所示。

表 4-1　国际标准职业分类与中国国家职业分类对照表

类别	国际标准职业分类	中国国家职业分类
1	专家、技术人员和有关工作者	专业技术人员
2	政府官员和企业经理	国家机关、党群组织、企事业单位负责人
3	事务性行政工作者	办事人员和有关人员
4	销售工作者	商业和服务业人员
5	服务工作者	军人
6	农业、牧业和林业工作者，渔民和猎人	农、林、牧、渔、水利生产人员
7	生产和有关工作者、运输设备操纵者和劳动者	生产、运输设备操作人员及有关人员
8	不能按职业分类的工作者	不便分类的其他人员

3. JobSoSo 职业分类

JobSoSo 是国内职业测评公司北京北森公司于 2005 年 3 月 16 日正式发布的，它以全球领先的职业分类信息技术——美国 O*NET 系统为基础，并经过适度的本土化，可以进行独立的职业信息搜索。这一系统包含 1000 余种职业，可分为以下 22 大类：

(1) 管理
(2) 传媒、艺术、文体娱乐
(3) 销售及相关职业
(4) 商业及金融
(5) 医疗专业技术
(6) 行政及行政支持
(7) 计算机和数学分析
(8) 医疗卫生辅助服务
(9) 农、林、畜牧业
(10) 建筑、工程技术
(11) 安全保卫、消防
(12) 建筑及冶炼类
(13) 科学研究
(14) 食品加工和餐饮服务
(15) 设备安装、维修和保养
(16) 社区及社会服务工作
(17) 建筑物、地面清洁及维护
(18) 企业生产
(19) 法律工作
(20) 个人护理及服务性职业
(21) 物流
(22) 教育、培训及图书管理

它对某个具体职业从职位名称、直属上级、直属下级、合作部门、职业描述、工作内容、教育背景、核心课程、工作经验、培训认证、工作环境、职业前景、知名公司、薪酬待遇、相关职业、榜样人物、该职业对人的核心要求等角度进行了比较全面的描述。

4. 行业分类

行业分类是不同于《中华人民共和国职业分类大典》的另外一种分类模式，主要是按企业、事业单位、机关团体和个体从业人员所从事的生产或其他社会经济活动的性质的同一性质，即按所属行业分类。

目前，国内虽然有少数专门描述职业分类的书，比如国家劳动和社会保障部、国家质量技术监督局、国家统计局联合组织编制的《中华人民共和国职业分类大典》，但总体上缺乏对职业的系统和标准分类，这方面的信息还需要进一步关注与收集。一些权威的网站是很好的信息来源，比如国家劳动部的相关网站等。下面的行业分类仅供参考。[①]

① 资料来源：中华人民共和国国家统计局 http://www.stats.gov.cn

(1) 农、林、牧、渔、水利业
(2) 采矿业
(3) 制造业
(4) 电力、燃气及水的生产和供应业
(5) 建筑业
(6) 交通运输、仓储和邮政业
(7) 信息传输、计算机服务和软件业
(8) 批发和零售业
(9) 住宿和餐饮业
(10) 金融、保险业
(11) 房地产业
(12) 租赁和商业服务业
(13) 科学研究、技术服务事业和地质勘查业
(14) 水利、环境和公共设施管理业
(15) 居民服务和其他服务业
(16) 教育
(17) 卫生、社会保障和社会福利业
(18) 文化、体育和娱乐业
(19) 公共管理和社会组织
(20) 国际组织

5. 其他常见分类方法

社会上还有一些通俗的分类方法,比如最热门的职业、最受人尊敬的职业、最赚钱的职业、需求量最大的职业、发展前景最好的职业等,这些分类也可以帮助同学们对更多的职业有所了解。但是应当牢记:最重要的是你选择的职业要适合你!

扩展阅读

职业分类

1. 曙光职业

指那些刚刚出现端倪,还没正式形成的职业。如职业生涯咨询辅导师、职业规划管理师、职业生涯规划师这样的职业在我国尚属曙光职业。

2. 朝阳职业

指那些就像一轮红日冉冉升起,具有很大发展潜力的新生职业。如电子商务师、商务策划师、项目管理师、营销师、企业信息管理师、企业培训师、人力资源管理师、企业行政管理师等,这些都属于朝阳职业。

3. 如日中天的职业

指那些已经充分发展并且在目前占据主流的职业。如企业家、软件工程师、公务员、建筑设计师等。

4. 夕阳职业

指那些正在逐渐减少，或呈下降趋势的职业。有的职业虽然曾经人数众多，现在或许依然有社会需求，但日落西山之势已经显而易见，如公交车售票员。

5. 黄昏职业

该职业已经暮色环绕，从业人数急剧减少。如弹棉花工、货郎、送煤工、相片着色工、钢笔修理工等。

6. 恒星职业

恒星职业是指只要人类社会延续就一定会存在下去的职业。如教师、医生、建筑设计师、服装设计师、厨师、律师等。

7. 流星职业

像流星一闪而过的职业。如传呼台的传呼员。

8. 昨日星辰职业

曾经持续较长时间，现已完全消失的职业。如铅字排版工。

（二）我国职业变化发展趋势

职业的变化和发展主要受社会及管理的变革、技术变革、经济变革、产业及行业的演变等因素影响。各种因素同时存在又互相影响，导致和形成了明显的职业变迁和发展，表现为传统职业逐渐消失或更新，现代职业形成和发展。

未来职业发展中职业的知识含量增大，职业要求不断更新，永久性职业减少。新职业会越来越多地出现在服务部门，特别是与健康、通信和计算机相关的行业。作为大学生应关注职业变迁及发展趋势，以便更好地适应变革中的社会职业环境。我国目前职业变迁和发展有如下趋势：

(1) 职业种类越来越多。

(2) 职业结构变迁的速度越来越快。

(3) 脑力劳动者的职位在社会职位总额中所占的比例越来越大。

(4) 由单一基础向跨专业、复合型转化。

(5) 由封闭型向开放型转化。

(6) 由传统工艺型向信息化、智能化转化。

(7) 由继承型向知识创新型转化。

(8) 服务性职业向知识技能型职业发展。

(9) 劳务市场、人才市场向移民的国际化。

扩展阅读

新职业层出不穷

短信写手、时尚观测员、农民经济人、新闻线人、代驾员、私家侦探、私人理财顾问；职业道歉人、职业讨债人、职业道谢人、职业砍价人、职业游戏玩家、职业领路人；网上主持人、网络警察、网络试客、网络播客、网络掌柜、网络翻译、网络家教、网络写手。

(三) 职业信息获取

练习 4-4 好方法大荟萃

请同学们分组讨论：你可以用什么方法去了解报关员这个职业具体工作内容和要求所具备的能力、素质等？这些方法对了解工作信息有什么样的帮助？

- 每个小组根据刚才的讨论再进行头脑风暴：探索工作世界有哪些好办法？
- 小组间以竞争的方式轮流讲述讨论出的方法，每次讲一种，不能重复，直至某个小组讲不出来为止。将大家所说的方法记录在白纸上。

1. 职业信息的内容

对外部工作世界的了解需要通过收集自己感兴趣的职业信息来实现，而这也是职业生涯规划的核心部分。对于学生来说，职业或具体的工作岗位有很多的选择，不同职业、不同的工作岗位，工作性质不同，对劳动者的技能要求也不相同。那么你究竟愿意到哪里去施展你的技能？进行生涯规划的一个目的就是获得一份适合自己的工作。适合自己的工作是什么样的呢？应该是自己有能力做好，又比较喜欢，同时能从工作中获得满意感的工作。要获得适合自己的工作，需要全方位地了解职业。一般来说，了解职业的内容可以参考以下几项：

(1) 职业名称：职业的符号特征。

(2) 职业定义及性质：对使用工具、从事的工作活动的说明。

(3) 受教育程度：所需要的教育、培训及相关经历。

(4) 技术技能：从业者所必备的知识、技能基本要求，需要掌握的基本操作技术。

(5) 职业能力和人格特征：从业者需要具备的能力和人格要素，对于个人的利弊和该职业中典型人群的人格特征等。

(6) 职业环境：工作场所的条件和地点，个人从工作中获得的满足感及就业和发展前景。

(7) 职业报酬：指工资待遇。

2. 职业信息收集的方法与途径

工作信息探索的方法有很多，根据一定的规律可以提高效率，例如从近至远的探索。所谓近和远，是指信息与探索者的距离。通常近的信息比较丰富，远的信息更为深入；近的信息较易获得，远的信息则需要更多的投入和与环境的互动才能了解。所以，从近至远的探索是一个范围逐渐缩小、了解逐渐加深的过程。图 4-1 列举了从近到远获取信息的一些方式。

职业生涯规划虽然也会研究职业的就业情况，但是不等同于找工作，所以这里所说的职业信息收集也不是寻找就业信息。获得职业信息的渠道很多，从正式的出版物、互联网、学校的就业指导部门到实际的工作经历等。

(1) 职业体验

职业体验是指到用人单位参加社会实践和实习活动。职业体验可以尽量接触社会，开阔自己的视野，学以致用，是一种比较全面地了解职业的方法，可以更深入、更真实地对职业的工作任务、工作要求及工作环境等进行了解判断，可以了解工作的程序、报酬、奖罚、管理及升迁发展的各种信息，还可以通过与员工的实地接触，感受职业对人的影响及入职和谐情

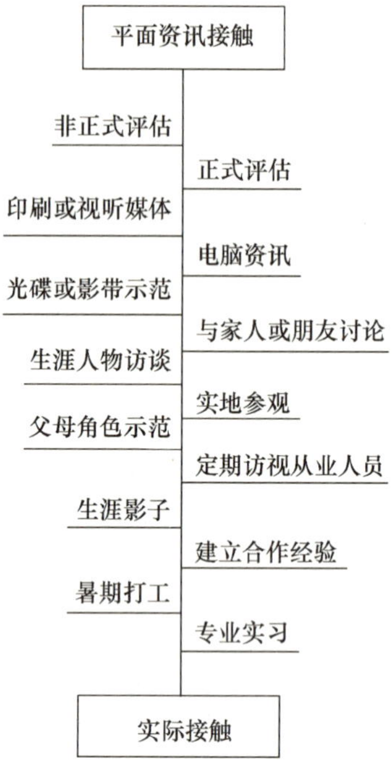

图 4-1　生涯资讯来源与使用者接受距离之区分图

况。同学们应充分利用寒暑假、业余时间开展社会实践或实习活动，适当做兼职，并通过实践与实习活动，充分地展示自己的优势，提升自己的薄弱环节。同时了解就业形势、行业发展情况、职业发展机会、用人单位需求以及内部管理等信息，为自己的职业选择及日后的择业竞争奠定良好的基础。

优点：建立对职业的真切体验和认识，深入实际。

缺点：比较耗费时间，实践或者见习容易流于形式。

(2) 生涯人物访谈

生涯人物访谈是进行职业生涯规划过程中了解职业信息的一个重要方法。生涯人物访谈处于近与远的中间，在效率和信息的真实性上有比较好的平衡。这种方式是指大家对身居自己感兴趣职位的人进行采访。接受访谈者应是我们称之为“生涯人物”的人，在这个职位上已经工作了 3～5 年甚至更长时间。访谈时，大家应明确访谈的目的是收集供职业生涯决策的信息，而不是利用生涯人物来找工作，以免引起双方的尴尬。建议大家在正式进行访谈前，至少做两件事：一是为自己准备一个“30 秒广告”，因为在访谈过程中，对方可能会问到你的职业兴趣和目标；二是对需要提出的问题做一些准备，这样有助于访谈的深入进行，能够取得较高的效率。为防止访谈中的主观影响，应至少访谈两人以上。

生涯人物访谈过程：一是寻找访谈人物，二是设计访谈问题，三是预约访谈人物，四是采访访谈人物，五是访谈结果分析。

生涯人物访谈要点：一是工作性质、任务或内容；二是工作环境、就业地点；三是所需教育、培训或经验；四是所需个人的资格、技巧和能力；五是收入或薪资范围、福利；六是工作时间和生活型态；七是相关职业和就业机会；八是组织文化和规范；九是职业发展展望。

优点：在效率和信息的真实性上有比较好的平衡。

缺点：由于访谈对象不同，结果差异可能很大，有人对职业比较积极，赞誉较多；有人对职业比较消极，可能评价较低。

练习 4-5

请同学们利用课余时间，采访 2～3 位目标职业人物，听听过来人的心声，看看自己的收获，并参考下列访谈提纲进行记录。

生涯人物访谈提纲

结合自己的兴趣、技能、职业价值观、教育背景和已掌握的职业知识找出未来最可能从事的职业，然后在该职业领域寻找 2～3 位在职人士作为访谈对象。

姓名：__________　性别：__________　毕业学校：__________

所学专业：__________　现工作单位：__________

联系方式：__________

访谈人基本情况：__________

姓名：__________　班级：__________　访谈时间：__________

访谈内容：

访谈记录：

1. 您是如何找到这份工作的？

____

2. 您的职位是什么？能否谈谈您的职位晋升过程？

____

3. 在这个工作岗位上，您每天都做些什么？您主要的职责是什么？

____

4. 您对目前的工作是否满意？

____

5. 此项工作的工作场所有哪些特点？

____

6. 在行业内，先从什么样的工作岗位做起能学到最多的知识，最有益于发展？

____

7. 就您的工作而言，您最喜欢什么？最不喜欢什么？

____

8. 对于一个即将进入该工作领域的人，您愿意提出特别建议吗？

____

9. 您目前从事的此项工作，哪部分让您最满意？哪部分最有挑战性？

____

10. 依您所见，您在本领域工作遇到的问题是什么？

____

11. 行业内，单位对刚进该领域工作的员工一般会提供哪些帮助？

12. 您认为做好这份工作应该具备哪些知识技能和经验？

13. 这项工作需要什么样的教育或培训背景？

14. 这项工作需要特别的个人品质、性格和能力吗？

15. 在您的工作领域里初级职位和略高级别职位的薪水一般是什么水平？

16. 这个行业是否有季节性或地理位置的限制？

17. 这个行业存在的困难及前景如何？

18. 学校中的哪些课程对这个行业比较有帮助？

19. 据您所知，还有哪些方法能帮助我深入了解这个工作领域？

20. 您的熟人中有谁能作为我下次的采访对象吗？当我打电话给他(她)的时候，可以用您的名字吗？

21. 根据您对我的教育背景、技能和工作经验的了解，您认为我在做出最终决定之前还应在哪个领域、什么样的工作上进行深入的调查研究呢？

22. 通过这次访谈，我的主要收获是：

(3) 社会关系网络

由于信息的发出者和接受者对象都是人，信息总是在人与人之间传播，因此由自己的家人、亲属、朋友、邻居、老师、校友等组成的社会关系网络也是获取职业信息的一种非常好的渠道。如老师与社会接触的机会较多，人脉较广，经常与校外的研究所、企业、公司合作开发科研项目或兼职教学、培训活动，会提供一些针对性较强的职业信息。因此主动与关系网络中的亲朋保持联系，不仅可以获取所需要的职业信息，还可以为自己未来职业生涯的发展获得优异的外部支持和帮助。

优点：信息渠道畅通，且有利于为未来职业生涯发展获得帮助。

缺点：信息容易掺杂个人主观因素，信息评价结果有误差。

（4）各类毕业生供需见面会和招聘会

在我国，有三类人才市场：一是教育系统的毕业生就业市场；二是人事部门举行的人才市场；三是劳动部门举行的劳动力市场。除此之外，还有一些私营中介举办的不同层次和规模的招聘会，也有一些是大型企业和用人单位专门举办的招聘会。每年 11 月后，有关主管部门举行一些针对大学毕业生的大型招聘会，部分高校也举办学校专门招聘会，这些成了毕业生独享的求职“专卖店”。由于这些招聘会较早举行，用人单位一般都是大企业、大公司，他们在招聘会上向毕业生介绍公司的具体情况，因此可以获取许多有价值的用人单位的信息。

优点：容易获得多种职业信息。

缺点：无法对职业的实质深入了解，难以得到切身的感受。

（5）学校的就业主管部门

学校的就业主管部门是联系毕业生与用人单位的桥梁与纽带。为了组织、协调毕业生的就业指导工作，会通过各类信息载体如校内就业网站、职业网络教育系统、就业指导刊物等及时发布国家、省、市有关就业政策与形势、就业法规信息、行业信息、用人信息、招聘活动信息、就业讲座等一系列最新动态。

优点：及时、准确、可靠、针对性强。

缺点：无法对职业的实质深入了解，难以得到切身的感受。

（6）计算机网络

网络是工作、生活不可缺少的部分，目前我国各类人才信息网将近 3000 个。各类资讯在网络社会中交流频繁，实现跨越时空界限、打破单向流动的传统人才交流格局。许多大中城市的部分用人单位基本实现网上求职、网上招聘活动。通过这个平台可以了解到国家出台的响应政策、统计数据、供求信息，还可以了解到一些公司的服务宗旨、组织文化等。

下面推荐一些同学们常用的网址：

济南大学学生就业信息网：http://career.ujn.edu.cn/

中国人力资源网：http://www.hr.com.cn

中国高校毕业生就业服务信息网：http://www.myjob.edu.cn，http://www.ncss.org.cn

中华人民共和国教育部：http://www.moe.edu.cn

中华人民共和国劳动与社会保障部：http://www.molss.gov.cn

中国劳动信息网：http://www.lm.gov.cn

中国农村劳动力转移培训网：http://www.nmpx.gov.cn

北森职业测评系统：http://www.beisen.careersky.org

中文职业搜索引擎：http://www.jobsoso.com

职场快线：http://www.jobems.com

职友集：http://www.jobui.com

我的工作网：http://www.myjob.com.cn

搜职网：http://www.globehr.com

酷讯职位搜索：http://zhaopin.kooxoo.com

中国中小企业信息网：http://www.sme.gov.cn/index.htm

中国大学生就业促进工程：http://www.ccepe.org
中国高等教育学生信息网：http://www.chsi.com.cn
中国高校就业联盟网：http://www.job9151.com/home/index.aspx
中国大学生就业信息网：http://www.jyxx.com.cn
中国大学生就业网：http://www.hero163.com
中国大学生就业促进工程：http://www.ccepe.org
中国高校人才网：http://www.dxdx.cn/main
中国人才热线：http://www.cjol.com
智联招聘：http://www.zhaopin.com/index.html
前程无忧：http://www.51job.com
21世纪人才网：http://www.21cnhr.gov.cn
中华英才网：http://www.chinahr.com/index.htm
中国劳动网：http://www.labournet.com.cn

优点：方便、快捷、信息量大、成本低。

缺点：间接的信息，信息的真实性及时效性需要鉴别。

(7) 传播媒体

报纸、杂志、电视、书籍都有可能提供职业信息，比如《21世纪》、《中国教育报》、《中国大学生就业》、中央二台《劳动·就业》栏目以及一些传记文学等。随着传媒的高度发展，传播媒体也越来越成为用人单位信息发布的主要渠道，受到了招聘机构、用人单位求职者的青睐。用人单位通过传播媒体发布招聘信息，介绍企业现状、发展前景及人才需求，以此达到吸纳优秀人才的目的。

优点：速度快、涉及面广、信息及时。

缺点：间接的信息，可能与现实感受有差距。

练习 4-6 了解职业：审计师

表 4-2　审计师职业探索

项目	内容
该职业的名称	
该职业的定义	
所需受教育程度	
所需职业资格等级	
所需职业能力特征	
所需职业人格特征	
所需知识、技能	
职业环境状况	
职业报酬状况	

3. 职业信息搜集与分析

在职业探索的基础上，需要对职业信息做进一步的搜索、整理和分析，以系统把握和利用各种职业信息。搜集职业信息在时间方面要注意动态性，以掌握用人单位发展过程中的变化和趋势，在内容方面要注意信息的广泛性，认真了解求职择业的各种影响因素；在空间方面要注意全面性，以了解各地区、各部门、各行业人才需求状态。在搜集和整理职业信息时应注意以下几方面的问题：

(1) 要深入分析职业。一般认为职业信息包含以下要素：① 职业名称。② 职业性质。它反映职业在职业结构及国民经济中的地位与作用，如是简单劳动还是复杂劳动。③ 职业内容与特点。主要是该职业做什么、为什么做、如何做等方面的问题。④ 工作环境。如该工作用何种工具进行工作、工作时间的特点、工作条件等。⑤ 职业对从业者的要求。不同的职业对人的要求是千差万别的，但都包括四个方面：对从业者思想、作风、职业道德等思想素质的要求；对从业者学历、专业、知识结构等文化素质的要求；对从业者兴趣、气质、性格、能力等心理素质的要求；对从业者体力、性别、身高、相貌、健康及有无生理缺陷等生理素质的要求。⑥ 工作待遇。包括工资、奖金、保险、住房等。⑦ 职业前途。如晋升机会、今后的发展方向与趋势、个人发展的可能性等。

除此之外，还应分析行业特点、单位特点以及岗位特点。不同的岗位决定了该职位在职业活动中的不同地位和作用，该岗位人员的数目、年龄及其文化程度的结构。专业的结构会对从业者的发展结构产生影响，甚至岗位的团体规范(包括非正式规范)都会对从业者的适应性产生影响。对这些问题了解得越多，求职择业的主动性和科学性就越强。

(2) 对职业信息进行加工与处理。在广泛搜集职业信息的基础上，要对职业信息进行整理、排序和分析，去粗取精，去伪存真，使信息具有准确性、全面性和有效性，更好地为求职服务。由于职业信息具有较强的时效性，必须不断更新才能保证职业信息的实用性。

(3) 分析职业信息是否与自己相适应。在部分求职者看来，有些用人单位的职位是最好的，最适合自己发挥和发展的，但在另外一些人看来则不然。因此，单位的“好”与“不好”，可谓是仁者见仁，智者见智。在分析职业信息是否与自己相适应过程中，一定要记住，大家认为最好的并不一定是适合你的，你认为最好的也不一定适合自己。职位从来没有永恒的“热门”，也没有永远的“冷门”，它是根据社会的不断变化而变化的。某个时期内的热门，也许在另一个阶段便是冷门，相应地，一个冷门的职位也很有可能在不久的将来成为热门。因此，大家在职位的选择上要有长远的眼光，切不可只重视眼前的利益，要高瞻远瞩，选择对自己最适合、最能发挥特长的职位。

扩展阅读

职业分析详细清单

1. 工作性质

(1) 工作为什么会存在，这一职业所满足的需要，此工作的目的。

(2) 所履行的工作职能，工作中主要的职责和责任。

(3) 该职业所生产的产品或提供的服务。

(4) 该职业中的专业细分。

(5) 该职业所使用设备,工具,机器和其他辅助物品。

(6) 该职业的定义。

2. 所需的教育、培训和经验

(1) 准备进入该职业所要求的(或有用的)大学或高中课程。

(2) 进入该职业所需的工作经验。

(3) 教育、培训或工作地点。

(4) 获得必要教育背景所需的时间和经费。

(5) 有雇主所提供的在职培训。

3. 要求的个人资历、技能和能力

(1) 一个人进入该职业所需的能力、技能或能力倾向。

(2) 职业所要求的体力(举起重物,长时间站立)。

(3) 其他身体要求(良好的视力或听力,非色盲,能攀爬,跳下,弯腰,搬动物体)个人兴趣(与数据、人或事物打交道)。

(4) 特殊的品质或气质(能在压力下工作,精确,敢于冒险,有逻辑,能做重复的任务,需要达到的标准如一分钟能打60个字)。

(5) 执照证书或其他法律上的要求。

(6) 必须或有益的特殊要求(懂一门外语)。

4. 该职业中典型人群的性格特征

(1) 支配该职业环境的人或该行业中大多数人的人格特征。

(2) 年龄范围,男性和女性的比例,少数民族工作者的数量。

5. 工作地点

(1) 工作组织的类型(公司,社会公共机构,代理机构,企业),雇佣此类工作者的行业,自我雇佣的机会。

(2) 职业存在的地理位置(全国性的,或只存在某个特定的区域或城市)。

6. 工作条件

(1) 物质条件和安全(办公室,户外,噪音,温度)。

(2) 工作时间安排(小时,白天或夜晚,加班,季节性工作)。

(3) 发挥主动性、创造性,自我管理和得到学习的机会。

(4) 需要工作者自备的设备、物品和工具。

(5) 作为参加工作的条件之一,要求具备工会和职业协会的会员资格。

(6) 该职业的监督和管理类型。

(7) 雇主对着装的要求和偏好。

(8) 出差方面的要求。

(9) 在该职业中工作者可能受到的歧视。

7. 就业和发展前景

(1) 进入该行业的通常方法。

(2) 在地方、州和全国的就业趋势。

(3) 提升机会,职业阶梯(你从哪开始,能达到什么位置)。

(4) 在完成教育和培训之后得到雇佣所需要的平均时间。

(5) 被提升到较高职位所需的平均时间。

(6) 该行业中工作的稳定性。

8. 收入、薪酬范围或福利

(1) 所赚的钱(起薪,平均工资和最高工资,由于所在地区不同而有所不同)。

(2) 所提供的福利(退休金,保险,假期,病假)。

9. 个人满意度

(1) 该职业所体现的价值(高收入,成就,安全感,独立性,休闲和家庭生活的时间,变化性,帮助他人,社会声望,认可)。这些工作价值中哪些符合你的价值观呢?

(2) 他人和社会对于该职业的地位和看法;关于该职业他们喜欢什么不喜欢什么?

实践与应用

崔静是国际政治专业大三的学生,她在探索工作世界方面做了如下事情。

1. 根据自己的霍兰德类型,从相关测评和资料列举的职业中选出了10个感兴趣的职业,依次为:法官、律师、公证人、娱乐活动管理员、广播节目主持人、导游、空姐、博物馆馆长、广告撰稿人。并总结出这些职业吸引自己的共同特点:能与各种各样不同的人打交道,具有变化性和创造性,可以帮助他人,重视艺术尤其是文字表达。

2. 根据自己的MBTI类型偏好,从相关测评和资料列举的职业中选出了九个感兴趣的职业,依次为:执法者、艺术指导、心理学者、社会学者、广告人、公关人员、策划人员、城市规划人员、战略规划人员。并总结出这些职业吸引自己的共同特点:具有创造性,需要丰富的想象力和智慧,有人文气息,和人打交道。

3. 她发现在兴趣和性格探索中有两个非常相似的职业:广告撰稿人和广告人。虽然从理论上说,兴趣和性格探索中都出现的职业适合个人的可能性更大一些,但是崔静觉得自己对广告行业并不感兴趣,觉得那里面缺少一种人文关怀。最终她又结合自己价值观和能力探索的结果,列出了八种职业在内的职业清单,打算继续选择,这些职业依次为:法官、律师、记者、导游、专栏作家、心理学者、艺术指导和社会学者。

4. 通过信息收集、生涯人物访谈的方法,着重对司法人才的需求和审判员进行了解。

(1) 收集了对司法人才需求的资料。近年来,中国法治建设进入了一个高速发展时期,依法治国、依法行政、依法办事理念深入人心。目前,我们国家的法治建设正在由机械法治、形式法治向实质法治转变,法律逐渐变得精细化、专业化,以往依靠简单的法律知识和技巧就能从事的工作,现在需要更精深、专业的法律知识。随着我国法治建设的发展,尤其是加入WTO后,国际、国内对国家公权力机关的要求更高,国家行政机关越来越强调依法行政,建设法治政府需要补充大批法律专业人才，为政府决策、施政提供法律支持。另外，现在各个社会领域都需要由法律来调整，人民群众对他们自身权益的追求与维护也对国家公权力机关提出了更高的要求。

党的十八大明确提出依法治国、建设社会主义法治国家的战略目标，建设有中国特色的社会主义法治国家逐渐为广大社会公众所知悉。经过社会各个方面多年的努力，法治观念已经成为全社会的主流思想，创建良好的法治环境已经成为全国人民的共识。良好的法治环境在客观上促进了法治需求的增强。随着我国社会主义法治建设的推进，需要大批优秀法律人才，培养和造就一大批法律人才是加快建设社会主义法治国家的关键。

司法类人才可涉足的职业有：法院、检察院的法官、检察官或书记员、法警、企业法务专员、媒体（包括电视台、报纸、杂志）法制新闻记者或编辑、行政机关和事业单位（如法制办、发改委等）公务员或其他工作人员、律师事务所的律师（律师又细分为商业律师和非商业律师）或者法律服务所的法律工作者、党团机关工作人员、科研人员等。

（2）对某司法机关审判员王先生进行了生涯人物访谈。她是通过学校法学老师约到王先生的。正式访谈前，她和王先生进行了简单的电话沟通，说明了访谈目的，约好了访谈时间。下面是主要的访谈记录：

崔静（下面简称崔）：您好，王先生。很高兴您在百忙之中抽出时间接受我的访谈。我虽然不是司法专业的学生，但对司法相关工作很感兴趣。今天我有一些关于这一工作领域的问题向您请教。

王先生（下面简称王）：不要客气。我很愿意和你聊聊司法行业。你有什么问题尽管问吧。

崔：请问您为何选择了成为一名司法人员？

王：我是通过国家每年的公务员考试成为一名司法人员的。我选择成为司法人员的最主要的原因是兴趣所在，兴趣是做好一件事情最重要的动力。其次是我相信我具备了成为一名司法人员的良好素质修养和专业知识。

崔：您现在主要负责的是哪方面的工作？需要具备什么样的能力和资格呢？

王：我主要处理一般的民事案件的审判。我觉得做这个工作，首先要善于学习，了解这个工作需要懂得相关知识，要具备一定的专业技能；其次要虚心学习，有良好的心态。另外还要拥有司法公正等司法精神。

崔：要想在该组织成功或者升迁，您觉得需要具备哪些条件？

王：一是要保持热情，要喜爱这份工作，把工作当成兴趣，兴趣是成功最大的动力；二是要公平诚信，在工作、为人处事、生活中一定要诚信做人，会做人、会办事；三是要具备专业知识，在工作之余一定每天抽时间了解行业内的时事新闻、电子商务行业的动态及专业知识；四是要创新思维，司法中民事案件的案情较为复杂，并且会随着社会经济的发展而不断出现新的问题和现象，必须要在严格依照法律处理的同时与时俱进；五是要珍惜身体，不仅要热爱工作，还要注意身体的健康，合理安排作息，身体是革命的本钱。

崔：司法行业的薪资待遇怎么样？

王：司法行业薪金完全依照国家公务员的工资规定，提供五险一金，福利待遇较好。

崔：您认为进入司法机关对于求职者有什么样的要求？

王：司法机关主要涉及处理社会中的各种纠纷，问题涉及范围很广泛，里面具体细分的工作很多，要看具体的工作种类。不过最关键的几点是：热情、专业，理性与感性并存，诚信、公平、敏感、创新。

崔：您认为学校中的哪些课程对这个行业比较有帮助？

王：司法机关首先要求具备扎实的专业基础知识，其次要培养司法公正、恪守法律等司法精神，要通过司法考试，注重法律条文在社会现实中的具体应用。

崔：我学的是国际政治专业，这使我担心从事司法审判工作没有职业优势，但我又确实对司法行业感兴趣，想把它作为自己的职业。自己心里也有点矛盾，不知道您是如何看待的？

王：随着社会不断进步，科技化程度越来越高，这自然就对司法审判工作者提出了新挑战。你们既要懂司法知识，又要了解甚至精通各行各业的知识，同时反应速度要快。比如说，如果是工程技术方面的案件，就要求审判工作者了解建筑、电力、材料、给排水、通暖等各个专业，并且要掌握相应流程。又比如在地铁项目的案件受理上，必须熟悉设备方面的知识，如通信系统、信号系统等。同时，合作各方也会有一些商务文件，如合同条款、合作协议的具体内容等相关行业知识都是需要熟练掌握的。

崔：我们在大学毕业之前有实习的机会，在实习之前我们需要在哪些方面有所准备？

王：一是司法专业功底扎实，要虚心，要学会学习。二是知识面广阔，要善于学习，积累各行各业相关知识；三是做事态度认真踏实，要坚持学习，持之以恒。

崔：王先生，很感谢您今天告诉我的这些情况，让我对司法行业有了更透彻的了解。真的很感谢您！

王：不用这么客气，以后有什么问题尽管来问我，我很乐意帮助你们这些有理想的年轻人！只要继续拼搏，相信你“最初的梦想”一定会实现的！加油吧！

通过前面的信息探索，崔静感到司法审判这一职业在未来几年的发展既有希望，也有挑战。触动她的有两点：一是原来她担心自己不是司法专业的学生，从事相关的工作不如科班出身的有竞争力，可是她现在了解到，好的司法审判需要综合型的人才，司法专业知识虽是重要的基础，但只有和其他专业知识结合才能使人成为优秀的司法审判工作者。考虑到自己是国政专业的学生，还拥有其他几种比较丰富的专业知识和继续学习能力，崔静觉得心里踏实了很多。她甚至觉得这次访谈给了她一些启发，可以将自己几个强项综合起来，做些更有意义的事情。二是王先生谈到的实习期间需要做好的三个准备：司法专业功底扎实、知识面广阔和做事态度认真踏实，也让崔静更加提醒自己不要忽略自我管理技能的培养。

讨论与思考

1. 如果你想进入一个领域、获得一份工作，现在应该从了解哪些方面入手？

2. 现在就着手收集一下你面前所列出的备选职业清单中的各个职业信息，并对你所收集的信息进行整理，为进入职业决策做好准备。

3. 利用假期进行一次职业体验。根据你所学理论选择一份工作，并将你所了解到的职业信息，你所观察、思考的问题及你的活动记录下来。

4．请同学们以 5～6 人为一个小组，参照本单元所讲述的方法，采用多种途径对本专业进行探索，其中每人必须进行一次生涯人物访谈，要求每小组成员都参与。形成报告：我的专业可从事的职业有哪些？我对感兴趣的职业有什么了解？

相关资源

1．国家职业分类大典和职业资格工作委员会编：《中华人民共和国职业分类大典》，中国劳动社会保障出版社，1999 年版。

2．李可著：《杜拉拉升职记》，陕西师范大学出版社，2007 年版。

3．程社明著：《你的船 你的海》，新华出版社，2007 年版。

4．〔美〕鲍利斯著，刘宁译：《你的降落伞是什么颜色》，中信出版社，2010 年版。

第五单元

决策行动与计划

计划就是先将未来摆放在面前，然后现在就为它做些事情。

——亚伦·勒凯斯

本单元要点

同学们具备了自我探索和对工作世界探索的能力，就可以综合两方面的信息，进行初步的职业抉择，为今后的生涯设定目标，明晰大体的发展方向，制订行动计划。本单元介绍了影响职业决策的因素、决策的复杂性，帮助大学生反思自己决策方式，树立科学的解决复杂问题的理念，克服非理性信念，应对职业决策中的挑战；提供计划型的决策理论和方法，帮助大学生掌握定立目标和措施落实的方法，并综合以上方法制订行动计划，在此基础上完成自己的生涯规划。

你有过这样的困惑吗？

李华考上大学后，感到挺迷茫。在中学时以考上大学为目标，上了大学后，不知今后如何去做，只是保持着高中养成的学习习惯，每天在宿舍、食堂、教室之间奔波。他时常自问：今后我将如何行动，走向哪里？

董洁是大三的学生，走过平平常常的几年大学道路后，看到周围的同学，有的准备公务员考试，有的准备研究生考试，有的在企业实习，好像都有目标，而自己却定不下方向，感到很焦虑。

黄齐是物理学院大四的学生，对物理有较浓厚的兴趣，从学习和科研能力来看，自己也认为没有问题，可是随着时间推移，他产生了犹豫，不时向老师请教：我真的适合干这一行吗？

上述同学的困惑，都涉及决策问题，决策决定今后行动的道路。因此，决策很重要，同时又很有难度，具备程度不同的风险。但是，对于决策，我们具有不同的态度和方法。有时，我们可以轻易地做出决定，比如买一件衣服。同学们想想，面对升学、就业、婚姻等人生重大问题的选择，我们是不是应该重视并且慎重地做出决定呢？难怪有人说，人生的道路虽然漫长，但要紧处只有几步，特别是年轻的时候。没有一个人的生活道路是笔直的、没有岔路的，有些岔道口，譬如政治上的岔道口、个人生活上的岔道口，你走错一步，可能会影响人生的一个时期，也可能会影响一生。

面对决策，有的同学信心不足，感到决策太难了，采取了回避的方法；有的采取了“跟着感觉走”的办法；更有的怕做不好决策，干脆听从父母的意见。匆忙做出决策后，很快就后悔了，不愿承担责任。有的抱怨父母；有的得过且过；有的甚至对学业失去兴趣。那么，如何做出有利于自己今后职业发展的生涯决策呢？很多同学都觉得决策很难，是理论性很强的活动。其实，我们每天都在决策，星期天是逛商场还是看电影？走着去，还是坐公交车去？买衣服是买一身西服，还是买一身运动服？这都是在做决策，只是我们没有觉察到而已。那么，如何做出适合自己职业生涯发展的决策呢？

理论与讲解

一、决策与决策风格

（一）决策的定义

决策是根据所获信息做出选择的过程。生涯决策就是个人在多项选择之间权衡利弊，在供选择的方案中选出一个“满意的”方案，以达成最大价值的历程。做决定伴随着我们的成长过程，人生就是由无数个大大小小的决定组成的。升学、就业、婚姻等是我们人生的“里程碑”，伴随着我们成长、成熟，以一个“成人”的视野来观察世界。

（二）决策的风格

人们常说，人过一百，形形色色，世上没有两片完全相同的树叶。正因为人具有不同的特征，才使得我们的人类社会丰富多姿，精彩纷呈。

到桃园摘桃子的故事

——测测你的决策类型

话说有一片桃园，长满了又大又鲜、甘甜可口的大桃子，一名老先生带着十几个学生来到果园。老先生出了一个题目：摘最大桃子者为胜。宣布规则，每人只可进入桃园一次，只能摘一次，只许前进不许回头，时间为五分钟。大家想一想，时间到后，老先生的学生摘到大桃子没有。如果你是老先生的学生，你会选哪一个？

多数人可能的选择，大致有以下几种：跟着感觉走，随便抓一个；脑子“断片”了，自己都不知道要干啥；打听别人，你说哪个大，我就摘哪个；对视野内的桃子进行观察，搜集信息，形成标准，摘个相对大者。

根据学者 Harren(1979)的研究，大部分人的决策模式为以下几种类型。

(1) 直觉型：这种类型的人做决定时全凭感觉，跟着感觉走，较少会系统地收集其他的相关信息，但他们能为自己的抉择负责。我们认为，现实中不可能穷尽各种可能性，直觉选择也是一种决策的依据，但需要与其他的方法结合来用。

(2) 依赖型：依赖型是指等待或依赖他人替自己做决定，十分关注他人的意见和期望，从而做出选择，较少自己主动做出决定。如“爸妈觉得……”、“别人认为……”等。

(3) 理性型：收集能得到的相对全面、客观的信息，且分析各个选项的得失，做出相对满意的决定。

(4) 犹豫不决型：此类型的人多方收集相关信息，确认各种选择，反复比较，向专家咨询，却难以决定。

二、职业决策的挑战

(一) 决策的风险

彼得·德鲁克说过，最佳的战略决策只能是近似合理的，而且总是带有风险的。世界上的决定可以大致分为三类：确定无疑的决定、不确定的决定、有一定风险的决定。

1. 确定无疑的决定

俗语说，扳倒树摸老鸹。比如，到商场去，上下电梯。无疑，顾客会做出正确的选择，因为，多年的生活常识和经历会给他们清楚的答案。

2. 不确定的决定

在现实生活中我们不可能穷尽一切信息，在确定有完全把握时再做出选择，比如，我们选择通过中介去国外读 MBA 就具有不确定性，因为我们不了解详尽的信息，单纯依靠中介的作用。曾经有学生在不了解具体情形的前提下，匆忙做出留学决定，出国后不仅没有顺利完成学业，而且消耗了金钱和精力，一年后空手回国。

3. 有一定风险的决定

我们一旦做出的决定，就决定了我们的选择。比如，有三个选择，我们选择了其中之一，而完成后发现另外的两种选择，比我们的结果要好，这个时候有人就会后悔，就会出现抱怨的现象。这种现象在我们升学挑选专业时经常会遇到。其实，生活中无时无刻都会遇到风险。有的同学曾经说，只有一条路该多好，我们不会有遗憾和后悔。可是选择的自由要比只有一条路走要好。我们放弃了选择的同时也放弃了身心的自由，我们在享受到选择的自由的同时，也要承担相应的责任和风险。

一个蹒跚学步的孩童，不就是我们探索的真实写照吗？只有离开妈妈的怀抱，跌跌撞撞地迈出第一步，才会有我们现在迅疾的步伐。世上只要做事、行动，就会有风险。曾有人写道：笑，有被人视为傻瓜的风险。哭，有被人视为伤感的风险。求助他人，有与人纠缠不清的风险。感情外露，有暴露本性的风险。当众袒露思想和梦想，有为人所不理解的风险。爱，有不被对方所爱的风险。活着，有死去的风险。希望，有绝望的风险。尝试，有失败的风险。

生活中我们遇到第三种决定的时候为多。获得一定的信息，综合我们的分析和情感的因素做出相应的决定。对于第二种的决定我们要争取多搜集相关的信息，将其上升到有可能解决的程度。我们要学会为自己的选择承担责任。面对决策的风险，有的人选择了听天由命，任之放之，有的采取让长辈、领导做决定的方式，事后推卸责任，回避主观因素，强调客观原因。做决定是一个人成长的过程，不断成熟的决定标志着个人逐渐走向成熟。直面人生的抉择，尽可能早一些成长起来，是我们松开扶助的“手”，迈出去的必经阶段。

(二) 影响生涯决策的因素

有诸多的因素影响我们的决策。著名职业理论家克朗伯兹认为，影响个人职业决策的因素，大致分为四类。

1. 遗传因素和特殊的能力

个人得自遗传的一些特质，在某些程度上限制了个人对职业或学校教育选择的自由。这些因素包括种族、性别、外在的仪表、特征、个人天赋等。个人的身高、体形、相貌等在演员、模特、军人等职业的招聘中起着重要作用。

某些个人的特殊天赋能力也会影响其在环境中的学习经验，伴随而来的不断增强的兴趣与技能，对个人未来的职业选择等也有较大影响。个人的特殊能力包括智力、音乐能力、美术能力、动作协调能力等，决定今后从事绘画、音乐、运动等职业。

2. 环境状况和事件

克朗伯兹认为，影响教育和职业选择的因素中，有许多来自外部环境，并非个人所能控制。这些环境状况和事件来源于人类活动（如社会、文化、政治或经济的活动），也可能由自然力量引起（如自然资源的分布或天然灾害）。比如工作机会、训练机会；社会政策的制定；不同职业的回报率；地震、洪水、干旱、台风等自然环境影响；科技的飞速发展；社会组织的变革；家庭社会地位和经济的不同影响；所受教育的不同。无疑，三峡库区的移民决策，影响着移民及其子女今后的人生轨迹。

3. 学习经验

学习的含义是广泛的，是一个人在生活的经历中不断积累和发展起来的经验和认识。例如，一个热衷于玩拼插玩具的幼童，会逐步培养起创新的能力，不断变换拼插玩具的花样，一会组合成一支冲锋枪，一会变化成一座高楼，一会又组合成一辆卡车。我们身边不乏这样的例子，在求学的过程中，遇到欣赏自己、和蔼可亲、教学水平高超的化学教师，有的同学喜欢听他们的课，学习的兴趣和积极性格外高涨，学习成绩优秀，多年后，同样选择化学教师作为终生的职业。同样，父母是最好的老师，不知不觉中，我们在父母身上学到的自信或者自卑，关心他人或者冷淡处世，积极表现或者退避三舍，都有可能在终生留下不可磨灭的印记。

4. 工作取向的技能

受到上述多种因素的影响，我们每一个人都会形成特有的工作习惯、特有的心理反应和解决问题的能力，这被称为“任务取向技能”。比如某大学文学院一个毕业班考研复试中，有六名同学复试没有通过。面对调剂问题，这六名同学展现出不同的处理问题倾向。大家都是第一次面临调剂问题，都没有经验可以借鉴。但其中一名学生，很快从复试失利的阴影中走出来，积极地通过老师、师哥、网络搜集信息，主动与其他的招生单位和导师联系，很快联系到五所高校的调剂机会，在充分权衡的基础上，主动出击，四处奔波，最终被国内一所著名高校调剂录取。多位老师以这名同学的事例来教育在校学生，如何应对考研遇到的困难。在这个同学解决问题的过程中，展现出平时培养起来的能力、工作习惯、积极的情绪反应。

克郎伯兹所述的遗传和特殊能力、环境和重要事件两类因素，都是在人的控制范围之外，而学习经验和任务取向的技能是不断成长、发展起来的。四种因素相互作用，形成个人对自我和世界的推论或者信念。这些信念并不是完全正确的，与人生的阅历和学习经验的丰富有关。但是，人们往往会以偏概全，因为几次深刻的经历而形成刻板的印象和偏见，这称为“非理性信念”。比如，我必须得到所有人的认可，我的工作应该满足我所有的需求，我必须有绝对的把握再去考学，等等，这些“非理性信念”常常以“应该”、“必须”这样的绝对化的表达方式，体现出“当事者迷”的固执特征。人非圣贤，孰能无过。我们每个人或多或少均存在一些非理性的信念，它们的存在，干扰我们的决策和行动。所以，我们要认清非理性信念，尽可能地摆脱它们，避免陷入决策困惑的泥沼之中。对于非理性信念，我们可以改为：我希望如此；如果不能实现，我也可以接受。

著名心理学家艾利斯总结了 11 条“非理性信念”：

(1) 一个人绝对需要生活中每一位对他重要的人的喜欢与赞扬 ；

(2) 一个人应该在各方面，至少在一个方面有才能、有成就，才有价值；

(3) 有些人是卑劣的、邪恶的，他们应该受到严厉的谴责与惩罚；

(4) 事不如意是可怕的灾难；

(5) 人的不愉快是外界因素造成的，人不能控制自己的痛苦与困惑；

(6) 对可能(或不定)发生的危险和可怕的事物，应该牢牢记在心头；

(7) 对于困难与责任，逃避比面对要容易得多；

(8) 人应该依赖别人，而且依赖一个比自己更强的人；

(9) 过去的经历是影响现在行为的决定因素，而且这种影响是永远不可改变的；

(10) 一个人应该关心别人的困难与情绪困扰，并为此感到不安和难过；

(11) 每个问题都有正确而完美的解决方法，如找不到这种办法，则是莫大的不幸。

练习 5-1 分析事例中的非理性信念，帮他们想办法克服

事例 1　黎楠，高中毕业后两次高考落榜，其间参加三年工作。看到周围的青年人大多学有所成，她觉得考不上大学注定一辈子没有出息，自己出生在农村，肯定会受到歧视，摆脱困境的唯一途径就是考上大学，也像那些硕士、博士般扬眉吐气，受到别人的重视。她担心自己英语、数学基础太差了，考不上大学，而且，离开学校太久了，恐怕没办法适应学校生活。如果她全心念书，恐怕经济上会有困难。她也怕别人会笑话，所以她始终不敢和别人商量这件事。

事例 2　有一位即将毕业的大四学生黄群，最近陷入苦恼：面临毕业他想找一份父母、朋友都满意的工作，这样面子会好看，但是觉得自己来自农村，见识比城里的孩子差远了，没有竞争力。另外他毕业于普通二本院校，好企业要 985、211 的学生，感到大学真是白上了。自己的专业是文科专业，没有一技之长，就业竞争力太弱了。他感到前途无望，于是终日在宿舍睡觉，不出去找工作。

试分别列出上述的非理性信念：______________________________

试适当调整，改为：______________________________________

平时你有哪些非理性信念的想法：____________________________

(三) 职业决策中的阻碍

职业阻碍就是任何使人难以实现某一职业目标的障碍或挑战。它又分为外部阻碍和内部阻碍。内部阻碍就是那些存在于我们自身的障碍，通常对我们有较强的控制力，比如，焦虑、拖延、缺乏信心、态度消极、缺少技能。外部阻碍则来自外界，往往是我们难以掌控的。但我们往往把外部阻碍夸张地想象，从而缺乏自信，这实际上是内部阻碍在起作用。

在现实中，我们要分清内部阻碍和外部阻碍，并采取相应的对策。要牢记古人的教诲：夫君子之行，静以修身，俭以养德；非淡泊无以明志，非宁静无以致远；夫学须静也，才须学也，非学无以广才，非志无以成学，淫漫则不能励精，险躁则不能治性，年与时驰，意与日去，遂成枯落，多不接世，悲守穷庐，将复何及！以宁静的心，分清内外阻碍，接受不能改变的现实，励精图治去改变自己能改变的一切。借我一双慧眼吧，去认清两者的区别。

个人出现决策困难，又分为以下两种情况。

1. 生涯不确定

同学们处于生涯探索的时期，这是正常的发展性问题。在以往教育中，同学们很少关注自己的兴趣或能力；大学对价值观探索、引导、教育做得不够，缺乏关于工作世界的信息；同学们不同程度地存在着“盲目”、“茫然”、“忙乱”的现状。在生涯决策时，由于信息的缺乏，难以做出正确的选择。这种情况通常只要得到关于自我认知、工作世界等相关的信息即可解决。大学生职业生涯指导课就是帮助同学们掌握相关的知识，提高相应的能力，有效提高探索生涯的内在素养。

2. 生涯犹豫

这是由不同的个人特质引起的，每个人特质的不同，形成在生涯决策时的犹豫。当然，个别问题还需要个别分析。有的是因为非理性信念的桎梏；有的是兴趣和从事职业的能力有所偏差；有的内心的情感和外界的选择不统一，相互矛盾，导致内心感到焦虑不安。这类学生需要较长时间的个别生涯辅导，以提升个人的价值观，树立自信心，逐渐提高决策能力。有些内心与外部偏差较大者还需要心理咨询与治疗。

三、应对职业决策的挑战

对于在职业决策中出现的问题和阻碍，我们可以根据实际情况，通过多种方法解决。

（一）计划型决策：CASVE 循环

CASVE 循环可以在整个生涯问题解决和决策制定过程中为你提供指导，尽可能多地涉及多方面信息，是一个全面的循环系统。CASVE 循环的五个阶段是沟通、分析、综合、评估和执行，如图 5-1 所示。

(1) 沟通(Communication)：查找差距，“意识到我需要做出一个选择”的阶段。比如，有一名大三的学生在大一、大二时认为离就业或者考研时间还长，进入大三后，看到别的同学都有自己的事情做，感到很急切，焦虑地感到“我要做出一个选择”。

(2) 分析(Analysis)：对兴趣、能力、价值观和人格等自我知识以及各种环境知识进行分析，收集和准备大量的信息。在此基础上对自我进行全面探索，对外部环境进行分析，为下一阶段提供依据。

(3) 自我探索包括：我喜欢做什么？我擅长做什么？我能做什么？我看重什么？我希望达到的最高目标是什么？我希望工作可以带给我什么？我倾向理性思考还是感性体验？

(4) 环境认知包括：选择的环境会带来什么样的变化？要求的能力和知识是什么？比如就业，就要了解社会、经济等形势，了解就业单位的具体情况、对职位的具体要求。

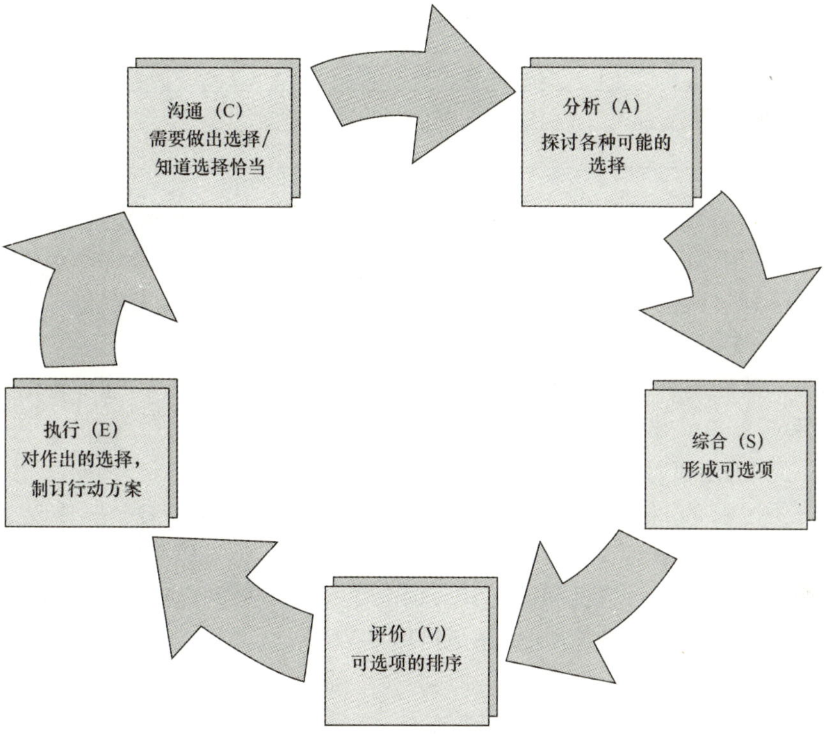

图 5-1 CASVE 循环

（5）综合(Synthesis)：根据得出的信息，先把选择范围扩大，然后再逐步缩小，最终确定 10 个最可能的选项。这就得出了缩小的职业选择范围；然后，把最可能从事的职业限定到 3～5 个。如果达到可以消除现实和理想状态的差距，就可以进入评估阶段；如果不能，就需要重新回到分析阶段了解更多信息，综合了解，掌握真实的信息。

（6）评价(Valuing)：可选择项目进行排序。比如，选择最有可能的选项是：到企业工作、考公务员、考研。对上述选项进行评估，通常我们采取的是决策平衡单的方法，经过个人和他人精神及物质的得与失比较，做出选择。

（7）执行(Execution)：根据自己的选择，制订计划，采取措施，保障行动的实施。决策是一个循环的过程，在行动以后，需要对结果进行评估，根据情形，可能会进入第二轮的决策过程。

练习 5-2　用 CASVE 分析你做出的一项重大决策

（二）SWOT 分析

SWOT 分析是企业在重大的战略决策中经常采用的方法，现在被广泛运用到各项决策中。戴尔电脑在 20 世纪 90 年代中期，利用 SWOT 分析创造了一个有效的经营战略。通过对优势和劣势等涉及企业内部的特点的分析，比较公司现状和经营的优劣水平，发现网络销售是适合公司扩大产值、强有力的营销工具。利用了自己的网络优势，同时避免了经销商的缺乏的劣势，一举成为强有力的计算机行业竞争者。在这里，我们也可以尝试利用 SWOT 分析，作为对自己的职业决策的有力分析工具。

表 5-1　SWOT 矩阵表

	优势(Strength)	劣势(Weakness)
机会(Opportunity)	S-O	W-O
威胁(Threat)	S-T	W-T

(1) S-O：利用你的核心优势，积极寻求强强联合。用核心优势抓住机遇。

(2) S-T：利用你的优势主动消除和减少你所面临的威胁。属于防守中的进攻。

(3) W-O：通过抓住机会，利用机会来遏止你的劣势。你可以据此制订一个长期改进计划。属于防守的策略。减少失误，把握机会。

(4) W-T：减轻或避免由劣势产生的威胁。你可以通过消除劣势，逐步转化为优势。避免因为劣势和短板造成难以弥补的损失。这属于消除短板法。

SWOT 帮你确定目标及战略：

S-O——要追求的目标或机遇，S-T——要消除的威胁，W-O——要改善的事情，W-T——风险的减少和避免。在具体职业生涯规划运用中，你可以平衡目标，做出分析。利用 SWOT 分析法，要注意对自己和外部评价的公正、客观，避免盲目自大和自卑，注重数据的真实、有效，避免偏听偏信和简单、机械地运用 SWOT 法。

练习 5-3　**用 SWOT 分析法分析你的职业目标**

(三) 决策平衡单

在决策过程中对可能的多个选择进行评估时，最常用的方法就是“决策平衡单”。它将主要决策集中在四个方向上：个人物质方面的得失、他人物质方面的得失、个人精神方面的得失、他人精神方面的得失。

表 5-2　生涯决策平衡单样表

选择项目		重要性的权数（－5～5）	选择一		选择二		选择三	
考虑因素 / 加权分数			+	−	+	−	+	−
个人物质方面的得失	收入							
	工作的难易程度							
	升迁的机会							
	工作环境的安全							
	休闲时间							
	生活变化							
	对健康的影响							
	未来发展							
	其他							
他人物质方面的得失	家庭收入							
	家庭地位							
	与家人相处的时间							
	其他							

续表

选择项目 加权分数 考虑因素		重要性的权数（－5～5）	选择一		选择二		选择三	
			＋	－	＋	－	＋	－
个人精神方面的得失	生活方式的改变							
	成就感							
	影响和帮助他人							
	兴趣的满足							
	挑战性							
	自由感							
	其他							
他人精神方面的得失	父母							
	师长							
	男（女）朋友							
	其他							
加权后合计								

具体使用说明：

步骤一：确定你的职业决策考虑因素。

步骤二：把三个选择填入平衡单的选择项目中。

步骤三：在第一栏职业决策考虑因素中，根据重要性赋予权数，加权范围－5～5。

步骤四：得失分。根据每个方案中的要素进行打分，在－5～5之间，可加可减。

步骤五：计分方法。将每一项的得分和失分乘以权数，得到加权后的得分或失分，分别计算出总和，比较三个选择方案的得失差数，得分大者，为最符合你的。使用决策平衡单，重视的不仅仅是最后的排序。填写过程是一个深思熟虑的过程，需要对各种影响因素反复比较、思考，每一项都要经得起推敲。在实际的案例中，决定的过程同时是认真思考、求索的过程，结果出来之时，正是思考明晰之时。

练习 5-4　利用生涯决策平衡单样表，分析你的生涯决策过程

（四）情感在决策中的作用

列宁说过，没有人的感情，就从来没有也不可能有人对于真理的追求。理性思维和感性的情感体验是与人们的日常生活密不可分的。人在做任何决定时，只有将理性的思维和情感的感性判断有机结合起来，才能做出正确的决策。

感情有积极和消极之分。积极的感情会上升为激情，是我们追求真理的动力。而消极的感情是干扰我们正确决策的心魔。同学们要积极地培养个人的积极情感，培养人在情绪、情感、意志、耐受挫折等方面的品质。

理性是有限的，我们不可能穷尽一切可能性，在搜集到所有信息的基础上，才能做出决策。《心理学大辞典》认为：“情感是人对客观事物是否满足自己的需要而产生的态度体验”。每个人的需要不同，我们不能千篇一律地要求所有人按照一个模式行动。如果我们把所有的决定权交给数据分析结果、专家的咨询，以及名校、热门专业的排名，那么选择的结果还是茫然的。即便由此做出选择，也得不到内心的承认。因为人具有感情、有着高级思维的特性。如果一种选择得不到我们情感的接受，那么它的数据分析、专家论证对于个体的人往往也是没有效果的。

我们每个人都有自己特有的价值取向，所以世界才呈现出丰富多姿的景象。在决策时，我们还要听从自己内心的召唤，当情感和认知达到和谐一致时，我们才能充满激情地去干事业，才会有无穷的创造力。我们做决策，就每个个体来讲，是为了更好地成长，成为一个全面的、自由发展的人。因此，我们要从做一个社会需要的人、做一个内在和谐的人、做一个情商高的人的根本要求出发，才会更有能力去承担决策的责任。

（五）积极的心理暗示：预演未来

练习 5-5　生涯幻游

生涯幻游是大学生在身心完全放松的状态下，跟随教师积极的心理引导，唤醒内心的真正需要，体验内心世界的呼唤，感知自己未来真正愿意从事的工作，从而有动力去实现自己真正的目标追求的探索活动，通俗地称为“白日梦”。它是自我认知的一种非正式评估方法，用于探索、澄清个人的兴趣、价值观、性格、核心技能等个人基本特质及未来决策目标的生涯辅导技术。

在轻松的背景音乐下，请大家放松，舒服地靠在椅背上，轻轻地闭上你的眼睛，深呼吸、放松，慢慢地把注意力集中到自己的嘴下，放松。想象来到十年后的一天清晨，你正躺在家里卧室的床铺上。卧室里的家具是你喜欢的式样，它是什么颜色？经过一番梳洗之后，你来到衣柜前面，准备换衣服上班。今天你要穿什么样的衣服上班？穿好衣服，你看一看镜子。然后你来到了餐厅，早餐吃的是什么？一起用餐的有谁？你跟他们说了什么话？

你准备去上班。你在家里办公吗？如果不是，你工作的地方在哪里？现在你要离开家（停顿）。你回头看一下你家，它是一栋什么样的房子？然后，你将搭乘什么样的交通工具上班（停顿），自己开车，还是别人？

你即将到达工作的地方，首先注意一下，这个地方看起来怎么样？（停顿）你的办公场所是什么样的？你进入工作的地方，你跟同事打了招呼，他们怎么称呼你？你还注意到哪些人出现在这里？他们正在做什么？

你的工作是什么？你跟别人一起工作吗？早上的工作内容是什么？跟哪些人一起工作？工作时用到哪些东西？

很快地，上午的工作结束了。中午到哪里吃饭？吃的是什么？跟谁一起吃？谈论什么话题？中餐还愉快吗？

接下来是下午的工作，跟上午的工作内容有什么不同吗？什么时间结束工作？离开之前的最后干什么？

下班了，你直接回家吗？或者要先办点什么样的事？或者要做一些什么其他的活动？

你怎样度过夜晚的时间？（停顿）

该是就寝的时间了。今天过得愉快吗？是不是要许一个愿？许什么样的愿望呢？

渐渐地，你很满足地进入梦乡。

（1 分钟后）

我们慢慢地回到这里，还记得吗？请睁开眼睛。你慢慢地醒过来，静静地坐着。

请将你在“生涯幻游”中的细节记录下来。

通过以上“生涯幻游”的练习，我们可以了解我们对未来理想职业、理想生活的期待。其中，工作场景、起居生活、交通工具、娱乐活动、待人处世等信息，可以了解我们内心所想，更加明确我们的职业目标，坚定我们去实施的信心。

四、目标设立与行动计划

扩展阅读

非洲撒哈拉大沙漠中有一个名叫比塞尔的村庄，它地处一块绿洲旁边，被誉为沙漠中的一颗明珠，如今每年都有数以万计的旅游者来到这儿观光游览。可当初若不是肯·莱文从这里走了出去，并把它介绍给世人，恐怕这里至今还不为人们所知。

因为在此之前，这儿的人没有一个走出过大漠。据说不是他们不愿离开这块贫瘠的土地，而是尝试过很多次都没有走出去。所以，人们就认为，这儿根本就走不出去，也就没有人再去尝试了。

英国皇家学院院士肯·莱文来到这里的时候，听到别人这么说，当然不相信，因为自己既然走得进来，就一定可以走出去。他用手语向这儿的人询问原因，结果每个人的回答都一样：从这儿无论向哪个方向走，最后肯定还是转回原来出发的那个地方。

为了证实这种说法，肯·莱文做了一次试验，从比塞尔村向北走，结果3天就走了出去。但是，比塞尔人为什么就祖祖辈辈走不出来呢？肯·莱文非常纳闷，最后他雇了一个比塞尔人，让他带路，看看到底是为什么。他们带了足够半个月吃喝的水和干粮，牵了两峰骆驼，就上路了。肯·莱文这回没有带指南针等现代设备，只是拄了一根木棍跟在那个比塞尔人的后面。

10天过去了，他们走了大约800英里的路程。在第11天的早晨，他们果然又回到了比塞尔。这一次肯·莱文才终于明白：比塞尔人之所以走不出大漠，是因为他们根本就不认识北极星！

在一望无际的沙漠里，一个人如果只凭着感觉往前走，只能走出许多大小不一的圆圈，最后的足迹十有八九是一个跑道的形状。由于比塞尔位于浩瀚的沙漠中间，方圆上千公里没有一点参照物，如果不认识北极星又没有指南针，想走出沙漠，确实是不可能的。

肯·莱文在离开比塞尔时，带走了一位叫阿古特尔的青年，就是上次他雇用的那个比塞尔人。他告诉这个青年，只要你白天休息，夜晚朝着北面那颗最亮的星星走，就能走出沙漠。阿古特尔照着去做，3天之后果然来到了大漠的边缘。阿古特尔因此成为比塞尔的开拓者，他的铜像被竖在小城的中央，铜像的底座上刻着一行字：“新生活是从选定方向开始的。”

——选自《剑桥家训》，作者：〔英〕卡洛琳·李

从上述的例子中我们可以看到确立目标的重要性。在现实中具有明确人生目标的人不多，就像敢于探索的非洲青年阿古特尔一样，有时属于少数。但是，在人生的旅途中，我们每一个人都是航行中的船舶。如果有目标，虽然航行的轨迹是曲折的，但最终会达到理想的彼岸。如果一个人没有目标，就像惊涛骇浪中的孤舟一样，四处漂泊，终生担心被各种风浪打

碎。当然，在职业生涯中及时确立方向，选准人生目标，就像攀登珠穆朗玛峰一样，不是冥思苦想出来的，需要大量的艰苦的实践和探索。苦尽甘来，这更体现出人生目标的珍贵。

大家都知道达·芬奇的惊世之作《蒙娜丽莎》，却不知道绘画只是达·芬奇生命中极小的一部分。他有极为广泛的兴趣和无数的梦想，他想成为设计师、军事家、建筑师、数学家、哲学家、音乐家、工程师。他不断地从一个领域跳向另一个领域，目标很多，但又没有耐心去完成它们。而且，由于目标太多，流传于世的多是粗粗画成的大量草图，就连《蒙娜丽莎》这幅震惊世界的画作，也是在当事者的严格督促下完成的，否则，连这幅传世之作都不可能留下。一个伟大的艺术家，留给自己和世界的是深深的遗憾。可见，目标不是随意制定的，确立目标意义重大。那么，制定目标的要求是什么呢？

（一）设立目标的SMART原则

我们讲解一下目标设立的SMART原则，以及如何运用这些原则来设立职业发展目标。

（1）S（具体的）：制定的目标必须明确。比如，不要设置“我要提高英语水平”为目标，应该说“我要在大四上学期达到英语六级水平”，或“我要每天听一小时的英语听力”。

（2）M（可衡量的）：这样就有了一个衡量达到与否的标准。比如增加工厂实践经验，利用每星期到工厂工作两个小时，访谈两名相关工作人员。

（3）A（可以达到但有挑战性）：就你的能力来讲，实现这个目标是可行的，但是又有一定的难度。通俗地讲，目标确定在跳一跳能够得着的位置为宜。比如，一个没有任何足球基础的大三男生，计划一年后参加世界杯足球决赛，基本上是难以实现的目标。如果有一个大四的学生制定十年后的目标是获得教师资格证书，无疑缺乏挑战性，在执行时会失去奋斗的激情。

（4）R（有意义的、有价值的，同时有奖惩的措施）：实现这个目标，会给你带来成就感，带来价值体验，如果实现不了就要接受相应的惩罚。比如，要求在五月中旬交论文，到时没有完成，需要在一周内加班，大量减少休息时间，以示惩罚。

（5）T（有时间限定的）：确认投入多少时间和分阶段、定时限完成，以近期、中期、远期设立目标，具体到以一周、一个月或一个季度、一个学期为单位设立目标，有计划、分步骤地完成工作任务，不至于所有的工作积聚到最后的关头，依靠突击完成。强调时间观念，在计划规定的时限内完成，这是大学生应该重点注意的问题。

提高实现目标的执行力也是我们应该做到的，俗话说，计划没有变化快。国外有本书，书名为《活在当下》，用意是立即行动起来，从现在开始实施，自己是自己人生的主宰。

（二）目标的分解与行动措施的制定

职业目标分为长期目标、中期目标和短期目标。当我们把各个时期目标划分为具体目标时，就逐步有了具体的行动计划和落实的步骤。希望下面的案例会对我们有所启发。

扩展阅读

42公里195米，你敢挑战吗？

1984年，在东京马拉松国际邀请赛以及两年后意大利国际马拉松邀请赛上，名不见经传的日本选手山田本一出人意料地获得了世界冠军，引起众多的猜测。马拉松是一项极为考验耐力和体力的运动，山田本一取胜的秘诀到底是什么？

十年后，这个谜底被揭开了，山田本一在他的自传中叙述：“每次比赛之前，我都要乘车把比赛线路仔细观察一遍，并把沿途比较醒目的标志画下来，比如第一个标志是银行，第二个标志是一棵大树，第三个标志是一座红房子，这样一直画到比赛的终点。比赛开始后，我就用百米冲刺的速度向第一个目标冲去，等到达第一个目标，我又用同样的速度向第二个目标冲去。四十几公里的赛程，就被我分解成这么几个小目标轻松地跑完了。但是在刚开始跑马拉松的时候，我并不明白这个道理，我把目标定在四十几公里远的终点线上的那面旗帜上，结果跑到几十公里的时候就疲惫不堪。我被前面那段遥远的路程给吓倒了。”

根据上面这个真实的事例，可以得到许多的启示。

设立目标的时候，你也必须考虑什么时候实现这些目标。如果不对目标设立实行期限，那么你的计划就没有价值。你所设立的目标应该是：短期的（1 年内要完成）；中期的（1～5 年内要完成）；长期的（5～10 年内要完成）。举例来说，如果一名大三的学生设想五年后成为一名大律师事务所的专业律师。那么，将这个目标倒推，四年后一定要给一家大律师事务所签约，两年后获得律师的初级职位，一年后争取拿到实习资格。这样，半年后就应该寻求实习机会。因此，这个学期就要开始联系实习，写出简历，寻找相关的机会，搜集相关的信息。

制订行动计划，要有具体的行动计划来实现子目标。行动计划是非常具体的，包括把目标变成行动的具体时间。对短期目标来说，你的行动应该可以马上开始。

例子：

最终目标：在大学毕业前英语要达到优秀的水平

子目标：通过六级考试取得 568 或者更高的分数

行动 1：在英语课的课间时候，我会主动向外教请教问题

行动 2：下星期邀请外教和我的朋友吃饭

行动 3：承诺和同学每星期至少两次互相用英语对话

行动 4：至少每个星期一次和外国人交流

表 5-3 个人行动计划样表

	短期	中期	长期
大目标	1.	1.	1.
子目标	1. 2. 3.	1. 2. 3.	1. 2. 3.
行动计划	1. a. 1. b. 1. c 2. a. 2. b. 2. c. 3. a. 3. b. 3. c.	1. a. 1. b. 1. c 2. a. 2. b. 2. c. 3. a. 3. b. 3. c.	1. a. 1. b. 1. c 2. a. 2. b. 2. c. 3. a. 3. b. 3. c.

（案例及图表参考青・詹逊博士《成功职业生涯的自我营销》）

练习 5-6 根据自己的中、长期目标制订行动计划

实践与应用

案例 1

李静是金融专业大三的学生，通过职业生涯指导课的学习，她运用所学的理论和方法，分析了自身和外部的环境，制定了相应的目标和计划，以及实施的方案。

表 5-4 李静的 SWOT 分析

内部环境因素	优势因素(S)	弱势因素(W)
	● 目标明确 ● 逻辑分析能力强 ● 创新意识强 ● 有恒心、有毅力 ● 勤于思考、善于学习 ● 综合素质较强	● 缺乏自信 ● 动手能力弱 ● 不够耐心 ● 急躁，追求完美
外部环境因素	机会因素(O)	威胁因素(T)
	● 本行业发展迅猛，人才需求量大。 ● 所学专业对口，与市场需求吻合。 ● 中国入世，人才缺口大。	● 近年来众多高校开设国际商务与物流专业，使得该类人才培养规模不断扩大，该行业竞争将更加激烈。 ● 专业素质要求高，如果没有扎实的专业知识作为保证，对就业将会产生很大压力。 ● 同地区竞争激烈。

李静职业目标分解与组合

职业目标：著名外资企业高级管理人员。

1. 2009—2013 年

成果目标：完成本科学业，取得硕士研究生入学资格。通过 BEC 高级、英语六级、会计从业资格证及计算机二级考试。

2. 2013—2016 年

成果目标：通过实践学习，总结出适合当代中国国情的企业管理理论。

学历目标：硕士研究生毕业，取得硕士学位。取得律师从业资格。通过 GRE 和英语高级口译考试。

职务目标：外企企业商务助理。

能力目标：具备在经济领域从事具体工作的理论基础，通过实习具有一定的实践经验；接触了解涉外商务活动；英语应用能力具备权威资格认证；有一定的科研能力，发表 5 篇以上论文。

经济目标：在校期间兼职，年收入 1 万元；商务助理年薪 5 万。

3. 2016—2018 年

学历目标：通过注册会计师考试。

职务目标：外资企业部门经理。

能力目标：熟练处理本职务工作，工作业绩在同级同事中居于突出地位；熟悉外资企业运作机制及企业文化，能与公司上层进行无障碍的沟通。

经济目标：年薪10万。

4. 2018—2020年

学历目标：攻读并取得博士学位。

职务目标：著名外资企业高级管理人员、大学外聘讲师。

能力目标：科研能力突出，形成自己的管理理念，有很高的演讲水平，具备组织、领导一个团队的能力；与公司的决策层有直接流畅的沟通；具备应付突发事件的心理素质和能力；有广泛的社交范围，在业界有一定知名度。

经济目标：年薪25万。

差距：(1) 跨国企业先进的管理理念和丰富的管理经验；

(2) 作为高级职业经理人所必备的技能、创新能力；

(3) 快速适应能力欠缺；

(4) 身体适应能力有差距；

(5) 社交圈太窄。

教育培训方法

(1) 充分利用硕士研究生毕业前在校学习的时间，为自己补充所需的知识和技能。包括参与社会团体活动、广泛阅读相关书籍、选修与旁听相关课程、报考技能资格证书等。时间：2013年7月以前。

(2) 充分利用公司给员工的培训机会，争取更多的培训机会。时间：长期。

(3) 攻读管理学博士学位。

沟通能力提高方法

(1) 在校期间多和老师、同学讨论、交流。

(2) 在工作中积极与直接上司沟通、加深了解；利用校友众多的优势，参加校友联谊活动，经常和他们接触、交流。

实践锻炼方法

(1) 锻炼自己的环境适应能力，在嘈杂的环境里也能思考问题、正常工作。在大而嘈杂的办公室里有意识地进行自我训练。

(2) 养成良好的锻炼、饮食、生活习惯。每天保证睡眠6～8小时，每周锻炼三次以上。

(3) 充分利用自身的工作条件扩大社交圈，重视同学交际圈，重视和每个人的交往。

案例2

秦亮是经济学专业大三的学生，23岁，现在离毕业还有一年多的时间。他对本专业比较爱好，但是由于高等数学的基础不好，学习一直较吃力，成绩始终在中等以后。在大一担任过班长，由于学习不突出，没有入党。他父亲的意见倾向于考研。秦亮一度感到矛盾，对于经济学专业，比较爱好，表示今后不愿放弃从事与专业有关的工作机会；对于考经济类的研究生，由于他的学习基础不扎实，有可能考不上。所以，他在考研究生、就业，以及考什么专业问题上犹豫不决。另外，如果选择跨专业考研比如考法硕，还担心他自己的学业受到影响。他认为自己已经很尽力了，专业课就是没有较大起色。带着这些问题，秦亮利用所学的决策模型进行相关的分析。

生涯幻游

闭上眼睛开始生涯幻游，他首先想到10年后的一个早上，睡醒后起来做早饭，食品式样简单一些。房间明亮、整洁、宽敞。和家人共餐后，自己开车上班，车子外型漂亮、时尚，价格在中档以上。去公司后，随和地与大家相互招呼，到办公室后，听取汇报。办公室布置简洁明快，室内多放置书籍，房间宽敞亮堂。处理工作时，主要是听取别人请示，在文件上签字。处理完工作后可以看看书，上网浏览新闻。中午在单位与同事一起吃饭，就餐地点是企业内部公用餐厅。用餐时和自己的上级和下级自由、轻松地交流。中午午休一下。晚上有时参加联谊活动，多是和同事交流。无应酬时晚上回家聊天、看电视。平时有休闲的时间，可以从事自己爱好的事情。符合这些要求的是什么工作？10年创业成功后，在较大的企业从事中层以上领导工作。10年时间从职员一步步努力，做到一定职位后，具体工作减少，已经度过最繁忙的创业阶段。

决策平衡单

秦亮在兴趣和性格探索中都出现过的职业包括律师、公务员、商业企业经理、经纪人、法律事务人员等。秦亮通过生涯访谈、上网测评等方式，收集相应的信息，根据这些信息，列出评估标准，使用“决策平衡单”对其中的四项选择进行了分析。

表5-5　秦亮生涯决策平衡单

选择项目 / 加权分数 / 考虑因素		重要性的权数(－5～5)	律师		公务员		商业企业		考法硕	
			打分	加权得分	打分	加权得分	打分	加权得分	打分	加权得分
个人物质方面的得失	收入	5	2	10	2	10	4	20	2	10
	工作的难易程度	2	－1	－2	0	0	2	4	2	4
	升迁的机会	3	1	3	3	9	3	9	2	6
	工作环境的安全	4	－1	－4	3	12	2	8	2	8
	休闲时间	2	1	2	3	6	1	2	1	2
	生活变化	3	2	6	3	9	4	12	3	9
	对健康的影响	4	1	4	1	4	1	4	1	4
	未来发展	3	2	6	1	3	3	9	2	6
	其他									
他人物质方面的得失	家庭收入	5	2	10	2	10	3	15	2	10
	家庭地位	4	2	8	4	16	3	12	3	12
	与家人相处的时间	2	1	2	3	6	-1	-2	1	2
	其他									
个人精神方面的得失	生活方式的改变	3	2	6	3	9	4	12	4	12
	成就感	4	1	4	3	12	3	12	5	20
	影响和帮助他人	5	2	10	3	15	3	15	4	20
	兴趣的满足	3	2	6	3	9	4	12	3	9
	挑战性	2	－1	－2	1	2	2	4	2	4
	自由感	4	2	8	1	4	2	8	2	8
	其他									

续表

选择项目		重要性的权数（－5～5）	律师		公务员		商业企业		考法硕	
考虑因素＼加权分数			打分	加权得分	打分	加权得分	打分	加权得分	打分	加权得分
他人精神方面的得失	父母	3	2	6	3	9	2	6	4	12
	师长	2	2	4	2	4	2	4	3	6
	男（女）朋友	3	2	6	2	6	2	6	3	9
	其他									
加权后合计				93		155		172		173

结果出来后，秦亮就参加法硕考试和从事企业工作分数相近的问题进行了解释：考法硕的目的是到企业去工作，所以考法硕我已经决定了，这两个选择其实是一个。考法硕对他来说是一个挑战。现在的本科文凭已经很难适应社会发展的需要了，如果想更好地发展，实现自我，就需要不断地充实自己，努力提高自身的知识文化修养，读研究生是个不错的选择。他专门列出考法硕的原因，里面也含有对法硕的一些想法：

（1）法硕不考数学。数学对我而言，实在有点困难，综合比较了一下不含数学的考研科目，我还是选择了法硕。法硕的就业范围比较广泛，可以当老师、律师，可以从事公检法，可以去企业，等等，就业前景自己认为可以。其实我的本意还是喜欢自己学的本专业，想从事外贸事务。所以，假如考研成功，研究生之后还是有很大的可能会选择外贸。

（2）法硕的考研难度。对于其他跨专业考研来说，我觉得法硕的难度应该小得多。毕竟大家都是跨专业，都在一个起跑线上，不会因为没有基础而比别人先天落后，我觉得这是一种比较公平的竞争。而且，我高中是文科生，对于背诵一类的东西还比较擅长，也算是一个小的优势吧。

（3）家人的期望。我爸希望我能考中国政法大学，当个律师，很有出息。说到学校，以前想的是武汉大学，可是最近家里有点事，最终放弃武汉，想往北方考。中国政法大学的难度实在是太大，也不能太盲目，需要确定一个比较合理的学校。当然，如果最后觉得复习得非常到位了，可以尝试中国政法大学。

（4）再说一下就业前景吧。任何一个行业都有做得出色的，也就是三百六十行，行行出状元。只要有心，肯钻研，肯吃苦，就一定能把一件事情做好。即使就业面再广，如果学无所成，照样不能有所成就。法硕的含金量还行，就业前景也算比较广。

（5）个人兴趣。对于法律，算第二兴趣吧，最感兴趣的还是从事商业企业工作。

SWOT 法

秦亮利用搜集来的信息对准备考取法硕做了以下分析。

（1）优势：比较强的记忆力，学文的，对文字性的东西适应，对法律比较感兴趣，能尽最大努力。符合自己的价值观，比较有兴趣，比较喜欢理性思维，和个人性格合拍。法硕考取后，参加国家司法考试，增加就业砝码。实现平稳就业，找一家公司和法硕学习能有机结合，与自己的经济专业总体不矛盾。

（2）劣势：从事法律工作难度大。自己法律零基础，对考试内容陌生，学经济转到法硕，跨专业学习较难。大学里学的知识不能用于法硕。毕业后与工作可能联系不紧密，有损失掉的成分。考虑法硕的方向能把经济和商法联系起来。公司有法律业务，也有这个需求。法硕准备考211的学校，我们学校是二本，复试要受一定影响。但是也可以用提高成绩来克服。

(3) 威胁：法律硕士属于大众专业，毕业人数多。所以要考比较好的学校，争取名校优势。最大威胁是就业压力。法硕考试难，经济学硕士也难考，竞争压力也不会比法律低。衡量标准，还是考法硕。争取好的发展前景，在社会上有地位、有尊严，经过奋斗，生活、事业能达到和谐、幸福。先把最基本的做好，逐渐达到一定层次。

(4) 机会：考法硕可以不考数学，回避弱点。法硕提供新的发展方向。喜欢原来的专业，结合法硕有更多的发展机会。今后有进入中产阶层的机会。选择范围增大，律师事务所收入不低。也可以进公检法类，可以考公务员，前景挺诱人。备选方案多管齐下，找工作和准备法硕考试。计划方面，比较喜欢列计划。习惯关注当下，没有看到深远意义。父母支持自己的意见，接受挑战。向往城市的生活，应该说，这是考学或就业的强大动力和精神支撑。决心先从小职员干起，逐步发展起来。积累一定的经济实力、工作经验、社会关系后，再图发展。

讨论与思考

1. 当我们遇到升学、工作等人生重大选择的时候，想一想自己的三个重大决定是如何选择的？有没有共同的特点？有没有自己独立决定的？自己的决定风格是什么？

2. 对照Careersky的决策行动部分，思考自己可能有的非理性信念，怎样改变为积极的心理对话？

3. 通过本单元的学习，你对自己的决策风格有什么认识？

相关资源

1. http://www.beisen.careersky.org 中决策部分。

2. 〔美〕Reardon · Lenz · Sampson · Peterson 著，侯志瑾，伍新春等译：《职业生涯发展与规划》，高等教育出版社，2005年版。

第六单元

求职策略

简历是供人筛选给予你面试机会用的，所以不管写什么，一定要突出自己的优点。

——佚名

本单元要点

本单元通过讲解在求职过程中如何收集、筛选有关信息，培养自主求职的能力，简历、自荐信的正确写作方法以及面试技巧，帮助大家做好求职准备。

你有过这样的困惑吗？

临近毕业，贾哲身边的同学都在紧张地跑招聘会，去就业指导中心，看报纸，托“关系”……而她却只在宿舍上网，认为通过网络“海投”，就可以找到自己满意的工作。当身边的同学纷纷拿到offer时，她在网上投出的几百份简历都石沉大海，杳无音信。到底是哪些方面出了问题呢？

徐晶同学是会计专业大四的学生，她从十月份开始，通过校内专场宣讲会、网上获得的招聘信息，投递了十余份简历，却都没有得到任何面试机会。对此，徐晶很是着急，如果连面试的机会都没有，那还怎么能找到合适的工作呢？

理论与讲解

一、就业信息的获得

就业信息是求职择业的基础和必备条件。及时获取有效的就业信息，等于取得了就业的主动权，收集就业信息是求职者就业的第一项重要任务。要想及时、准确地收集到大量有效的就业信息，就必须对用人信息的发布程序有所了解，对各种信息渠道有所了解，明确收集就业信息的目的，掌握收集与处理信息的方法。

（一）获取就业信息的途径

实行双向选择、自主择业，就业自由度大了，机会也多了，但同时也必须付出更加艰苦的努力。随着专业门类的增多，用人单位对人才层次的需求也在不断提高，相应地，人才的竞争也开始变得日趋激烈。用人单位招聘到合适的毕业生，毕业生找一份比较满意的工作，都并非易事。因此，同学们应该更多地利用各种方式、不同渠道收集就业信息，使自己充分掌握足够的就业信息，在多种专业领域、多种层次、不同行业选择，既不错失良机，又游刃有余。

1. 人才交流服务中心

这是目前求职信息最系统、最全面的政府就业服务机构，它同时还为人才需求单位提供人才信息。人才交流服务中心通过信息员和调研员收集各种求职、就业信息，这些信息一般都是分门别类，按照聘用单位、行业等标准存储在计算机或档案资料中，以备查询。你进入人才交流中心以后，可以直接向有关人员查询，还可以索取相关的材料，这些信息都是你求职当中所不可缺少的。

2. 人才市场

人才市场是为供需双方提供服务的人才交流场所。人才市场的形式一般是：各个用人单位“摆摊设点”，介绍本单位的基本情况、单位的组织结构和形式、环境氛围、现在需求的工种和职务的空缺情况、用人职位的要求及薪水等。求职者可以直接进入市场物色“目标”，并与招聘单位直接面谈。人才市场是一种寻找工作的好场所，许多难得的工作和职位都可能会在较短的时间内获得。

3. 毕业生就业供需见面会

这是为大学毕业生提供服务、供需双方直接见面商谈的一种主要形式。各省市毕业生就业主管部门及各高校每年都会为毕业生举办就业供需见面会。在供需见面会上，一般是求职者先仔细了解招聘单位的具体情况：现在需要什么人才、目前有什么职位，再和对方有关工作人员交谈，递上自己的简历和求职信等。在见面会上，招聘单位可能就已经对你感兴趣，马上拍板，或为今后的进一步接触打下良好基础。见面会上的交谈，是重要的步骤，无论应聘成功与否，对你都有重要意义，因为在交谈中可以获得额外信息。

4. 毕业生就业指导中心

目前每所高校都设有毕业生就业指导中心。用人单位到校的招聘活动、相关的用人信息都是与就业指导中心联系，组织发布的。就业指导中心拥有大量的有针对性的求职信息。通过毕业生就业指导中心，对有关招聘单位的信息、职位等基本情况都能够有所了解。有很多单位都会在学校举办专场招聘会，各高校会在就业信息网上发布招聘信息，告知该单位招聘的时间、地点，毕业生可根据自己的求职意向，有选择地参加招聘会。参加招聘会时要带好毕业生就业推荐表、成绩单、个人简历等相关材料，以备单位笔试、面试时用。各高校还发布不到校举办专场招聘会的用人单位信息，这些信息详细说明了用人单位招聘的专业、要求及联系方式，如毕业生对某个单位有意向，务必按照要求同用人单位取得联系。各高校就业指导中心还为毕业生提供就业指导、就业政策咨询、就业协议书的管理等。

5. 招聘广告

招聘广告是招聘单位利用各种媒体发布招聘信息的一种形式。看招聘广告，要细心注意其广告中的几个方面：一是要了解单位的性质，二是注意招聘的职务。在有些招聘广告里，职位及薪水有相当的迷惑性。比如，招聘职位是总经理助理，实际是单位办公室管理人员。有的招聘的是部门主管或经理，而实际上是在其他地区做开发业务。诸如此类的信息广告一般都没有详细的说明，这些都需要应聘者仔细了解。三是薪水待遇也要注意，如底薪。四是要通过各种方式了解招聘单位的资质。

6. 写求职信

给单位发求职信的方式已经逐渐为许多求职者所接受。你需要注意的是,首先,发出的求职信,不要指望每一封都有回音。其次,在求职信的写法上,要力求简洁明了,突出重点,展示优势。再次,发出求职信的时间要把握好,一般要避免在节假日后的前两天或每周的周一到达,因为刚上班各单位工作较多,毕业生应尽可能地避开这段时间。最后,求职信不要千篇一律,针对不同单位的特点,有所侧重地发求职信。

7. 利用政府就业主管部门的网络平台

随着互联网的飞速发展,网上求职已日益成为一种更加有效的择业方式。如山东省人力资源和社会保障厅的山东省高校毕业生就业信息网(www.sdbys.cn)、山东省教育厅的高校毕业生就业信息网(www.sdgxjy.com)。用人单位注册为会员后,即可在网站上发布招聘信息。非师范类毕业生在 www.sdbys.cn 注册,师范类毕业生在 www.sdgxjy.com 注册,然后登录其网站,可以发布自己的招聘和求职信息,进行信息检索和网上双选业务。毕业生可以通过其中的招聘单位获取大量的就业信息。以上网站发布的就业单位的招聘信息,都是经当地的人力资源和社会保障局、教育局审核后才予以发布的,信息量大且安全。利用政府部门提供的网络平台,是毕业生获取就业信息的又一重要途径。

(二)就业信息的筛选与应用

对于每个大学生来说,无论有多少就业机会、多少种选择,一次都只能选择一个职业岗位,信息过多也会让人无所适从。所以,同学们对于收集到的就业信息,应该结合自己的实际情况加以筛选处理,去粗取精,去伪存真,有目的、有针对性地进行梳理和分析,保留准确、有效、适合自己求职意向的可靠信息,更好地为自己的求职服务。

1. 信息筛选的原则

搜集就业信息应力求做到"早"、"广"、"实"、"准"。

(1)"早"。及时、尽早地搜集信息,提早做好准备,切忌临阵磨枪。

(2)"广"。同学们对于信息的搜集不应存在局限,而应广泛搜集不同方面、各种层次的就业信息。求职者如果只根据自己预先设定的目标搜集相关地区、行业和单位的就业信息,而放弃或忽视了大量的"备用"信息,则可能在求职不利时就会不知所措。

(3)"实"。信息的搜集要尽量详尽,尽可能详细、具体地了解用人单位的地点、环境、人员构成、生活待遇、发展前景、对新进人员的基本要求、联系电话等各方面信息。

(4)"准"。对于所获得的信息应力保准确无误。一方面,对用人单位需要的是什么层次、什么专业的人才,在性别、相貌、外语水平等方面有什么特殊要求,等等,要有明确的认识;另一方面,针对用人信息时效性强的特点,及时获取信息,招聘单位是否已经物色到了合适人选,要搞清楚,不能似是而非,要确保掌握的信息不过期。

2. 信息筛选的步骤

就业信息的筛选过程实际上是一个求职决策过程,是择业的关键。信息的不同来源和多元化的获取方式,会导致内容的庞杂,有时还互相矛盾,也难免虚假不实。因此,同学们应在广泛搜集就业信息的基础上,结合自己的实际情况,有目的、有针对性地对获取的原始信息进行归纳、整理、分析和选择。一般来说,信息筛选有以下几个步骤:

(1) 鉴别获取的信息。鉴别信息,首先,要确定信息的可靠程度,对于不可靠和心里不踏实的信息要通过各种信息渠道和知情人士去打听证实;其次,要鉴别信息的内容是否齐全,特别是发现没有自己所想知道的细节时,要抓紧时间进行一番实际考察,旁敲侧击地询问一些情况,或通过其他渠道了解,还可以在应聘时向主聘人提出。总之,要等信息基本准确之后再做决定。这步工作做好了,才能保证随后大量的工作按照正确的方向进行下去。相反,这步工作判断错误,则会让毕业生的求职过程一开始就处于被动应付,对自己的求职会产生一定的负面影响。

(2) 把握重点,理顺信息。在信息加工之前,给自己草拟一个职业选择思路,确定择业标准;再按照标准进行初选,即去粗取精、去伪存真;对剩下的信息要进行再一次的分析和处理,因为即使真实的信息,也不是每条都适合自己的实际情况;再确定自己的性格、兴趣、特长与何种岗位匹配,然后哪个单位有符合自己意向的岗位,根据自己职业生涯的规划,从中选出几个重点单位。对重点单位的内部信息要进行深入、细致的分析,分析它需要的人才特点,它对人才使用的方向以及它未来发展的前景等。在把握这些情况以后,再根据自己的实际情况和用人单位的要求,有针对性地设计自己的应聘材料,从而提高应聘的效果。

(3) 挖掘潜在信息。许多信息的价值往往不是浮在表面上的,必须经过深入挖掘才能发现。比如,根据有些单位的现状,可能还难以判断、预测单位和自己今后的发展;有些单位虽然目前可能条件差一些,但从长远看是有前途的,能够给人才较大的发展空间。这就要求我们既要站在高处,从长远的、大局的方向看职业和单位的趋势;又要留意信息的细枝末节,由表及里地挖掘信息的内涵价值。譬如从单位历年的招聘岗位和人数的变化了解它的经营方向变化;甚至从单位招聘的过程和方式,如笔试的内容、面试的问题、联系的方式等方面都可看出其是否与自己的预期相符。

(4) 反馈信息。信息时代瞬息万变,就业信息由于其传播速度快,共享程度高,同学们得到的信息仅仅代表着一种可能的机会,而且充满着竞争。机会稍纵即逝。因此,同学们获取信息后,一定要尽快分析、处理并向信息发布单位反馈信息。一旦获得了有价值的就业信息,就要及早准备,尽快出击,主动与用人单位联系,询问应聘的方式、时间、地点和具体要求,并送上自己的求职材料。有时还要根据筛选出来需求信息的要求,对照检查自己存在的差距,及时调整自己的知识结构,弥补不足。

3. 对用人单位信息的分析

认真、仔细地分析、研究用人单位的相关信息,不仅可以使我们对用人单位的文化背景、经营方式、行业特征和发展趋势有一个初步的了解,而且可以帮助我们发出有效的求职信息,使我们在面试的时候更有针对性地展示自己的知识和能力。为了打好这场“有准备之战”,我们应该了解以下各项关键信息。

(1) 公司的社会形象。公司在社会上的知名度、信誉度和美誉度,公司在当地或者在全国是否享有盛名,能否得到社会大众的尊重和认可,它的竞争同行和新闻媒体对其评价如何,是否有好的社会效益等。

(2) 公司的主要产品。可以通过公司的宣传册、广告、网站和其他传播途径了解到公司在过去、现在的状况以及未来的发展前景,看看这个行业是不是你所感兴趣的领域。通过对公司所提供的产品和服务的了解,可以对自己的技术和能力是否适合该公司的要求做出相应客观的评判。

(3) 公司的竞争力与发展前景。公司产品的市场占有率、规模和发展变化状况，其主要产品或服务是否适合社会需要，其成功的关键因素以及核心竞争力何在，公司产品主要针对的人群或产业，销售地区分布，它在行业间的竞争优势，公司的发展前景。

(4) 公司的发展策略与企业文化。公司可能会发展何种新的产品线、新的投资方向、新的产业等，该组织是处于开创期、成长期、巩固期还是停滞期，所在行业的发展态势，社会需求的变化状况，其发展战略规划以及经营理念，其企业文化能否适应社会环境和社会发展，它的管理水平和管理风格，等等。

二、简历

大学毕业生求职，首先就是要通过向用人单位呈送求职简历来介绍和推销自己。求职简历是用人单位了解毕业生有关情况的重要途径和方式。因此，求职简历写得是否“抓人”，对毕业生求职的成功与否起着十分关键的作用。

(一) 简历的类型

常用的简历一般分为两类：文字型简历和表格型简历。

1. 文字型简历

文字型简历就是用文字描述自己的经历，如个人基本情况、做过什么工作、有何成绩、获过什么奖励等。传统的写法是按时间的先后顺序列出自己的学习、工作经历；或者根据需要，有选择地列出自己的某些经历，以充分展示自己的技能和才干。文字式简历的好处是便于详细地、完整地介绍你的有关情况，这种简历适合于经历比较复杂，有很多问题需要说明的。

2. 表格型简历

表格型简历是以表格的形式分栏目介绍个人情况。这种简历比较简练，一目了然，是一般大学生喜欢采用的，也是用人单位比较喜欢的。特别是经计算机文字处理后的表格式简历，非常规范、美观。简历的格式不要太花哨，主要是为了突出个人的能力。当然，如果你应聘的是一些设计类的职位，花一些时间做一些个性化的简历，展示一下自己的设计水平，还是很有必要的。

(二) 简历的内容

简历通常包含以下五个方面的内容。

1. 个人信息

如姓名、性别、民族、出生年月、政治面貌、获得学位情况、家庭住址、学校、专业及自己的详细联系方式。

2. 学习和工作(实践)经历

学习情况是必不可少的，要突出那些与应聘职位相关的课程。大学期间的社会实践活动也被很多单位所看重，在外面的兼职也可以体现。如果参加过一些实训项目的开发，可以简要叙述一下自己在其中的角色及成果。

3. 有关自己能力的实证或经历

一是可列出你获得的其他资格证书，如英语四、六级证书，计算机等级证书，汽车驾驶证等。证书最好与应聘的工作直接相关，或者能证明自己的能力。二是如在学校、班级所担任的职务，在校期间获得的各种奖励和荣誉，自己的业余爱好、特长及适宜从事的工作。三是可列出在社会实践活动中，你独自创意设计或合作研究的作品，并应有详细的说明。四是可列出代表自己能力的有关资料，如所出版的书籍、发表的文章、社会实践的论文、实训项目的成果，以及荣获的各项成果、专利、荣誉证书、资格证书等。

4. 简述自己的目标职位

这是整个简历中最重要的一项。根据你能为雇主做什么来陈述你的目标，而不是雇主能为你做什么。明确表达你想从事的工作职位名称(如计算机程序设计师)，或领域(如网络、公共关系、体育教育等)。

5. 其他个人信息

这主要是指兴趣爱好、自我评价。

(三) 书写个人简历应注意的事项

1. 真实

简历最主要、最基本的要求就是真实。诚实地记录和描述，能够使阅读人首先对你产生信任感，而用人单位对求职应聘者最基本的要求就是诚实。个人简历不能弄虚作假、编造事实、抬高身价。要知道争取面试的机会并非最终目的，最终目的是要获得你喜欢的工作。如果一时造假而被对方识破，既会丢掉工作机会，又会失去人格。不要过分渲染，或天花乱坠地描述，这样会使别人对你产生反感。大多数毕业生也不可能有非常显赫的经历，过分的吹嘘是不会有人相信的。

2. 简练

招聘人员每天要面对大量的求职履历表，一般在粗略地进行第一次阅读和筛选时，每份履历表所用时间不超过一分钟。如果写得很长，阅读者缺乏耐心，难免漏看部分内容，这对求职者是很不利的。有些人觉得简历越长越好，容易引起注意，其实这恰恰淡化了阅读者对主要内容的印象，适得其反。一般一页纸即可，简历太长不但让人觉得你在浪费时间，还觉得你做事不干练。

3. 突出重点

重点突出才会给人留下深刻的印象。优势部分是整份简历的点睛之笔，也是最能表现个性的地方。在写这些部分时应当深思熟虑，写法要不落俗套，还应当有理有据，才能说服负责招聘的人。

4. 要有特色

用人单位在招聘期间，通常都会收到大量简历。如何让负责招聘的人注意到你的简历，对你的简历留下深刻印象，并决定给你一个面试的机会，这就需要我们在简历中突出自己的特色。“特色”不是写出来的。“天生我材必有用”，每个人都是独一无二的，只要善于发掘，一定会发现自身的很多优势。要结合应聘单位性质和应聘职位来突出特色，否则会适得其反。平时多了解一些不同行业的信息，看看这些单位更看重员工哪方面的品质。如销售人员要有好的口才和亲和力，研发人员需要有广博的知识面和钻研精神，财务人员必须要耐心细致。只有根据不同行业、不同职位来突出自己的优势，才会引起招聘人员的兴趣。

总之，由于每个人生活、工作经历的不同，个人简历的内容也会有很大的变化，各有取舍，目的就是要更多地表露自己的优势，少暴露自己的缺点，更大程度地吸引用人单位决策者的注意，获得一份满意的工作。

实践与应用

中文简历范例及修改点评

下面给出两则简历两次修改前后的对比、点评，旨在给大家提供一个简历写作上的思路引导及参考。每个人的经历和背景都是不同的，应结合自己的实际情况，按照前面提到的简历写作原则和方法来灵活修改自己的简历。好的简历不是将优秀的简历模板抄过来，而是借鉴优秀简历的写作方法和思路，只有掌握了正确的方法和思路，才能够找到不断改进的方向。

典型失败中文简历两次修改案例

我们以一个非常典型的失败简历作为简历修改点评案例，这份简历几乎涵盖了所有中文简历制作中的错误。这是一个师范类同学制作的简历，她是在参看了师兄师姐留下的简历模板后制作出的，事先没有仔细研究简历的制作方法。经过专家点评指导后，她对简历进行了两次修改，第二次修改后的简历基本达到了合格简历的水平。我们在这里将她两次修改的简历版本及专家对应的点评、修改意见都列出来，希望大家能通过这样的方式，掌握之前介绍的简历各要素制作要点及简历写作原则，能够学会自己动手修改自己的简历。

【修改前】

个人简历

姓　　名：李　晴　　性别：女

出生年月：1987 年 2 月　　民族：汉族

毕业学校：××××大学　　学历：本科

英语水平：CET-6　　身份证号：370305××××××××××××

主　　修：汉语言文学　　政治面貌：中共党员

联系电话：1306602××××　电子信箱：liqing@126.com

照片

求职意向：语文教师，新闻记者，报社编辑，行政管理，银行、保险、证券、基金管理公司、企业财务部门、金融监管机构以及新闻媒介

教育/经历：

2004 年 9 月—2007 年 6 月　山东省××中学

2007 年 9 月至今　××××大学　汉语言文学专业

计算机及语言能力：

计算机等级考试　一级合格　　普通话水平测试　二级甲等

大学英语六级，具备良好的听说和读写能力。英语口语、汉语能做到有序地成段表达

工作经历、社会实践：

××大学国际教育与交流学院留学生之家(2009 年 7～12 月)

担任职位：兼职对外汉语教师

工作情况：7～12 月担任了两位外国交流学生的汉语教学工作。一位同学汉语程度较好，我主要负责通过讲授中国传统文化训练他的汉语读音，扩充他的词汇量，增加他对中国

文化的理解。通过6个月的学习，他顺利通过了HSK9级考试。另一位同学属于初级水平，我主要给他讲授基本的中文对话，让他学习简单的语法。通过6个月的学习，他顺利通过了HSK3级考试，基本掌握了中文的日常交流用语。本人工作认真、态度谦和，获得了老师和学生的一致好评。

收　　获：通过这半年的教学经历，我学会了在授课时用简单易懂的术语解释复杂的中文意思。讲课时，语速尽量放慢，吐字要十分清晰。确保学生能够听清自己所说的每一个字和词。课前我认真备好每一堂课。在教授语言的过程中，我总是对学生尽心尽责，很有耐心。另外，我还摸索到一些实用的教学方法：对于一些难理解的字词，我总是通过各种手段进行解释，比方说简单的中文、英文、肢体语言等，还可以通过我先造句给出一种特定的语境，让学生在语境中体会字词的意思。

山东大众日报社(2010年暑假)

担任职位：实习记者

工作情况：1. 阅读新闻类专业书籍，学习基本新闻知识和技能。

2. 积极参加各类新闻采访和报道：

① 参加济南时报举办的“小桔灯”爱心助学活动；

② 对交通进行时实地新闻采访、记录；

③ 自主采访老年协会太极柔力球球队；

④ 跟随采访企业“道路交通安全”培训班；

⑤ 采访城市平民修鞋匠。

3. 自主稿件誊写

收　　获：1. 参与采访的新闻稿刊登于8月15日和8月22日的济南时报(具体参见附带报纸)。

2. 新闻记者的生活是很辛苦的，但是锻炼了自己的意志。

3. 要当一名优秀的新闻工作者首先要有扎实的基本功和敏锐的嗅觉。要有从社会中发现新闻的能力，而且要有透过现象看本质的能力，使新闻拥有新角度、高深度。我在本次实习中接触到不同的社会群体，有企业家、寒门学子、交通警察、普通市民、修鞋匠……锻炼了人际交往能力。

××××大学学生会(2008—2009年)

担任职位：组织部副部长

工作情况：在担任组织部副部长期间，协助部门做好日常工作之外还开展主题团日活动，丰富团员文化生活，加强对干部队伍的培训和监督。本学年，在团委老师的指导帮助下，我们制定了“青春之歌主题团日活动”，迄今为止，共举办了三期。加强对干部队伍的培训和监督。新一届学生会成立以后，吸收了大批的08级新生，这为我们的团学工作注入了新鲜的血液，但是众多新成员的加入，使我们面临着艰巨的引导任务，同时，众多主要团学干部也需要尽快适应角色。为此，我们举办了几期团学干部培训班，邀请从事团学工作多年的资深老师有针对性地为我们讲解团学工作的要点，并播放相关的视频资料，收到了良好的效果。为了真正起到组织的监督作用，我们为每位学生干部制定了干部测评表，主要从年度目标制定、年度自我测评、团委老师测评、学校测评等方面，帮助学生干部全面地了解自身特点，提高工作能力。

收　　获：通过活动，丰富广大团员的参与积极性，增强了本人的组织、协调、合作能力，同时也增强了部门成员之间的凝聚力。

荣誉及个人特长：

2007—2008 学年获××××大学“二等”奖学金

2008—2009 学年获××××大学“三等”奖学金

书法(2008 年××××大学举行的书法比赛中获得唯一的“一等奖”)

电子琴(专业六级)

自我评价：

在校期间学习认真，做事认真，办事计划性强；具有团队合作及创新精神，责任心和集体荣誉感极强；吃苦耐劳，思想积极，虚心好学，自信乐观，大方直爽；为人随和，待人真诚，懂得换位思考；对于环境有很好的适应力；对待学生能做到一视同仁。

【点评及修改意见】

1. 简历版式方面

(1) 简历篇幅为两页，而实际上其中的简历内容只需一页即可，应将简历内容压缩，版式调整成一页。记住，简历要“简”，一页式简历为最优简历篇幅。

(2) 个人信息不够简洁，显得极不专业。

2. 简历内容方面

这份简历最大的问题就在于内容的安排，无论是从描述方式，还是与求职意向的相关程度，都存在很多的问题。以下逐点分析：

(1) 个人信息部分。“个人简历”四个大字不需要再写，HR 看到这样的文档当然知道是简历了。这样的方式只会让 HR 觉得你在怀疑他的智商，因为这样的方式就仿佛在一个人的脑门上写上三个大字“我是人”一样。

身份证号不需要写，如果招聘信息中指明要提供的再写；毕业学校、专业在教育背景中提及即可，不需要在个人信息中再重复。

关于个人照片的问题，如果形象不错的话，建议可以贴照片，否则不需要贴照片。如果贴照片的话，建议使用标准的简历照。

(2) 求职意向部分。犯了填写求职意向的大忌：目标不明确，不是针对特定职位、特定公司或特定行业来写的求职意向。建议根据自己的职业发展意向及相关的职位来修改求职意向。从简历的实习经历内容及教育背景来看，这样背景的简历应聘教师、编辑、记者类的职位比较有优势，建议在求职意向中直接列出这类职位的名称。

(3) 教育背景。教育背景的写法没有按照时间倒序的方式，并且还将高中的教育经历罗列出来，没有必要。

(4) 实习经历及社会实践。简历中既然有在企业的实习经历，建议将学校的社会实践经历单独提出来作为实践经历大项来写。现有的实习经历和社会实践经历描述虽然使用了“PAR 法则”(即 P：Problem，A：Action，R：Result)来描述工作内容，但是没有遵循“关键词说话”、“行为词说话”原则，在描述收获方面没有遵循用“结果说话”的原则。

在描述工作内容方面，采用了大段、流水账式的描述，不能有效突出自己的工作职责、所做的工作及所取得的成绩，HR不可能有时间来仔细阅读，从中提取最相关的信息，应该采用逐项逐行描述的方式，便于HR以最快速度看到实习工作亮点。这个版本的简历每段工作经历之后的收获描述空洞而缺乏客观结果和成绩支撑。

社会实践中的学生会组织部副部长的经历，也犯了相同的毛病，应该参照实习经历的修改方式和注意事项进行修改。

(5) 荣誉及个人特长。建议将奖学金和书法比赛获奖的内容单独作为所获奖励模块来描述，并应该对奖学金的含金量进行简要描述，同时，应聘教师类、文职类职位可以加粗字体来突出书法比赛的奖励。电子琴的技能描述可以放到技能特长部分，与英语、计算机技能一起描述。

以下是该同学根据上述建议第一遍修改的简历，主要应聘教师类职位。

【第一遍修改后的简历】

李　　晴

联系电话：1306602×××× 电子信箱：liqing@126.com

联系地址：山东省济南市××路××大学×××校区×号楼××室

求职目标：××中学语文教师

教育背景：

2007年9月至今　××××大学　　汉语言文学专业　　本科

实习经历：

2009.7—2009.12　××大学国际教育与交流学院留学生之家　实习对外汉语教师

● 担任针对外国交流生的汉语教学工作。根据学生的不同汉语水平制订教学计划，对汉语水平程度较高者讲授中国传统文化知识，训练读音，扩充词汇，增进对汉文化理解；对汉语能力较低者，训练基本中文对话，学习词汇、发音、语法。

● 指导两位学生分别通过了HSK9级(原来HSK6级)和HSK3级(原先无汉语基础)的考试。

20010.7—2010.8　山东大众日报社　　实习记者

● 积极参加各类新闻采访和报道：① 济南时报举办的“小桔灯”爱心助学活动；② 对交通进行时实地新闻采访、记录；③ 自主采访老年协会太极柔力球球队；④ 跟随采访企业“道路交通安全”培训班；⑤ 采访城市平民修鞋匠。通过接触来自不同行业的20多个对象，锻炼人际交往能力。自主稿件誉写，采访的新闻稿刊登于2010年8月15日和8月22日的济南时报(具体参见附带报纸)。

实践活动：

2008.9—2009.6　××××大学学生会　　组织部副部长

协助部门做好日常工作，开展学校主题团日活动，组织主题团日活动评比。丰富同学们的大学团日活动，增进同学们的集体荣誉感和自豪感。增强本人组织、协调、合作能力。

开办团学干部培训班，加强对干部队伍的培训和监督，邀请团学工作资深老师开设讲座，制定干部考评表，帮助干部提高工作能力，取得良好效果。

2007.9—2011.6　××××大学汉语言文学××班　学习委员

协助班长协调班委工作，组织策划3次班级大型活动：济南春游、黄河烧烤、周村古街寻访。

获奖情况：

2007—2008学年　××××大学二等奖学金（获奖比例22%，专业第5名）

2008—2009学年　××××大学三等奖学金（获奖比例22%，专业第9名）

2009—2010学年　××××大学一等奖学金（获奖比例22%，专业第2名）

2008.12　××××大学书法大赛一等奖（1名，参赛选手共239人）

个人技能：

- CET-6 PASS（大学二年级），具备良好的听说读写能力
- 文笔优秀，在《齐鲁晚报》发表文章
- 普通话水平测试：二级甲等
- 计算机一级
- 毛笔、钢笔书法均专业六级（最高九级）
- 电子琴专业六级

【二次点评及修改意见】

第一遍修改后的简历相对修改前，无论是在版式还是内容上，都有了较大的改进，但是在一些细节处理上，还需要再改进，建议从以下方面对简历进行再修改：

1. 职位信息分析

首先，建议仔细研究语文教师类职位的招聘信息说明，提取重点和相关信息，研究简历关键词，并分析自身条件与职位要求的匹配度，以下是两则语文教师的招聘信息说明。

(1) 某高中语文教师招聘信息。

职位要求：全国重点大学的综合排名20%内的应届本科毕业生或研究生。曾担任学生干部，有较强组织管理协调能力或教育教学科研能力。文字功底深厚的优先聘用。

待遇：录用后，××生源（应届毕业生）或××户籍（往届毕业生）的教育硕士和全国重点大学毕业的研究生，××户籍的本科毕业生，可以参加××市教育局考核，经考核合格同意录用的，列入公办编制，享受公办教师应有的全部待遇（五险一金等）。

(2) 某教育局招聘初中语文教师信息如下。

工作职责：

① 为学生提供专业的高质量教学服务；

② 帮助学生提高学习兴趣，养成好的学习方法及习惯；

③ 为学生查缺补漏，帮助学生尽快提高成绩；

④ 不断提高教研水平，紧密结合学生教学进度。

招聘要求：

① 有责任心，这是最重要的，希望新老师能够满怀热情地投入到这份工作中来；

② 语言表达能力优秀，思维灵活，富有亲和力；

③ 师范专业本科毕业，非师范类毕业生优秀者也可；

④ 热爱教师工作，有一线教师工作经验者优先，特别优秀的大学应届毕业生也可；

⑤ 对所授课程有深入研究，在教学上有自己的特色；

⑥ 有教师资格证书和一定的教学经验，有很强的业务能力，熟悉本市中考和中学各年级教学；

⑦ 敬业爱岗，有很强的进取精神、团队精神，能在学科组中互促互进。

从上述两则语文教师招聘信息中，我们来综合分析语文教师的招聘要求及应聘者李晴的个人优势和不足，从而为简历的深入修改提供参考依据。如表 6-1 所示：

表 6-1　招聘要求及自身条件对照表

	招聘要求	李晴个人背景
教育背景	● 重点大学	√就读学校为 211 大学，符合要求，且所在学校的汉语言文学专业为教育部重点扶持的专业基地，具有优势
	● 综合排名 20%内	√排名前 20%以内，符合要求
	● 本科或研究生	√本科学历，符合最低要求
专业技能	● 教育科学科研能力	√虽然没有研究生具备的教育理论及科研水平，但是在留学生之家积累的对外汉语教授经历，可以弥补这方面的不足
	● 文字功底深厚	√在山东大众日报社的实习经历可以有力地证明符合要求
相关证书	● 教师资格证（非必须）	√已参加教师资格考试，作为应届生，毕业后即可拿到教师资格证书，符合要求 √普通话水平测试：二级甲等
综合素质	● 曾担任学生干部	√担任过校学生会组织部副部长、班级学习委员，符合要求
	● 组织管理协调能力	√担任学生会组织部副部长的工作经历可以很好证明自己的组织管理协调能力
	● 有责任心 ● 思维灵活 ● 有亲和力	√实习经历及社会实践经历中可以很好证明自己的责任心、思维灵活及亲和力

从上述招聘要求及个人背景对照表中，我们可以很清楚地看到该如何在简历中突出优势。建议大家在实际投递简历之前，针对职位要求来列出这样一个对比清单，分析自己的优劣势，从而在修改简历的时候能做到有的放矢。

2. 个人信息

个人信息部分可以再精简一些，“联系电话”、“邮箱”、“联系地址”等字样可以去掉，因为这些信息明眼人一看就知道是联系方式，不需要提示。

3. 教育背景

根据对照表所示的招聘信息中对教育背景的要求，建议突出主修专业优势及成绩。

同时，建议在教育背景中将在山东大众日报社、齐鲁晚报发表文章的成就事实精练概括，并可以在教育背景中强调所获的书法大赛一等奖，将其从底部的获奖情况中提到上面来，从而综合显示自己的文字功底。

4. 实习经历

留学生之家的实习能够证明其教学实践能力，应该重点介绍。

在教学方法的介绍上，建议将目前的长句再改为短句的形式，突出动词，并将实际教学中所采用的方法(例如肢体语言解释等)以简要的方式描述出来，从而凸显自己的教学科研、实践能力。

山东大众日报社的实习经历介绍应将参与报道的事件压缩概括，更应该突出自己在采访报道这些事件过程中所做的工作；可以通过引入与新闻报道工作相关的动词、关键词来充分表达自己的文字功底，并尽可能用数字表示自己的工作业绩。

5. 实践经历

实践经历应强调参与的组织机构、所扮演的角色，参与的时间不是最重要的。

在描述组织部副部长经历的时候，目前的描述缺乏实意动词的支撑，没有体现出自己所做的具体工作内容，同时也缺乏相应的业绩体现。

学习委员的经历描述也过于简单，而且给人的感觉是处于配角的角色，缺乏主观的能动描述。

6. 获奖情况

建议将书法大赛的奖励放在第一行加粗显示，突出与其他人的不同之处。

7. 个人技能

英语、计算机基本上是大学毕业生必备的能力，简历中建议分项表明，更加清晰、明确。同时，计算机能力用“计算机一级”来体现未必明智，作为文科生来说，不如转换为对 Office 办公应用软件的熟练掌握更有吸引力。

以下是该同学根据上述建议第二遍修改后的简历。

【第二遍修改后的简历】

李 晴

1306602×× liqing@126.com

山东省济南市××路××大学×××校区×号楼××室

求职目标：××中学语文教师

教育背景：

2007 年 9 月至今 ××××大学 汉语言文学专业 本科 班级排名：前 20%

- 曾在济南时报、齐鲁晚报上发表多篇文章(可附作品)；
- 获××××大学书法大赛一等奖(仅一人，参赛选手共 239 人)。

实习经历：

2009.7—2009.12 ××大学国际教育与交流学院留学生之家 对外汉语教师 济南

- 负责教授该中心 2 名交流生的汉语；
- 编制教学计划，针对不同汉语水平的学员，研究出中英互补、语境设定、肢体语言相结合的独特汉语教学方法；
- 指导的 2 名学生通过了 HSK9 级和 HSK3 级考试。

2010.7—2010.8 山东大众日报社 实习记者 济南

- 负责济南时报民生版面新闻的选题策划、采访、组稿、编辑及撰写；
- 通过电话、上门拜访等多种沟通方式，采访不同职业阶层的新闻人物；

- 采访过包括企业家、在读大学生、交通警察、普通市民、修鞋匠等20多个新闻人物,并汇编相关采访稿;
- 独立采编、发表的新闻稿共计6篇,累计达8000多字(可附作品)。

社会实践:

2008.9—2009.6　××××大学学生会　组织部副部长　济南

- 负责组织、执行学校的各类主题活动;
- 策划开展大学团日活动,丰富学生课余生活;
- 开办团学干部培训班,组织团学讲座,参与的学生人数超过600人;
- 制定学生会干部考评表,并负责学生会干部工作的绩效考评。

2007.9—2011.6　××××大学汉语言文学××班　学习委员　济南

- 成功策划、组织3次班级所有同学参与的大型户外活动。

获奖情况:

××××大学书法大赛一等奖(1名,参赛选手共239人)　2008.12

××××大学二等奖学金(获奖比例22%,专业第5名)　2007—2008学年

××××大学三等奖学金(获奖比例22%,专业第9名)　2008—2009学年

××××大学一等奖学金(获奖比例22%,专业第2名)　2009—2010学年

个人技能:

- 普通话水平测试:二级甲等
- 已参加教师资格考试,将于2011年6月获得教师资格证;
- 英语:CET-6,具备良好的听说读写能力,能用英语自由交流;
- 计算机:熟练运用Word、Excel等Office办公软件;
- 毛笔、钢笔书法均专业六级(最高九级);
- 电子琴专业六级。

很显然,第二次修改后的简历,相对于第一次修改过的简历,版式更加清晰,内容更加精练,针对性更强。

三、求职信

(一) 求职信的内容

多数用人单位都要求求职者先寄送求职材料,由他们通过求职材料对众多求职者有一个大致的了解后,再通知面试或面谈。因此,求职信写得好坏将直接关系到求职者是否能进入下一轮的角逐。求职信通常由以下几部分构成。

(1) 标题:标题是求职信的眉目,居中写明"求职信"。

(2) 称谓:写给用人单位的人事部门或直接写给单位负责人,注意称谓要做到礼貌、得体。对用人单位明确的可直接写明单位名称,如"尊敬的××公司人事部"、"尊敬的××公司王经理"。在用人单位不确定的情况下,称谓可写"尊敬的公司人事部领导"、"尊敬的总经理先生"等。

(3) 开头语:先写问候语"您好",表示礼貌、尊敬。再写求职人的自我简介或用人信息

的获得渠道。如“我叫×××，是××大学工商管理系××专业的应届毕业生”。又如“近从省人才市场获悉贵公司拟招聘××专业人才×名，这给我提供了施展自己智慧和才能的机遇”。开头语表述应简洁、明确，干脆利落，不宜过多、过长。

(4) 正文：求职信的核心部分。

首先，详细介绍自己的专业优势，即学习的主要专业课程、参加的专业实践活动及在各类专业竞赛中的获奖情况等，要充分展示自己在专业方面的突出成绩，使自己在众多应聘者中出类拔萃。

其次，介绍自己的工作能力及爱好特长，包括自己在校期间担任学生会、班级的主要干部职务，在各类活动中的组织能力、人际交往能力、口才表达能力，等等。个人的兴趣、爱好及特长也是竞争的优势。

再次，如果用人单位明确，可以谈谈对企业的认识、了解，表达迫切要求工作的愿望及录用后的打算。如“贵厂是闻名遐迩的中外合资企业，总经理知人善用，重视人才，我非常愿意并渴望到贵厂工作，并愿为贵厂的兴旺发达贡献自己的知识与才华”。这部分撰写时，要力求简明，注意扬长避短，突出自己的优势与长处。

(5) 结尾：再次表达求职的愿望，希望获得机遇，起到吸引和打动对方的作用。如“希望给予面试的机会”、“热切地盼望着贵公司给予答复”等。也可写礼貌用语“此致”“敬礼”。

(6) 署名、日期：署上求职者的姓名、日期。

(7) 附件：这也是求职信的重要组成部分，它是求职信以外的其他材料。如学历证书、成绩单、获奖证书、技能证书、论文等复印件。如材料多，可依次标上序号。这些材料是个人专业优势和能力特长的验证，对用人单位来说是反映个人才能、知识的重要证据。

实践与应用

求职信具体范例

收信人的姓名、头衔：

第一段：说明你为什么要写这封信，你所申请的职位或工作的具体名称，以及你如何获得该招聘信息。

第二段：说明你为什么对这个职位或组织感兴趣，以及你能为该组织做出的贡献。简述一下你的教育背景和相关经历如何使你有资格来申请该职位。突出强调你所取得的成就或比较特别的过人之处，但不要重复个人简历中的内容，而是作为对简历的一个引荐和提升。强调你的技能与你申请的职位之间的契合。这是求职信的核心内容。

第三段：激发收信者对阅读你的简历的兴趣，表达你希望有机会面试的愿望，重申你的联系方式。

第四段：再次表达求职愿望，用一句话鼓励对方做出回应。

此致

敬礼

求职人：×××

××××年××月××日

温馨提示：

(1) 篇幅一定要简短，内容要紧扣所应聘职位和你的核心优势；

(2) 言简意赅，切记面面俱到；

(3) 求职信要精雕细刻，忌有文字和语法错误；

(4) 求职信要谦虚谨慎，忌过分夸大自己；

(5) 使用与简历相同的纸张、字体及页边距。

四、面试

小李去某知名集团总部面试时，面试官问他对集团了解多少。他想了半分钟，然后说道，我接到面试通知还没来得及查看集团的资料，所以不太了解。面试官对他说："我们招人自然希望他能了解我们集团，你还是回去再多了解了解吧。"

小赵同学去一家知名广告公司面试，一进公司大门，由前台小姐引领，只见他晃晃悠悠走进办公室，见到办公室坐着两位考官直看自己，忙点头说了声"您好"。不等搭话，小赵一屁股就坐在了椅子上，两腿叉开，胳膊肘支在了办公桌上，等着主考官问话。两位主考官开始问问题，小赵略显紧张地回答着，两只脚在办公桌下不由自主地抖动着。也许是为了平和自己的心态，小赵不断变换着坐姿，一会儿翘起了二郎腿，一会儿又踮起脚尖，两条腿还不时地抖动着。面试只进行了 5 分钟就结束了，小赵站起身来斜着身体问何时能得到答案，考官只说了：回家等着吧！

(一) 面试前的准备工作

参加求职面试，除了随身要携带必要的证书、文凭、照片等常规的用品之外，还要事先做好以下四方面的准备工作。

(1) 背熟自己的求职履历。常常遇到有些求职太过频繁，而自己的求职履历则又是经过精心"包装"含有大量"水分"的，轮到面试时有时连自己都记不清究竟"工作经验"是怎样"排列组合"的，一上阵便迅速"露出马脚"，不战自败。当然，如今企业在选拔人才时也会着重考察履历的真实性，那些包装过头的履历的求职者最终会"吃苦头"的。

(2) 准备好同所申请的职位相吻合的"道具"。身上穿的、手上戴的均能反映出求职者对所申请的职位的理解程度。试想如果一家五星级酒店招一名公关经理，而这位公关经理的候选人下雨天穿着高统套鞋去面试恐怕同所申请的职位形象相去甚远，是绝不会被录用的。所以面试时的"道具"也应有所选择。

(3) 准备好同自己身份相吻合的语言。每个人都应对语言和遣词用字有所选择，面试不同于闲聊，每句话、每一个词甚至每个字都应有所挑选。不少不谙世面的求职者参加面试时张口闭口你们公司，听多了肯定会引起别人的反感。应该十分礼貌、客气地说"贵公司"，礼多人不怪嘛！

(4) 准备好同选择的职业和身份相吻合的行为规范。面试时的细小行为最能说明一个人的真实情况，所谓"于细微处见真情"。譬如一位前来应聘秘书的女士，主试官一定要想方设法令其将随身所携带的包打开，因为从中可以看出这位女孩子的条理性，一个自己包内物品都弄得杂乱无章、毫无头绪的人，很难在工作中有条理。

（二）面试的形式

（1）一对一的个别面试。常用于第一轮面试，主要目的是剔除一些素质相对较差者。

（2）多对一的主试团面试，由多个部门组成主试团，考核应聘中的人格素质、业务素质、行为风格等。

（3）多对多的小组面试。面试对象有多个，便于对应聘者进行比较权衡。

（4）小组讨论。由应聘者组成一个临时工作小组，讨论给定的问题并且做出决策。目的是考核应聘者的领导能力、组织能力、口头表达能力、说服力、洞察力、处理人际关系的技巧等。

（5）评估中心。专业化程度高的外企通常会用一两天的时间通过评估中心进行人才选拔。评估中心将进行一系列综合性的考核，包括对公众发表演讲、无论题的讨论、团队创建游戏、辩论等，目的是考核应聘者的适应能力及在一个全新的毫无准备的情景中处理问题的能力。

（三）面试的基本内容

（1）自我介绍：这是应聘者与面试官建立互动关系的第一步，一般用2～3分钟即可。面试官将会对应聘者的精神面貌、表达方式、对工作的渴望态度等进行初步的判断，形成至关重要的第一印象。

（2）背景陈述：重点考核应聘者是否具备与未来工作要求相符或者有超越的基本能力。

（3）交流讨论：这是面试过程中最关键的部分，面试官将试图把应聘者的资质和职业兴趣与单位可提供的工作职位进行有机的对应。在这一阶段，应聘者应该针对所讨论的话题进行富有建设性和吸引力的对话，还可以结合没有涉及或没有充分展开的问题与面试官进行交流。

（4）专业测试：对就任教师及技术型的职位，还需要进行试讲、表演或操作测试程序等专业测试。

（5）结束阶段：面试官会再次对单位做简要介绍，回答应聘者仍有困惑的问题，告知何时得到面试结果或介绍接下来的考核方式。

（四）面试的方法与技巧

（1）要尽可能多地了解对方。了解用人单位的一些情况，包括用人单位的性质、业务、历史现状、发展情况等，还有该单位目前存在哪些优势和问题，这也是面谈时的重要话题，它常常使招聘单位的主试者认为你是有诚意的。这可能会缩短彼此之间的心理距离，有助于面谈的成功。

（2）要预测到对方可能会提出哪些问题。俗语说："对症下药"、"有备无患"。只有这样，你才能做到心中有数，临阵不慌，并可做一些巧妙的回答。一般应试中可能会提出的问题如"你了解我们单位吗？""你对我们单位的规章制度和人事制度有什么看法？""你对我们这个行业的发展做过什么预测？"等等。还有的应试者经常会被问及"你的人际关系如何？""谈谈你的情况。""你有什么业余爱好？""你有哪些特长？""你的主要缺点是什么？"等等。对于诸如此类的问题，既要事先预测，又要设置诚实、巧妙的回答。一般来说，主试者往往以询问有关情况作为面试的切入点。因此，在面试前准备一个简短的自我介绍腹稿还是必要的。另外，面谈时除回答单位提出的问题之外，学生也可以提出一些问题请招聘者回答，以便进一步了解该单位的情况，从而做出是否应聘的选择。

(3) 注意外表装束打扮。一个人的装束打扮从某种程度上可以反映出其修养水平，影响着招聘者的第一印象。大学生应试时应服饰得体、仪表端庄，切忌追求时髦、浓妆艳抹、花枝招展，更不要衣着不整、蓬头垢面、不修边幅。另外，装束打扮还要注意与欲求的职业相称，与主试者的兴趣、爱好及个性特征相称。因此在面试前，最好了解一下主试者的大致情况。若对主试者的情况一无所知，你最好是穿得保守一点。

(4) 模拟训练。在做好上述准备后，应该进行一次模拟训练。训练的方式可借助于录音机进行，或以其他方式进行。经反复训练几次之后，你就会发现比第一次有如此之大的变化，这样会使你充满自信、精神饱满地去面对主试者。

(五) 面试礼仪

1. 面试时应注意的基本礼仪

(1) 较强的时间观念。提前到达面试地点，既表示了诚意，又可调整自己的心态。

(2) 出入场要有礼貌。应试者应先敲门，在得到允许后才可以进入面试现场。应向用人单位问好致意，并做自我介绍，此时可以顺手递一份自荐材料，然后在用人单位许可后方可入座。坐姿要端正，不要有小动作。离去时应说“再见”。

(3) 在交谈过程中要认真聆听，不要左顾右盼，不要随意走动，不要未经允许随便翻阅用人单位的资料，有手机的要关掉，不要因为自己的不注意而影响面试时间和效果。举止文雅大方，谈吐谦虚谨慎，态度积极热情。

(4) 面试时的装扮要大方得体。运动装、冰鞋、背囊之类的都绝不适宜。勿穿新衣，勿浓妆艳抹，不要标奇立异。整洁最重要，头发和指甲要干净，衣服要整齐，皮鞋要洁净。

(5) 握手应有技巧：注意姿势、伸手的顺序、握手的力度。

(6) 恰当运用肢体语言，一颦一笑，一举手一投足，这就是你的肢体语言。肢体语言有什么妙用？在面试者给人的印象中，用词内容占 7%，肢体语言占 55%，剩下的 38%来自语音、语调。因此，在面试中，不妨谨记以下这些小细节：与面试官对视时，切忌目光躲闪；仔细聆听，面带微笑；措辞严谨，回答简洁明了；精神风貌乐观、积极。这些丰富的肢体语言和恰当的语音语调，势必会使你的面试锦上添花、事半功倍！

(7) 讲诚信。很多求职者为了能得到工作机会，在面试中采取撒谎策略。面试时不要急功近利，其实成败在细节，有经验的面试官会很快区分出谎话与真话。因此，在这个诚信的时代，千万不要在面试时说谎，这样一定会浪费掉自己的机会。

2. 面试要注意的方面

(1) 要有谦虚、诚实的态度。谦虚、诚实永远是人的美德，也是用人的重要标准之一。应试者要以如下的态度去参加面试。首先，不要自以为是，不懂装懂，摆出凌驾于他人之上的架势。主试者中不乏专家、学者，即使遇到比较年轻的主试者也应该谦虚谨慎。因为年轻人除有一定的能力和思想外，更有年轻人的机智和广泛的兴趣，如予以轻视，就易招致失败。其次，不要谦虚过度。过度的谦虚是面试者的大忌。有的人把谦虚错误地理解为自我否定，所以在面试时，不好意思谈自己的特长、优点与经验，或者轻描淡写，或者否定自己，结果只能被淘汰。另外，回答问题时要尽可能地准确、细致并留有充分余地。特别是当谈论到自己时，一般不宜用“很”、“最”、“极”等表示极端的词来夸耀自己的成绩和长处，应用客观的语言来叙述，切忌自我夸奖和赞扬。当自己的观点与主试者发生分歧时，应先试着同意对方的看法，然后陈述自己的观点，采用婉转的态度进行反驳。这样既不伤害对方的自尊心，又容易获得对方的认可。回答问题时，还要注意不能为证实自己观点正确而随意攻击他人。

(2) 要机智应变。面试的机智既体现在头脑灵活，聪明冷静，善于把自己引入有利形势，又要善于把自己从尴尬境地引开。面试中常会遇到下述情况：有时主试者提出几个问题，应试者一时都答不出来，甚至答错了或者未听清问题，这些情况可能使你处于尴尬的境地。这时，对一时答不出的问题可请求主试者提下一个问题，待考虑成熟后再回答；对未听清的问题，可以请主试者重复一遍或解释，以使自己稍稍稳定一些再答。确实答不上来的要冷静地告诉对方自己不会，请面试官提新的问题。面试的机智还体现在扬己所长，也就是在面试时要敢于表现自己，善于宣传自己，向对方充分展现自己的才华和风采。这有利于对方了解你、赏识你，增大你的成功机会。面试结束时主动留下自己的名字、地址、电话等都是很有效的。事实证明，在众多应试者条件相差无几的情况下，谁能扬长避短，表现出与众不同的优点，谁就会获得成功。

扩展阅读

常见面试巧回答

1. 请你自我介绍一下你自己。

提示：一般人回答这个问题过于平常，只说姓名、年龄、爱好、工作经验，这些在简历上都有。其实，企业最希望知道的是求职者能否胜任工作，包括最强的技能、最深入研究的知识领域、个性中最积极的部分、做过的最成功的事、主要的成就等，这些都可以和学习无关，也可以和学习有关。但要突出积极的个性和做事的能力，说得合情合理企业才会相信。企业很重视一个人的礼貌，求职者要尊重考官，在回答每个问题之后都说一句“谢谢”，企业喜欢有礼貌的求职者。

2. 你觉得你个性上最大的优点是什么？

提示：沉着冷静、条理清楚、立场坚定、顽强向上、乐于助人和关心他人、适应能力和幽默感、乐观和友爱。我经过一到两年的培训及项目实战，加上实习工作，使我适合这份工作。

3. 说说你最大的缺点。

提示：这个问题企业问的概率很大，通常不希望听到直接回答的缺点是什么。如果求职者说自己小心眼、爱忌妒人、非常懒、脾气大、工作效率低，企业肯定不会录用你。绝对不要自作聪明地回答“我最大的缺点是过于追求完美”，有的人以为这样回答会显得自己比较出色，但事实上，他已经岌岌可危了。企业喜欢求职者从自己的优点说起，中间加一些小缺点，最后再把问题转回到优点上，突出优点的部分，企业喜欢聪明的求职者。

4. 你对加班有什么看法？

提示：实际上好多公司问这个问题，并不证明一定要加班，只是想测试你是否愿意为公司奉献。

回答样本：如果是工作需要我会义不容辞加班，我现在单身，没有任何家庭负担，可以全身心地投入工作。但同时，我也会提高工作效率，减少不必要的加班。

5. 你对薪资的要求？

提示：如果你对薪酬的要求太低，那显然贬低自己的能力；如果你对薪酬的要求太高，那又会显得你分量过重，公司受用不起。一些雇主通常都事先对招聘的职位定下开支预算，因而他们第一次提出的价钱往往是他们所能给予的最高价钱，他们问你只不过想证实一下这笔钱是否足以引起你对该工作的兴趣。

回答样本一：我对工资没有硬性要求，我相信贵公司在处理我的问题上会友善、合理。我注重的是找对工作机会，所以只要条件公平，我则不会计较太多。

回答样本二：我受过系统的软件编程的训练，不需要进行大量的培训，而且我本人也对编程特别感兴趣。因此，我希望公司能根据我的情况和市场标准的水平，给我合理的薪水。

回答样本三：如果你必须自己说出具体数目，请不要说一个宽泛的范围，那样你将只能得到最低限度的数字。最好给出一个具体的数字，这样表明你已经对当今的人才市场做了调查，知道像自己这样学历的雇员有什么样的价值。

6. 在五年的时间内，你的职业规划？

提示：这是每一个应聘者都不希望被问到的问题，但是几乎每个人都会被问到，比较多的答案是"管理者"。但是近几年来，许多公司都已经建立了专门的技术途径。这些工作职位往往被称作"顾问"、"参议技师"或"高级软件工程师"等。当然，说出其他一些你感兴趣的职位也是可以的，比如产品销售部经理，生产部经理等一些与你的专业有相关背景的工作。要知道，考官总是喜欢有进取心的应聘者，此时如果说"不知道"，或许就会使你丧失一个好机会。最普通的回答应该是"我准备在技术领域有所作为"或"我希望能按照公司的管理思路发展"。

7. 你朋友对你的评价？

提示：想从侧面了解一下你的性格及与人相处的问题。

回答样本一：我的朋友都说我是一个可以信赖的人。因为，我一旦答应别人的事情，就一定会做到。如果我做不到，我就不会轻易许诺。

回答样本二：我觉得我是一个比较随和的人，与不同的人都可以友好相处。在我与人相处时，我总是能站在别人的角度考虑问题。

8. 你还有什么问题要问吗？

提示：企业的这个问题看上去可有可无，其实很关键，企业不喜欢说"没问题"的人，因为其很注重员工的个性和创新能力。企业不喜欢求职者问个人福利之类的问题，如果有人这样问：贵公司对新入公司的员工有没有什么培训项目，我可以参加吗？或者说贵公司的晋升机制是什么样的？企业将很欢迎，因为体现出你对学习的热情和对公司的忠诚度以及你的上进心。

9. 如果通过这次面试我们单位录用了你,但工作一段时间却发现你根本不适合这个职位,你怎么办?

提示:一段时间发现工作不适合我,有两种情况:① 如果你确实热爱这个职业,那你就要不断学习,虚心向领导和同事学习业务知识和处事经验,了解这个职业的精神内涵和职业要求,力争减少差距;② 你觉得这个职业可有可无,那还是趁早换个职业,去发现适合你的、你热爱的职业,那样你的发展前途也会大点,对单位和个人都有好处。

10. 在完成某项工作时,你认为领导要求的方式不是最好的,自己还有更好的方法,你应该怎么做?

提示:① 原则上我会尊重和服从领导的工作安排,同时私底下找机会以请教的口吻,婉转地表达自己的想法,看看领导是否能改变想法。② 如果领导没有采纳我的建议,我也同样会按领导的要求认真地去完成这项工作。③ 还有一种情况,假如领导要求的方式违背原则,我会坚决提出反对意见,如领导仍固执己见,我会毫不犹豫地再向上级领导反映。

讨论与思考

1. 请针对自己的意向职位撰写一份简历。
2. 请根据自己的意向职位准备面试,谈一谈应该注意哪些方面。

相关资源

1. 钟谷兰,杨开著:《大学生职业生涯发展与规划》,华东师范大学出版社,2008 年版。
2. 蒋建荣著:《大学生职业发展与就业训练教程》,中国出版集团现代教育出版社,2009 年版。
3. 余勇著:《大学生职业生涯规划与就业创业指导》,南开大学出版社,2012 年版。
4. 杜俊峰著:《大学生就业与创业指导》,南开大学出版社,2012 年版。

第七单元

职业适应与生涯管理

在职业生涯发展道路上，重要的不是现在所处的位置，而是迈出下一步的方向。

——佚名

本单元要点

告别纯真的学生时代，踌躇满志的大学毕业生，带着对未来的美好憧憬，迈入职场，开始了人生中的第一份工作。面对全新的职场，如果职业体验与自己的职业生涯规划发生碰撞，如果工作现状不符合职业期待，是修正理想以适应现实，还是改变现状以顺应理想？本章将关注这些问题，帮助学生了解职场，培养职业素质，为将来的职业适应做好必要的心理准备；同时，介绍生涯管理的理念和基本方法，使学生理解并开展生涯管理，评估、修正自己的职业生涯规划。

你有过这样的困惑吗？

● 许正毕业于一所985高校的通信与信息系统专业，签约到一家民营企业技术部。他自己感觉很有优越感，毕竟拥有重点大学文凭，又是公司经理相中的，到一家小公司工作，显然是“低就”了。报到那天，许正穿了一件白衬衫，这件衬衫后来他穿了一个星期，当时最高温度摄氏36度，虽然办公室里有空调，但同事们都不愿意靠近他。中午休息时，大家一起聊天，人事经理嚷嚷着要减肥，大家通常会礼貌地说：“你又不胖。”许正却上下打量了她一遍说：“是胖点了，多重啊？”女经理毫不顾忌地狠狠白了他一眼：“关你什么事？”办公室有一辆车，供大家洽谈业务时用，上班没几天，许正就吩咐办公室：“下午我去拜访客户，要用车。”完全用对下属的口气下命令，毫无疑问，车子自然没有借到。半年了，许正在办公室的生存状态一直就这样别别扭扭的。近日，有同事经过他的办公桌，发现他正埋头看报纸上的招聘广告……

● Wendy在一家私企从事食品检测工作。进入单位已两个多月，很快就能过完试用期成为一名正式员工，然而她却形容自己的心情很复杂。Wendy读的专业比较冷门，毕业后大半年都没有找到适合的工作，现在的单位还是全靠家里托人帮忙才找到的。“开始上班后，一方面，我感觉终于松了一口气，不用再做无业游民了；可是另一方面，每天重复着简单机械的检测工作，觉得前途似乎很渺茫，看不到有什么未来。”Wendy说。她的大学同学很多都放弃了自己的专业，投身到全新的行业中，每次同学聚会都能听到有人在兴高采烈地谈论自己的工作和发展方向，这令她的内心更加忐忑不安——想跳槽，又怕新工作难找；继续待着，又总觉得不甘心。眼看试用期快要结束，她每天都在和自己做思想斗争。

理论与讲解

7月，胸怀抱负的大学毕业生们纷纷离开校园，开始奔赴工作岗位，独自闯荡职场江湖。作为一名职场人，必然要褪去学生的生涩和稚嫩，变得更加成熟与干练。从校园到职场，精英们是如何实现华丽转身的？新人们又该从何处着手应对呢？

一、适应职场

一个人从儿童到青少年再到青年，十几年的时间都在校园里度过，一朝离开象牙塔踏上工作岗位，其面对的巨大变化是不言而喻的。面对突如其来的变化，同学们既有新鲜感，又充满了茫然和焦虑。尽快适应职场生活，把握职场规律，为今后的职业生涯发展打下良好的基础，是初入职场大学生的当务之急。与校园生活相比，职场生活发生了很大的变化。比如：人际关系的变化，老板不同于老师，同事不同于同学；文化环境的变化，大学的生活是自由随意的，是充满个性的，职场的要求是严格的，规律的，职业化的；生活环境的变化，进入职场，必须变得更加独立，压力和责任都要自己去承担……

表 7-1 大学环境与工作环境①

大学文化	工作文化
● 弹性的时间安排 ● 你能够选课 ● 更有规律、更个别的反馈 ● 长假和自由的节假休息 ● 对问题有正确答案 ● 教学大纲提供清晰的任务 ● 分数上的个人竞争 ● 工作循环周期较短 ● 奖励以客观性标准和优点为基础	● 更固定的时间安排 ● 你不能缺工 ● 无规律和不经常的反馈 ● 没有暑假，节假休息很少 ● 很少有问题的正确答案 ● 任务模糊、不清晰 ● 按团队业绩进行评估 ● 持续数月或数年更长时间的工作循环 ● 奖励更多是以主观性标准和个人判断为基础
你的教授	你的老板
● 鼓励讨论 ● 规定完成任务的交付时间 ● 期待公平 ● 知识导向	● 通常对讨论不感兴趣 ● 分派紧急的工作，交付周期很短 ● 有时很独断，并不总是公平 ● 结果(利益)导向
大学的学习过程	工作的学习过程
● 抽象性、理论性的原则 ● 正规的、结构行动和象征性的学习 ● 个人化的学习	● 具体的问题解决和决策制定 ● 以工作中发生的临时性事件和具体真实的生活为基础 ● 社会性、分享性的学习

① 〔美〕里尔登著，侯志瑾等译. 职业生涯发展与规划[M]. 北京：高等教育出版社，2005：286.

（一）把握好入职培训

新人到单位报到以后，大多数公司会安排其接受新员工入职培训。这是全面了解入职单位的好机会，不仅有助于让新员工了解单位的各项规章制度，也能让他们更好地接受单位的价值观和行为准则，更快适应新的工作环境。如果你满不在乎，把这个过程简单地理解为形式主义，走个过场就够了，那就意味着你错过了很多重要的信息。

1. 单位的组织架构图

组织架构是一家单位内部所有部门及其隶属关系的表现。了解一个单位的组织架构，就可以了解到单位有哪些部门，这些部门的主要工作是什么，负责人是谁，以及这些部门的隶属关系等信息。当你被分配到某一部门时，也要了解该部门的组织架构，部门内部的具体岗位分配以及隶属关系，这样做可以让你对部门有一个整体上的清晰认识。这些信息有些在入职培训中会明确说明，有些则需要你认真请教他人或者细心观察才能得知。

2. 单位的制度规定

每个单位都会有自己的管理制度，包括日常管理、人事、行政等诸多方面。比如休假制度、请假制度、加班制度、调休制度、奖惩制度等。这些看似琐碎的内容将与你今后在单位的生活息息相关，即使没有办法全部记住，对那些与日常工作密切相关的规定一定要了解清楚，这是尽快适应工作岗位的前提条件；对与目前关系不是很大的相关要求规定，也要有个大致的了解，用得着的时候可以很快找到相关的文件。

3. 单位的企业文化

现在大部分单位都在努力打造自己的企业文化，是否熟知本单位的企业文化在很大程度上决定了你今后做事的主要方向和原则。南加州大学马歇尔商学院的管理学教授凯瑟琳·凯莉·瑞亚顿将一般单位的企业文化分为四种。

(1) 控制型文化。团队注重理性决策，注重运行方法与人员的成本效益分析，不讲情面，强调“无法胜任，就是你没用”。

(2) 合作型文化。团队注重推动人们共同做出决策，气氛轻松而不死板，喜欢大家一起行动，强调“只要一起工作，就必须牺牲小我，完成大我”。

(3) 能力型文化。团队讲求达成与超越的标准，工作严谨有急迫感，认为完成目标才是杰出的表现，强调“成王败寇”。

(4) 培植型文化。团队注重催化和培植员工成长，关切员工潜能发挥并鼓励其成功，强调“种瓜得瓜，种豆得豆”。

了解单位的企业文化才能让自己的优势与团队的诉求相匹配，才能赢得领导和同事的认可，更快融入新环境。比如在控制型团队里，对领导的尊重会提升员工的职场印象；在合作型团队里，员工个人风格应该展现在为团队做贡献上；在能力型团队里，重点在于如何赢得成功；而在培植型团队中，保持不断的成长将会获得更多机会。

4. 岗位职责

一般来说，每个人的岗位职责会有相关材料说明，上面会详细描述你在该岗位上的主要工作内容以及权责，你的工作汇报方式及汇报人等信息。如果没有相关说明，你要尽快向你的上级问明白以下几件事情：

(1) 日常工作的具体内容是什么?

(2) 工作该向谁汇报,怎样汇报,汇报的频次是多少?

(3) 工作上遇到问题可以向谁请教?

(4) 工作的对接部门或人是谁?

5. 部门的同事

入职培训期间,要尽快熟识部门内的同事,最好见面后能够叫出对方的尊称或名字。这样可以让对方对你有个不错的印象。同时还要了解每个同事是具体做什么工作的,方便今后的工作联系。

(二) 度过初入职场的迷茫浮躁期

进入职场之后,大学生在职业适应的过程中大致要经过五个阶段:新鲜兴奋期、孤独无助期、迷茫浮躁期、适应调整期、稳定成长期。前两个阶段主要是职场新人对于环境的了解、对于人际关系的适应和融入,如果拥有良好的沟通协调能力,会帮助新人尽快完成角色的转变。迷茫浮躁期是一个关键的环节,在这一阶段新职员的关注重心开始转移,逐渐从周围工作、生活和交往对象,过渡到自己的理想和人生价值,思索职业理想与职业现实之间的差距,并经常会陷入浮躁、迷茫、沮丧的状态。此时如果不能进行有效的自我疏导或者缺乏别人的引导,便很可能变得无助、消极,甚至会选择离职。如果这一阶段顺利度过,职场新人会进一步分析组织价值与自我价值观的融合,对自我做出更准确的定位,进而整合挖掘个人资源和优势,以积极的态度投入到工作中去。因此,如何度过初入职场的迷茫浮躁期显得十分关键。

对职场新人来说,职业浮躁期主要是因为职业定位不明确以及对自己的认识不够,导致职业期待与现实情况存在差距。新人从初入职场的兴奋,开始体验到"理想很丰满,现实很骨感"的落差。到底是理想太过美好呢,还是现实太悲催?如果不能正确认识和分析这个问题,草率地认为工作岗位不符合自己大学时期的职业规划,新人们很可能就轻易地转换岗位和行业;有的虽然没有离职,但如果对自己认识不够,新人们就会自视过高,总觉得自己大材小用。这样的结果是用人单位觉得这种类型的新人忠诚度不高,难以委以重任。在这种情况下,新人更会觉得自己难有出头之日,于是对工作的热情下降,工作中推诿、拖沓、效率低下,对任务的执行不够认真、细致,通过自己努力能做到90分的,往往以60分的及格水平应付。这样既浪费了光阴,又损害单位的利益。以这样的表现,这些新人即使过了试用期,也不会受到单位的重视、得到很好的发展。

1. 专家意见:主动调整心态很重要

中华英才网职场专家刘兴阳认为,初入职场,产生浮躁的现象在某种程度上是正常的。当他们发觉自己理想中的工作和现实存在很大的差距,就会萌发跳槽的冲动。当浮躁心态出现时,应该努力克服急于求成的心态,正视自己的优缺点,在工作上多花心思,多学习行业知识和了解行业发展趋势,培养对行业的兴趣。作为新人,调整自己的心态很重要。新员工可以主动地去和老员工沟通,谦逊的态度会让自己更受欢迎,为自己搭建良好的人际平台,也有利于今后工作的开展。几乎每个职场人都会经历"职业浮躁期",当它出现时,应尽快找出问题的关键,寻求解决方法。

一位主管招聘助理,多次面试后选中了一名本科毕业于名牌大学、成绩优异、聪明伶俐的女孩。这名新助理从工作流程到待人接物都学得很快,很多工作一点就透,跟同事们也相处得颇为融洽。两个月后，当主管开始让她尝试着去处理各部门以及各分公司之间的联系和沟通等业务时，却发现她居然经常出错，并且每次出错都是在细微的环节上。面对主管的批评，助理却说："为什么总是让我做这些琐碎的小事情呢?"半年后，这位助理提出辞职。问起辞职的原因，她直言道："大学的时候，很多老师都认为我日后会是职场中的佼佼者，可没想到工作以后，就只是做些琐碎的事情，隔三差五地贴发票，报销，然后到财务那里去走流程，再把现金领回来。"主管问她："贴了半年发票，你总结出了些什么?"她呆了一阵，答不上来。这位助理一定不知道，她的主管曾经做过和她同样的工作。同样是担任助理，同样经常帮领导报销票据，这位主管在简单而琐碎的工作中发现，那些看起来没有任何意义的票据，却记录了他的领导甚至整个公司和运营有关的费用情况，并涉及了公司各方面的运作。于是他建立了一个表格，将所有票据按照时间、数额、消费场所、联系人、电话等记录下来。通过数据统计，渐渐地他发现了领导在商务活动中的一些规律。比如，哪一类的商务活动通常在什么样的场合举行，费用预算大概是多少，等等。后来再接到工作任务时，即便有些信息根本没提供，他也能及时、准确地处理。基于这种良性积累，他与领导间形成一种信任和默契。当领导将他从助理提升为主管的时候，给出的理由是：他是我用过的最好用的助理。

2. 专家意见：不要裸辞

即使只是一块跳板，也要认真对待。无论你是否会长久在一家公司干下去，每一份工作都会在你的履历表和能力构成上打下摆脱不掉的印记。第一份工作再差，也是一头毛驴。走得再慢，也比你自己走省力。骑在毛驴身上观察身边的马匹——工作机会，发现合适的马匹，先联络，获得确认，直接从毛驴身上跳到马背上。千万不要一怒裸辞，站在地上朝马背上跳，难度就很大，弄不好只能换另一头毛驴。

看过《穿普拉达的女王》这部非常经典的职场电影吗? 影片讲述的是一位刚从大学毕业的女孩安迪，她来到纽约追寻自己的记者梦，机缘巧合进了顶级时装杂志《Runway》，给总编马琳达当助手。然而好景不长，很快她发现自己的工作简直是噩梦，因为这个女总编马琳达对待所有的人都是那么尖酸刻薄，紧张的气氛蔓延在整个杂志社。这个时尚的女魔头无论公事、私事都交给助手打理，把这个可怜的女孩折腾得苦不堪言……

被马琳达折腾得痛苦不堪的安迪却没有丝毫退缩，从一开始的得过且过，不为工作而改变自己，到后来主动换上了在圈子里的时尚衣服，完美地完成着她的工作，不到一年安迪就获得了马琳达赏识和重视。此时，安迪开始思考自己这段时间的职业体验，回想自己曾经的职业理想，为了找寻自己失落的幸福，她主动辞去了这份许多女孩梦寐以求的工作。由刚入职时认为"自己不会一直留在时尚界"，遇事得过且过，转变为力求将每件事做到最好。为此，当安迪跳槽时，虽然很不舍，但"女魔头"马琳达也给她写了极好的推荐语。

(三) 完成职业适应

1. 岗位要求适应

岗位适应即对职业岗位的性质特点、制度规范和技能要求的适应，对岗位的不适应主要是由于没有工作经验，不熟悉工作程序，不了解工作方法，不具备工作技能，对自己的工作没有明确的认识所造成的。在学校的时候，我们比较注重的是学习理论知识，然而到了职场上，更注重的是动手能力和经验的积累。因此，毕业生参加工作就应该立刻投入到再学习中，尽快熟悉本职工作，达到适应和胜任职业岗位的要求。首先要分析工作岗位的特点，调整自己的职业期望和生涯发展规划，增强角色意识，思考自己到底能做什么、岗位要求你做什么、应该从哪些方面着手打开工作局面。有了初步认识之后，要做一个短期规划，尽快充实本职岗位所需要的职业知识和业务技能，提升专业水平，提高分析问题与解决问题的能力。这就要求新入职的大学毕业生要学会"干中学"，谁善于在工作中学习，谁就更能适应环境，更容易在竞争中胜出。在岗位适应的过程中，新人要注意做到从小事做起。每个新人都必然有过干杂活的经历，要学会积极地对待问题，把握住熟悉工作流程的机会。工作环境内的任务、挑战、意外、客户、加班、会议，甚至是别人推过来的杂事等，都能为职场新人带来操作经验和小小的成功体验。复印文件、录入数据、整理材料等小事，或许正是你适应工作的途径之一。

付明和任军是大学同班同学，毕业于国内一所二本院校的工科专业。不同的是，在校期间付明是学校里的佼佼者，学习成绩优秀，又是活跃分子，拥有很多让人羡慕的"光环"；任军则不同，他头脑比较零活，但不拘于学校约束，经常翘课，喜欢吹拉弹唱，却从不参加学校里举行的各种比赛。到毕业时，付明如愿留校成为一名大学辅导员，PK 掉了很多来竞聘的名牌高校高材生；任军则英语四级没过，学位没有拿到，通过在机关工作的老爸托关系找熟人，终于进入了上海一家颇具实力的民营企业。付明工作稳定，开始还充满激情，但每日应付着琐碎繁杂的工作，慢慢地他开始有落差，觉得干得再好，也都是些"小事"，自己也就是个"学生孩子王"，因此工作主动性开始下降。时间过得很快，毕业后五年，学校里有一个教育部的项目，选拔优秀辅导员攻读博士学位，付明才猛然发现本科毕业后，自己就把学习扔到一边了，没有再继续读学位深造。因此，他既不符合"优秀辅导员"的标准，也没有攻读博士学位的必要条件——取得硕士学位。晚上，他在 MSN 上遇到了任军，任军竟然用熟练的英语跟他聊天，这让他很不习惯，有点应付不了，只好用汉语做答。任军说自己正在国外进行为期两个月的培训，借用别人的电脑，上面没有装中文输入法。任军告诉付明，大学自己没有通过英语四级，走上工作岗位后，所在单位对外贸易交流很多，他意识到自己的差距，就利用业余时间补习英语，还参加了雅思考试，甚至有很长一段时间，学习英语成了他唯一的业余兴趣，所以现在应付日常英语的听说读写已经没有任何问题。由于他头脑活络，工作出色，已经成为单位华东区的区域经理。跟任军的聊天让付明陷入了深深的思索，任军这个在大家印象里的后进生是如何"逆袭"的呢？而大学里属于佼佼者的自己在工作岗位上又是如何"折戟沉沙"的呢？

2. 组织环境适应

每一个工作单位都是一个相对独立的组织，而每一个组织都有自己的价值观和组织文化。大学生入职以后，必然会受到组织环境的规范、约束、指引和塑造。要适应环境，就要认同该组织的做事风格、行为模式和人际关系，尽快确立自己在组织中的位置，从心理上认同周围的每一个人，以主人翁的姿态努力工作，加强与同事交流与协作，被同事接纳，最大限度地得到组织的认可。

不同类型的单位有着不同的组织文化，从国企、外企和民企来看主要有以下区别。

(1) 国企——先做人再做事

中国是有着深厚传统的国家，中国人受传统思想的影响是非常深的。这种思维重点是"和合"，注重人道、人情、人性、人品和人与人的关系，个人要适应整个社会的伦常规定，整体观念很强，因此在国企素有"先做人再做事"的训诫。国企中人际关系复杂，权力等级关系分明。适应能力强的人能很快受益，发展提速。国企通常有稳定的架构，一个萝卜一个坑，岗位稳定。工作中讲究形式，注重程序规范，工作效率不高。在国企单位工作，树立“虚心学习、踏实低调、与人为善、积极上进”的形象是能尽快融入组织环境的前提。

(2) 外企——效率优先

西方文化以理性思维为主，习惯于先行动后思索，管理以结果为导向。因此外企注重绩效，鼓励创新，人际关系简单。但“玻璃天花板”仍然是身在外企的大多数人难以逾越的极限，大多数高层领导职位被外国人主宰。因此身处外企，要科学定位自己的职业生涯规划，利用机会多学习老外的管理和思维方式，从外企的优良文化中汲取营养，提升能力。

美国企业：强调平等竞争，重视职业道德，注重创新和发展。他们的观念是：新的、以前没有的东西就是有价值的。他们有明确的个人目标职责，并强调团队精神。但美国的企业不是没有缺点，有时他们会忽视一些不重要的细节，从而导致很大的损失。

日本企业：文化的核心是勤奋，员工个个都是工作狂。有人曾把日本称作“经济动物”，从中可以反映日本人的勤奋和敬业精神。去日本的企业工作，要做好付出艰辛劳动的准备，加班加点是家常便饭。企业愿意从零开始培养新人，给予新人很多学习机会，企业文化中很宣扬“忠诚”两字，企业内部尊卑很明显。

德国企业：讲究纪律性、办事井井有条、严谨认真、逻辑性强是德国人的优点，也是我们中国人所缺乏的。“差不多就行”在德国的企业是绝对不会被接受的，哪怕是做极其细微的小事也要有理有据。德国人有时做事过于呆板，缺乏灵活性。

法国企业：工作气氛轻松，通常把职位与个性紧密结合在一起；对时间的控制不很严格，一般不鼓励加班加点，但要求非常高的工作效率。

(3) 民企——忠于企业，敢冲敢闯

民企是吸收就业最大的“蓄水池”，以机制灵活、紧跟市场应变为优势。民企以家族式企业居多，企业文化受老板个人影响比较大，公司决策无监督。对外经营采用个人判断、直觉决策；对内老板采用家长制的管理方式，效率虽高，但缺少规范的流程和机制，随意性较大。在民企层级观念较差，讲究实效，注重员工的业务能力和忠诚度，对学历、学校、专业等“硬件”看得较淡。

3. 人际关系适应

美国现代成人教育之父、著名的人际关系学大师戴尔·卡耐基在《成功之路》一书中谈到：“一个人在事业上的成功，只有15%是靠他的专业技能，另外85%是靠他的人际关系和处世技巧。”且不论人际关系到底对成功的贡献度具体有多少，总可以看出人际关系是职业生涯中一个十分重要的课题。良好的人际关系首先是舒心工作、安心生活的必备条件，其次也是打开工作局面、提升工作业绩的基本要素。对于一位职场新人来说，建立良好的人际关系要做到以下几点。

(1) 树立良好的第一印象

入职之初，固然应当以个人良好的道德品质和文化素养作为树立第一印象的基础，但一些实用性的技巧也是不可低估的。首先，要衣着大方、言谈得体。初到单位，一定要注意自己的衣着，这是给人的第一直观印象。衣着要同单位的性质、环境、习惯相一致，要同自己的身份相符合，不要盲目标新立异，追求时髦。言谈举止往往反映一个人的文化修养，应该举止文明、彬彬有礼、落落大方，冒失莽撞和迟钝木讷都是应该避免的。其次，要遵守规范、谦虚踏实。初到单位，提前上班，稍后下班，严格遵守单位的制度规范，积极主动地做好自己份内的事情和领导、同事安排的一些小事情，有助于给别人树立良好的第一印象。像本章“贴发票”例子中的女助理，因为不屑于做领导交给的“小事情”，失去了也许将来很有发展空间的工作。而本单元开头案例中的许正，因为处理不好办公室的人际关系，工作处境很尴尬。

(2) 与领导相处——尊为先

担任领导职务的人，一般来说，都是履历丰富、有能力、有魄力或者有背景的人，简言之，能到目前的岗位，总会有些过人之处。我们应该尊重他们精彩的过去和辉煌的业绩，相信他们的业务水平和专业技能，及时完成他们下达的工作任务和要求。但每一个人都是不完美的，领导也不例外。清楚了这一点，就要对领导某些不是十分准确、恰当的言行保持客观的评价，并给予一定的宽容。当与领导在某一项工作上产生意见分歧的时候，不能急于盲从，但如何说服领导，要运用个人智慧和艺术，在尊重的前提下，与领导实现有效沟通，让领导心悦诚服地接纳你的观点。

音立毕业于某师范学院声乐专业，担任一所职业学校的团委书记，眼下正在为了学校校庆20周年晚会准备节目。其中有一个校歌大合唱的节目，领导很重视，要求一定要突出效果，要“出彩”。为此，音立亲自上阵，加班加点排练。让音立为难的是，她的顶头上司，学校分管学团工作的副校长，很关心节目进展，经常亲自过问指导，但因为副校长压根儿就是外行，所以提出的指导性意见经常让音立进退两难。领导的尊严要维护，节目的质量要保证，音立左思右想，有了一个办法。她主动到副校长那里去说，节目已经排练到一定程度了，但因为担心自己水平有限，想请个省里的专家来指导一下，副校长马上同意了。省里专家看完节目，对音立的专业素养和观点大为肯定和赞赏，对节目质量也提出表扬。听着专家的评论，副校长似乎明白了什么，从此以后把这件事情放手交给了音立……

(3) 与同事相处——和为贵

在中国的处世哲学中，中庸之道被奉为经典之道，中庸之道的精华之处就是以和为贵。同事作为工作中的伙伴，难免有利益上的或其他方面的冲突，处理这些矛盾的时候，第一个解决方法应该是和解。毕竟，同处一个屋檐下，抬头不见低头见，如果让任何一个人破坏了你的心情，与同事关系僵化，说不定将来吃亏的是你，而不是别人。与同事和睦相处，在上司眼中，你的分量将会又上一个台阶，因为人际关系的和谐处理不仅仅是一种生存的需要，更是工作上、生活上的需要，因为和谐的同事关系会让你和周围同事的工作和生活都变得更简单、更有效率。

4. 职业心理建立

大学生走上工作岗位，意味着成为在社会系统中独立生存的个体，标志着人的社会角色和心理状态的巨大转变。因此，在工作之初尽快建立职业心理十分重要。建立职业心理的关键是发挥自身健康的心理机能，树立整体协作意识、独立工作意识和创新创造意识。

(1) 摆脱依赖心理

大学毕业生对大学校园和学生生活往往有很强的依赖心理，喜欢自觉不自觉地以学生角色看待和处理工作岗位上的人和事物。面对与领导、同事等稍微复杂的人际关系及职业责任的压力时，便开始有怨言，消极看待问题，留恋单纯的大学时代。这样往往无助于问题的处理，对职业适应起不到积极的作用。踏入职场，每个人都要承担一定的社会责任，在工作中要学会独当一面，尽力克服依赖别人的心理。当然如果碰到自己无法解决的困难，要学会及时、有效地沟通，取得别人的协助。

(2) 保持良好心态

职场新人刚开始从事的工作往往是最底层、最琐碎的工作，这时候，要保持一颗平常心，把每一件小事情做好。干好别人不愿意干的工作，是事业成功的必备素质，很多大人物的成长经历正说明了这一点。工作之初，因为工作不熟练，环境不适应，周围氛围不融洽，会有很强的挫败感、失落感。这时，要及时进行自我调整，以积极的态度面对挑战，保持良好的心态，相信通过自己的努力，困难总会过去。当毕业生在踏入职场后出现各方面的不适应时，应当采取措施释放压力，而非逃避压力。世界500强企业富士康公司总裁郭台铭有一句名言："当你感到有压力的时候，说明你的能力不够。"对待压力、挫折最好的办法就是尽快熟悉业务，在平凡、枯燥的工作中，寻找乐趣，努力创新。如果职场人在平凡工作中激情不减，表现突出，在压力下不屈不挠，努力工作，那么他必将披荆斩棘，成绩斐然。

(3) 做到自信而不自负

刚刚参加工作，经验较少，环境不熟悉，实际工作中难免会力不从心，工作上经常出现一些小差错，这是每个职场新人都会遇到的问题。遇到这种情况，大可不必妄自菲薄，要相信天生我材必有用，树立自信心，谦虚学习，比别人付出更多的努力，相信在实践和摸索中会逐渐成长起来。相反，一些毕业生对自我的认知存在偏差，存在自负心理，认为自己接受了多年高等教育，有学历、有文凭，在各方面都具有很多良好的条件。因为觉得自己的条件优于周围的工作人员，往往不屑与他人合作，更不会虚心接受别人的指导和意见，甚至对领导和前辈也表现出轻视。这种心态很容易使毕业生进入职场后出现纸上谈兵、眼高手低的尴尬。

练习 7-1

访谈2名近三年内毕业的师哥或师姐，请他们谈谈初入职场时的辛苦与快乐，遇到的困惑，以及解决的办法，并给自己一些好的建议。

二、职业生涯管理

希腊古城特尔斐的阿波罗神殿上刻有七句名言，其中流传最广、影响最深的就是那一句："人啊，认识你自己。"苏格拉底也曾说过类似的话。从广义上来讲，人类历史就是一个认识自己、认识世界的过程。职业生涯管理也是个人认识外部环境，修正自我认知，不断调整职业目标与分阶段职业目标偏差，保证职业生涯规划行之有效的过程。

(一) 你的工作符合期待吗?

据2012年12月16日中国广播网的报道，国外机构开展的一项民调显示，84%的中国受访者觉得自己被"大材小用"了，为全球各国中最高，引发热议。在这场讨论中，初入职场的大学毕业生也成为议论的焦点。

"麦可思·中国2010届大学毕业生社会需求与培养质量调查"显示，在毕业半年后，只有40%的大学生认为目前所做的工作与自己的期待相符合，而60%认为工作不符合期待的人中，排首位的原因正是“不符合职业发展规划”。

《2012年中国大学生就业报告》显示，2011届大学毕业生中，有58%的人认为目前的工作与自己的职业期待不吻合，其中本科这一比例为56%，高职高专为60%。通过进一步研究发现，认为工作与职业期待不吻合的群体中，有37%的人认为不符合自己的职业发展规划，22%的人认为不符合自己的兴趣爱好。见图7-1。

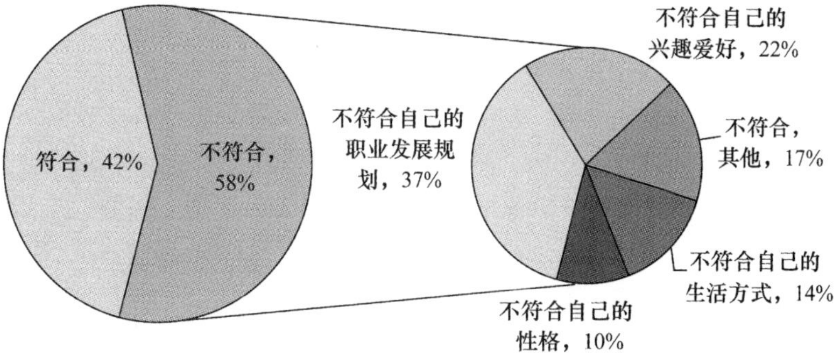

图7-1　2011届大学毕业生目前的工作与职业期待不吻合的原因分布①

超过20%的已就业的2011届大学毕业生认为，自己目前的工作偏离了初入职场前的理想与规划。是这个社会给予他们的机会太少，还是大学生自身定位出现了问题？怎样在即将踏入职场或已成为职场新人时做好正确“定位”这一课？当踏入社会，发现规划与现实不符时，又该如何去修正呢？

扩展阅读

职业满意问卷②

(1) 你工作时看表吗？

A. 不断地看(1分)　　B. 不忙的时候看(3分)　　C. 不看(5分)

(2) 到了星期一早晨：

A. 你愿意回到单位去(5分)　　B. 你渴望摔伤腿而住进医院(1分)

C. 开始觉得勉强，过一会就想回到单位去上班(3分)

(3) 一天快结束时，你感觉如何？

A. 疲惫不堪，全身不舒服(3分)

B. 为能维持生活而感到高兴(1分)

C. 有时感到累，但通常很满足(5分)

(4) 你对自己的工作忧虑吗？

A. 偶尔(5分)　　B. 从来没有(3分)　　C. 经常(1分)

① 数据来源：《2012年中国大学生就业报告》

② 宁佳英. 大学生职业生涯规划，华南理工出版社，2009.9

(5) 你认为你的工作：

A. 对你来说是大材小用(1 分)　B. 使你很难胜任(3 分)

C. 从没想过要做这份工作(5 分)

(6) 你对自己的工作：

A. 不讨厌(5 分)　B. 感兴趣，但有困难(3 分)　C. 厌烦(1 分)

(7) 你用多少时间打电话或做些与工作无关的事？

A. 很少一点时间(5 分)　B. 在个人生活遇到麻烦时用一些(3 分)

C. 很多时间(1 分)

(8) 你想换个职业吗？

A. 不太想(5 分)　B. 不想，但想在本职业中找个好位置(3 分)

C. 想(1 分)

(9) 你觉得：

A. 你总是很有能力(5 分)　B. 你有时候很有才能(3 分)

C. 你总是没有能力(1 分)

(10) 你认为你自己：

A. 喜欢并尊重同事(5 分)　B. 不喜欢同事(3 分)

C. 和你的同事比差不多(1 分)

(11) 哪种情况同你最相符？

A. 不想再钻研有关工作的知识(1 分)

B. 开始工作时很喜欢学习(3 分)

C. 愿再学点有关工作的知识(5 分)

(12) 你具有哪些个性特点？你认为工作需要什么？(每重叠一项计 5 分，不重叠计 2 分)

A. 专心　B. 幽默　C. 体力好

E. 思维敏捷　F. 好创新　G. 镇定

I. 记忆力好　J. 有魅力

(13) 你最赞成以下哪种说法？

A. 工作即赚钱谋生(1 分)

B. 主要为赚钱，如有条件希望能做令人满意的工作(3 分)

C. 工作即生活(5 分)

(14) 工作加班吗？

A. 如果付加班费，就加班(3 分)　B. 从不加班(1 分)

C. 经常加班，没有加班费也如此(5 分)

(15) 除假日或病假，你是否缺勤？

A. 一点也没有(5 分)　B. 仅仅几天(3 分)

(16) 你对自己的工作：

A. 劲头十足(5 分)　B. 没有劲头(1 分)

(17) 你认为你的同事们:

A. 喜欢你(5分) B. 不喜欢你(1分)

(18) 关于工作上的事,你:

A. 只与同事讨论(3分) B. 同家里人和朋友谈(5分)

C. 尽量少谈或不谈(1分)

(19) 你经常患小病或说不清的病吗?

A. 难得患一次病(5分) B. 不经常患病(3分)

C. 经常患病(1分)

(20) 目前的工作你是怎样选择的?

A. 父母或老师帮忙决定的(3分)

B. 你唯一能找到的(1分)

C. 当时觉得很合适(5分)

(21) 当家庭与工作矛盾时,哪方取胜?

A. 家庭一方(1分) B. 工作一方(5分)

C. 根据具体情况而定(3分)

(22) 如果少付三分之一工资,你还愿意做这份工作吗?

A. 愿意(5分) B. 内心愿意,但负担不了家庭,只好作罢(3分)

C. 不愿意(1分)

(23) 如果你被迫离开工作,你最想念什么?

A. 钱(1分) B. 工作本身(5分) C. 工作单位(3分)

(24) 你会为了消遣一天而请一天事假吗?

A. 会(1分) B. 不会(5分)

C. 如果工作不忙,可能会(3分)

(25) 你觉得自己在工作中不受赏识吗?

A. 偶尔觉得(3分) B. 经常觉得(1分)

C. 很少觉得(5分)

(26) 你最不喜欢你职业的哪方面?

A. 时间太死板(3分) B. 乏味(1分)

C. 不能按自己的想法做(5分)

(27) 你爱人认为你能把个人生活与工作分开吗?

A. 严格分开(1分) B. 时常分开,但也有不分开之处(3分)

C. 完全没分开(5分)

(28) 你建议自己的孩子将来做你的职业吗?

A. 是的,如果他有能力并且合适(5分)

B. 警告他不要做(1分)

C. 随孩子的便(3分)

(29) 如果你有了一大笔钱,你会怎样?

A. 辞职,再也不干工作了(1分)

B. 找一个你一直想找的职业(3分)

C. 继续做现在的工作(5分)

【测试结果倾向】

30~40分:极不满意自己的职业。毫无疑问,没有必要再干下去。如果你还年轻,应立即鼓足勇气去寻找令你满意的工作。

41~56分:不满意自己的职业。有可能你选错了职业,也有可能自己估计太高,因而产生失落感,工作的热情总是调动不起来。

57~99分:比较满意自己的职业。觉得工作环境挺好,同事也不错,确有被提拔的机会,但你不一定喜欢艰苦的领导职务。

100~124分:非常满意自己的职业。工作对你十分重要,对工作有高度的责任感。你是工作中的成功者和愉快者。

125分以上:你的职业已使你产生了变态心理。工作成了你生活的全部,除此之外,你认为世界上任何事物都不复存在了。要警惕!

(二) 职业生涯管理

事物都是处在运动变化之中的,由于自身及外部环境的变化,职业生涯也要随着时间的推移而变化。主动适应个人发展需求和环境变化要求,进而对职业生涯不断评估、修改,就是个人的职业生涯管理。最初制定职业生涯规划的时候,由于对自身认识不够,工作发展环境了解不深,因而职业生涯目标往往是比较模糊或者抽象的,甚至是存在偏差或者脱离实际的。经过一段时间的工作之后,通过回顾自己的言行得失,评价自己的工作体验,展望自己的工作前景,可以检验自己的职业定位与职业目标是否合适,进而进行调整、修正。只有不断地总结经验,评估职业生涯规划,反复反馈与调整,减小最终职业目标与阶段目标的偏差,才能保证职业生涯规划行之有效。

1. 职业生涯管理的五个阶段

一个人的职业生涯贯穿一生,是一个漫长的过程。如何科学地将其划分为不同的阶段,明确每个阶段的特征和任务,管理好自己的职业生涯规划,对更好地从事自己的职业,实现确立的职业目标,非常重要。对于职业生涯规划阶段如何划分,各国专家学者有不同的划分理论和方法,主要有按年龄层次划分、按专业层次划分和按管理层次划分等几种类型。

美国著名的职业管理学家萨柏(Donald E. Super)和金斯伯格(Eli Ginzberg)都是从人生不同年龄段对职业的需求与态度来研究职业生涯发展过程、划分职业生涯阶段的。格林豪斯(J. H. Greenhaus)则是从人生不同年龄段职业生涯发展所面临的主要任务的角度对职业生涯发展进行研究的,并以此为依据将职业生涯发展划分为五个阶段。国内多数学者也认为,根据年龄划分职业生涯发展阶段,确定每一阶段的目标定位,相对来说更为合理。参照不同学者的研究成果,结合中国的实际情况,我们将职业生涯规划管理过程分为五个阶段:

(1) 职业生涯培育阶段(15～23 岁)

这一阶段的主要任务就是进行学习、教育、训练和培养职业想象力,在充分做好自我分析和内外环境分析的基础上,选择适合自己的职业,设定人生目标,制订人生计划。如果读完大学后继续深造,这一阶段可能还会延长。

(2) 职业生涯实践阶段(23～30 岁)

这一阶段是个人组织化的重要阶段,要做好职业适应,培养良好的职业发展心智模式,培育职业竞争力。还有一个任务,就是要树立自己良好的职业形象。年轻人步入职业世界,开始表现如何,对未来的发展影响极大。

(3) 职业生涯发展阶段(30～40 岁)

这一阶段是一个人职业生涯中风华正茂之时,是充分展现自己才能、获得晋升、事业得到迅速发展的阶段。这一阶段的任务,一是要发奋努力,展示才能,拓展事业,在 35 岁之前练就专业本领或一技之长;二是应该科学地对自己的职业生涯规划进行评估,合理地进行修订、调整。人到 30 多岁,应当对自己、对环境有了更清楚的了解。看一看自己选择的职业、所选择的生涯路线、所确定的人生目标是否符合现实,如有出入,应尽快调整。同时,这一阶段是建立家庭,抚育下一代的重要阶段,要注意处理好工作与家庭的关系,使得家庭、事业协调发展。

(4) 职业生涯成熟阶段(40～55 岁)

这一职业生涯阶段,是人生的收获季节,也是事业上获得成功的人大显身手的时期。对于到了这个年龄仍一无所得、事业无成的人应深刻反省一下原因何在？重点在自身上找原因,对环境因素要做客观分析,切勿将一切原因都归咎于外界因素、他人之过。在这一阶段尽量不要转行,因为随着年龄变大,跳槽的风险进一步增加。而是应该正确认识自己,客观分析原因,进而解决人生发展的障碍,把握今后的努力方向。在这一阶段,往往是人工作上投入精力和体力非常大的一个时期,同时又是身体健康状况开始下降的时期。因此,要注意身体,加强锻炼,同时也要注意充电,加强知识更新,保持与工作环境的与时俱进。

(5) 职业生涯收藏阶段(55 岁以后)

此职业生涯阶段是人生的转折期,无论是在事业上继续发展,还是准备退休,都面临转折问题,做好晚年生涯规划也十分重要。做规划最好在退休前五年开始着手,一是仔细思考退休后的二三十年内,准备干点什么事情,然后根据目标,制订行动方案;二是根据规划的内容学习退休后的工作技能,最好是在退休前三年开始着手学习。

2. 职业生涯规划的评估与修正

(1) 职业生涯规划的评估

现实生活中我们常常发现,很多大学生在毕业前已拟定了非常具体、详细的职业生涯规划,但是这份规划却没有付诸实践,在以后的职业生涯发展过程中一味地跟着感觉走,结果会慢慢地偏离自己当初的职业生涯规划,使职业生涯发展又变成了盲目的过程。所以,在职业生涯发展的过程中,应适时地将自己的职业发展状况与职业生涯规划进行评价,及时调整行为或更改规划目标,使自己的职业生涯发展有规划而非盲目。通过以下评价体系,可以对自己的职业生涯规划进行评估。

表 7-2　职业生涯管理成功评价体系①

评价方式	评价者	评价内容	评价标准
自我评价	本人	1. 自己的才能是否充分施展 2. 对自己在企业发展、社会进步中所做的贡献是否满意 3. 对自己的职称、职务、工资待遇等方面的变化是否满意 4. 对处理职业生涯发展与其他人生活动的关系的结果是否满意	根据个人的价值观念及个人的知识、水平、能力
家庭评价	父母、配偶、子女等家庭成员	1. 是否能够理解和肯定 2. 是否能够给予支持和帮助	根据家庭文化
企业评价	上级、平级、下级	1. 是否有下级、平级同事的赞赏 2. 是否有上级的肯定和表彰 3. 是否有职称、职务的晋升或相同职务责权利范围的扩大 4. 是否有工资待遇的提高	根据企业文化及其总体经营结果
社会评价	社会舆论 社会组织	1. 是否有社会舆论的支持和好评 2. 是否有社会组织的承认和奖励	根据社会文明程度、社会历史进程

表 7-2 中列举的评价体系中包括自我评价、家庭评价、企业评价和社会评价四个方面。毋庸置疑，自我评价是最重要的。如何进行客观、有效的自我评价？美国惠普公司员工职业发展的自我管理可以为我们提供一些有益的参考：① 撰写自传。通过写自传的方式了解和反思自己在生活中发生的事情、工作的转化以及未来的计划等。② 通过问卷量表的形式，了解自己所愿意从事的职业、喜欢的课程，以及在理论、经济、审美、社会、政治甚至是宗教信仰方面的价值观，思考自己的职业生涯规划是否与当下的价值观和个人意愿相匹配。③ 24 小时日记的方式，记录一个工作日和一个非工作日的活动，全方位地对自我进行检查。④ 与两个重要人物面谈。可以与自己的朋友、配偶、同事或亲戚谈谈自己的想法。⑤ 生活方式描写。以言语或者图画的形式将自己当下的生活状况转达给他人或是自己。

(2) 职业生涯规划的修正

在职业发展过程中，很多因素会导致职业生涯的改变甚至是重新选择，包括个体的主客观因素以及社会和职业的原因。例如，兴趣志向发生了转变、学历提升产生了变动、家庭环境的变化、工作环境的改变等。在这种时候，就需要我们按照前面几个单元学习到的知识和技能，重新进行个人探索和工作世界探索，对先前的职业生涯规划进行适时调整和修改。这种调整可以是对职业的重新选择，也可以是对职业生涯路径的改变，或是对阶段目标的一些修正，或是变更实施措施，等等。

① 周宏岩，苏文平. 大学生职业生涯规划与就业指导[M]. 北京：化学工业出版社，2008.

对于职业生涯规划的调整，要根据个人意向和环境需要而决定。而且，调整要遵循一定的法则，当发现职业生涯规划与现实不符，需要进行修正时，第一反应应当是修正计划而不是目标；当修正计划无法达成目标时才应考虑修正目标达成的时间；当延长时间和降低要求都不能实现目标时，则要考虑放弃目标而重新设定新的目标。但是无论怎样调整，通过不断的评估和修正，最终的职业生涯规划应该是更成功的、更加适合自己职业发展的。

修正的内容包括：

① 人生目标是否需要修正？（如果是，以下内容需修正）

② 职业是否需要重新选择？（如果是，以下内容需修正）

③ 职业生涯路径是否需要重新选择？（如果是，以下内容需修正）

④ 阶段目标是否需要修正？（如果是，以下内容需修正）

⑤ 实施措施与计划是否需要变更？

在修正的过程中，必须重新进行自我探索和外部环境探索，并考虑以下问题：

① 我的人生价值是什么？

② 我有哪些技能和条件？

③ 我感兴趣的事情是什么？

④ 我的人格特质是什么？

⑤ 我是否好高骛远？

⑥ 所在的工作领域有我的发展机会吗？

⑦ 本工作的哪些方面让我满意？哪些方面具有挑战性？

通过评估和修正，应该达到以下目的：

① 找到自己的优势所在，并充满信心；

② 对自己的发展机会有清楚的了解；

③ 明确自己有待改进的关键之处；

④ 改进计划清晰可行；

⑤ 实施计划，能够取得显著的进步和成就。

总之，职业生涯规划实施过程中，我们必须对阶段性的结果进行评估，根据评估结果找出与规划之间的差距，分析差距产生的原因，分析存在的问题，并对生涯规划进行有针对性的调整。

实践与应用

2012年4月山东省首届大学生职业生涯规划大赛在济南举行，济南大学经济学院2009级国际贸易专业学生张青完成的作品《人生的轨迹·梦想的阶梯》获得二等奖。以下是张青同学的职业生涯规划书的部分内容，通过学习她的作品，可以学习职业生涯规划及评估的相关过程。

1. 确定目标

张青在经过自我探索和外部世界探索以后，确定了自己的长期职业目标和分阶段职业目标如下。

(1) 职业生涯目标：著名外资企业高级管理人员

(2) 基本的阶段目标

近期目标：国贸本科毕业→国贸硕士研究生毕业

中期目标：外资企业商务助理→外资企业部门经理

远期目标：攻读并取得博士学位→著名外资企业高级管理人员，大学的外聘讲师

2. 行动计划

在确定了职业生涯的终极目标并选定职业发展的路线后，行动便成了关键的环节。张青进一步制定了落实目标的具体措施，对自己的职业目标进行了分解，即分解为短期目标、中期目标和长期目标，并制订行动计划，具体如下。

(1) 职业目标短期计划——大学期间(2009—2013 年)

① 成果目标：

在学历方面，完成本科学业，取得硕士研究生入学资格；

在专业学习方面，学习学校开设的各类专业课，增强专业技能，提高专业素质；

在技能储备方面，通过 BEC 高级、英语六级、会计从业资格证及计算机二级以及其他专业技能考试；

在社会实践方面，广泛参加学校以及更高层次的实践活动；参加如“挑战杯”等科研实践项目；到相关单位实习，在实践中实现知识与能力的完美结合。

② 每日执行方案：

时间	任　　务
早晨　6:00—8:00	晨练；单词记忆
上午　8:00—12:00	上课期间，认真听讲；课余，学习考研课程，准备考研
下午　1:30—5:30	上课期间，认真听讲；课余，学习相关专业知识，完成技能储备
夜晚　19:00—22: 00	总结一天所学知识，查漏补缺；关注新闻时事以及行业信息

由于考研需要，周六、周日是辅导班上课时间，所以暂不做其他安排。

(2) 职业目标中期计划——大学毕业后五年(2013—2018 年)

2013—2016 年

① 成果目标：通过实践学习，总结出适合当代中国国情的企业管理理论。

② 学历目标：硕士研究生毕业，取得硕士学位；取得律师从业资格、报关员资格，通过 GRE 和英语高级口译考试。

③ 职务目标：外企企业商务助理。

④ 能力目标：具备在经济领域从事具体工作的理论基础，通过实习具有一定的实践经验；接触了解涉外商务活动；英语应用能力具备权威资格认证；有一定的科研能力，发表 5 篇以上论文。

⑤ 经济目标：在校期间兼职，年收入 1 万元；商务助理年薪 5 万元。

2016—2018 年

① 职业技能目标：通过注册会计师考试

② 职务目标：外资企业部门经理

③ 能力目标：熟练处理本职务工作，工作业绩在同级同事中居于突出地位；熟悉外资企业运作机制及企业文化，能与公司上层进行无阻碍的沟通。

④ 经济目标：年薪 10 万元

(3) 职业目标远期计划——大学毕业后十年(2018—2023 年)

① 学历目标：攻读并取得博士学位。

② 职务目标：著名外资企业高级管理人员，大学的外聘讲师。

③ 能力目标：科研能力突出，形成自己的管理理念，有很高的演讲水平，具备组织、领导一个团队的能力；与公司决策层有直接流畅的沟通；具备应对突发事件的心理素质和能力；有广泛的社交范围，在业界有一定的知名度。

④ 经济目标：年薪 25 万元。

3. 目前差距与改进方法

张青清醒地认识到，对于现在仍是大学生的自己来说，实现这些目标并不是一件容易的事情，目前的它们还是一个梦，看上去有些遥远。但是，她相信只要看到差距，并找到弥补这些差距和不足的方法，最终会将梦想变成现实，实现自己的职业目标。

(1) 与目标职业的差距

① 跨国企业先进的管理理念和丰富的管理经验；

② 作为高级职业经理人所必备的技能、创新能力；

③ 快速适应能力欠缺；

④ 身体适应能力有差距；

⑤ 社交圈太窄。

(2) 弥补差距、促进职业目标实现的方法

① 教育培训方法

● 充分利用硕士研究生毕业前在校学习的时间，为自己补充所需的知识和技能。包括参与社会团体活动、广泛阅读相关书籍，以及选修与旁听相关课程、报考技能资格证书等。

● 充分利用公司给员工提供的培训机会，争取更多的培训机会。

● 攻读管理学博士学位。

② 讨论交流方法

● 在校期间多和老师、同学讨论、交流。

● 在工作中积极与直接上司沟通、加深了解；利用校友众多的优势，参加校友联谊活动，经常和他们接触、交流。

③ 实践锻炼方法

● 锻炼自己的环境适应能力，在嘈杂的环境里也能思考问题，正常工作。在大而嘈杂的办公室里有意识地进行自我训练。

● 养成良好的锻炼、饮食、生活习惯。每天保证睡眠 6～8 小时，每周锻炼三次以上。

- 充分利用自身的工作条件扩大社交圈,重视同学交际圈,重视和每个人的交往。

4. 不断评估、调整

成功的职业生涯需要不断地调整职业定位,而一个合理的职业定位则要基于对自己有一个清晰的认识、准确的判断和合理的把握。计划往往赶不上变化,这就要求我们应该做好职业目标的评估和调整,及时了解相关情况发生的变化,通过对实际情况和目标实现程度的分析,做好职业目标的考核、修改和调整,重新制定适合自身发展的职业目标,确保可行性,才能完成职业目标的实现。张青同学对个人职业生涯规划实施过程中可能遇到的问题进行了评估、预测,并提出相应的调整方案。

(1) 职业目标评估

职业目标的评估即思考是否需要重新选择职业的过程。

正如前文所述,我的每个成长阶段都有一个明确的目标。在学历方面,我的目标是本科毕业——研究生毕业——考取注册会计师——博士毕业;在职务方面,我的目标是外资企业商务助理——外资企业部门经理——著名外资企业高级管理人员、大学的外聘讲师。这两方面的目标是同时推进、相辅相成的。预定目标可能会因客观或主观的原因而在具体实施过程中产生变化,这就需要做出充分预测、分析,寻求解决措施。通过预测,我总结出以下几点风险因素及应对策略:

假如我的学习、工作过程能够一直按照预先规划进行,具体实施过程中顺利完成自己各个阶段的职业目标,我会坚持自己最初的理想,一路走下去;

工作之后,假如公司的管理理念与我自身的理念不相适应甚至是矛盾时,我会选择离开该公司,寻求新的公司;

假如我发现我并不胜任管理工作,争取机会,进修MBA课程,增加自己的管理能力,使自己更加满足工作需要、社会需要;

假如我的身体状况不能满足外企高强度的工作或者巨大的工作压力,甚至如果家庭需要,我会适时、适度地暂停我的工作,短暂调整后,以更好的身体状态、心理状态面对工作;

在工作后期时,如果发现我并不适合从事高层管理工作,我会选择提前退休,或者到新的公司就职。

(2) 职业路径评估

职业路径评估即职业规划调整时的调整方向。

求学期间,如果我发现国家政策对外企有重大变化或者该行业、企业出现重大挫折时,我会考虑根据自身的专业及特长选择其他行业;

工作之后,如果短期内工作过于劳累或者压力偏大时,我会选择请假,到外地散心修养;

如果长时间处于过度劳累或者压力过大时,我会选择其他公司;

如果公司在某些方面的影响力不足时,我会强化公司影响力,同时融入自己的管理理念和自己的影响因素。

(3) 评估时间

定期对自己的职业生涯进行评估是自己在职业生涯中能够保持战斗力、最终实现自己职业生涯目标的保障。在一般情况下,我半年对自己进行一次评估,对自己的短期工作进行评估,当出现特殊情况时,我会随时评估并进行相应的调整。

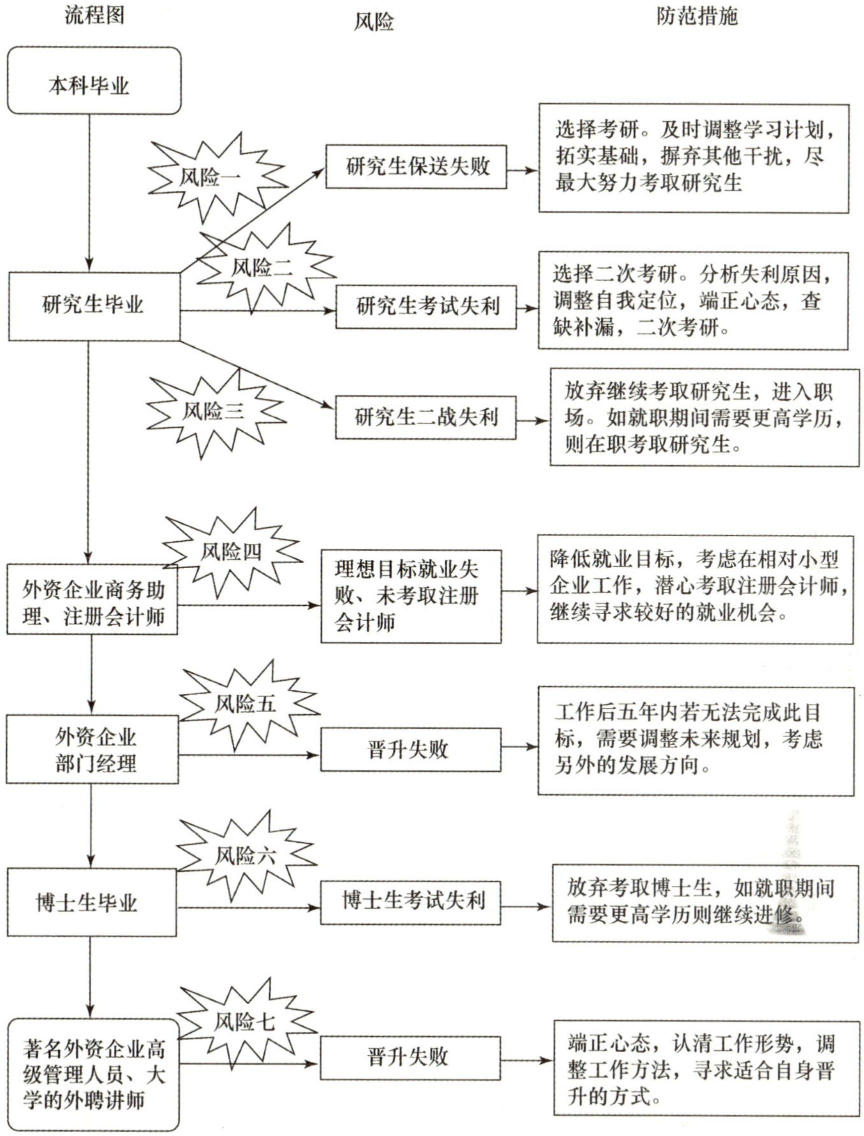

图 7-2 职业生涯规划中可能存在的风险及应对策略图

不可否认，在我的职业生涯规划中，所定目标是相当高的，阶段性目标的完成难度也是相当大的，甚至在很多人看来，这些目标在所规划的时间内根本不可能完成。我之所以会给自己制定这样高的目标，是因为我想给自己一个指引，始终朝着自己的目标，明确自己的最终职业理想。即使在规定的时间内不能很好地完成规划的任务，我也可以靠短暂的评估、调整，在长远的职业规划中实现自己的职业理想。

在给自己制定较高期望的职业规划的同时，我也并不否认在工作中降低期望值的重要性。人不可以好高骛远，我会在职业生涯规划实施的过程中，适度地降低期望值，对自己的职业规划进行合理定位，并不断地加以调整。致力于能够实现也容易实现的计划，以充分获取收益，并在这些收益的滋润中一步步健康成长。目标适合自己，更容易成功。一个人有了成就感，就能够培养自信，也能够有良好心境去对待面前的问题。

我坚信，暂时降低眼前的目标，并不等于放弃了长远目标。我会把我长远的职业生涯规划作为职业生涯的一条主线，在保持它稳定的基础上，在实现自己长远目标的前提条件下，认清自己，看准脚下的路，不断实现工作中的现实目标，在现实目标的实现中壮大自己。这样，一步一个脚印、踏踏实实地走完自己的职业道路，实现自己的人生目标。

练习 7-2

对自己制定的职业生涯规划进行评估，如果有不满意或不清晰的地方，请利用所学知识，重新进行探索和确认，并对职业生涯规划进行修正。

三、职业生涯素质提升

就业压力巨大的今天，大学生面临着激烈的竞争，这就使每一位大学生在面对压力的同时也必须努力提高自身素质，学习当前的技术，学习以后所需的能力，还要不断提升自己的职业生涯素质。

大多数被调查的企业认为，大学毕业生最缺乏的职业素质排序情况如下：吃苦能力、积极心态、有效沟通、诚信素养、团队精神、人际关系、学习能力、时间管理、创新素质、人格魅力、个人自信、其他。[①] 下面简单分析一下大学生应该如何提升自己的职业生涯素质。

（一）学会管理压力，树立良好择业心态

大学生承载着来自社会、家长的高期望值，导致他们自我定位较高且成才欲望强烈。高等教育大众化的趋势使得大学毕业生数量急剧增加，而社会能够提供的就业岗位增速有限。就业竞争激烈、薪金起点逐渐下降，以及无从业经验、专业不对口等求职中的各种问题无情地拷打着大学生的心理承受力。因此，具备良好的择业心态对现阶段大学毕业生的就业显得尤为重要。制约大学毕业生就业选择的择业心态主要有以下几种。[②]

（1）城市心态：表现为一些城市学生不愿意离开繁华都市，农村学生想跳出农门到城市工作，这导致城市人才竞争激烈和人才浪费；

（2）功利心态：大学生择业主导思想上的商品意识和功利色彩日益浓厚，过去那种“到基层去，到边疆去，到祖国最需要的地方去”的“老三到”，转为“到外资企业去，到国外去，到挣钱最多的地方去”的“新三到”；

（3）求稳心态：大学生总想一步到位找一个既有发展前途，又适合自己兴趣爱好，赚钱还多的职业；

（4）悲观心态：大学毕业生求职受挫后悲观失望，谋职信心削弱；

（5）急躁恐慌心态：这类心态的大学生表现出情绪难以自制的亢奋、思想漂浮、注意力不

---

① 阚雅玲，吴强，胡伟. 职业规划与成功素质训练[M]. 北京：机械工业出版社，2009.

② 刘勇. 大学生生涯管理与辅导[M]. 北京：科学出版社，2008.

集中、草率行事、没有明确的择业目标、喜欢与人攀比、为就业四处盲目奔波、对前途焦虑烦躁；

(6) 临阵怯场心态：这类心理状态是一到正式场合如面试，在众人面前，尤其是在重要人物面前，就精神紧张、心神不安或面红耳赤、谈吐失常、举止拘谨、失去控制。

大学生应该主动地自我调适，改变择业时的不良心态。首先要客观地认识自我和评价自我，比如能经常问问自己：我就读的学校在全国范围内属于什么层次？我的专业是不是与社会需求紧密结合？我个人在大学期间储备了哪些知识和能力？我的兴趣爱好与我的职业技能是否匹配？我的性格特点是不是用人单位所欣赏的？我为了争取到自己理想的职业还能做出哪些努力和改变？其次还要树立信心，要从优秀的学长身上看到自己具备的潜力，告诉自己"我能行"，鼓起勇气参与竞争。在竞争过程中，即使遭遇失败，也要以平常心看待，把失败作为一次锻炼、一次重新成长的机会，找到自己的差距，去主动适应社会需求。

(二) 提高时间管理能力，增强学习创新能力

"上一次的实习我被 pass 掉了。现在才知道，公司在看重学历和证书的同时，也注重应聘者的创新能力和时间支配能力。"参加过"时间管理培训"的季研说，"大二时到一家外企做管理培训生，可还不到一个月，公司就下了'逐客令'。原因是时间概念不清晰，没有足够合理支配时间的能力。现在企业很重视综合素质，为了毕业后能找到理想的工作，要提前为自己全方位充电。"

学习是一个终身的任务，创新意识和能力来源于不断的学习。提高时间管理能力有利于帮助大学生有效地运用时间，不断培养自己的创新意识和创新能力。大学生加强时间管理可以从以下几个方面着手。

首先，强化时间价值感。时间管理倾向是在后天环境、主观努力和教育的共同作用下逐渐形成的。可通过参加讲座、自我学习等形式，树立积极的人生态度和正确的价值观，增强时间价值感，提高时间管理意识，养成良好的时间管理习惯，进而提高时间管理意识。

其次，增强时间规划力。可通过三个步骤进行：第一，设立恰当的时间目标，设置目标时应注意目标是明确、可度量、可实现、结果导向的且具有时效性。第二，时间目标确定后，及时调整执行时间计划，成为一个计划——行动——检验和调整——重新开始的不断循环。第三，分清事物的轻重缓急，可先把有意义或重要的事情列在清单上，然后根据重要性和紧迫性来安排时间。

最后，提高时间效用度。当大学生具备一定的时间管理知识，对自己所能掌握的时间和需要完成的任务有一定的认知时，在时间管理的过程中，要进一步有意识地锻炼意志力，成为一个自控能力强的人。这样才能具有良好的时间管理策略，合理规划、运用时间，使时间价值发挥到最大。

有这样一句名言："播下一种行为，收获一种习惯；播下一种习惯，收获一种性格；播下一种性格，收获一种命运。"可见，习惯的力量是巨大的。如果大学生能把时间管理作为一种习惯，把学习创新作为一种爱好，那么成功也就只是迟早的事。

(三) 开发情商，实现职业资本增值

激烈的社会竞争和组织用人标准的提高，使得职业一族像上紧了发条的钟，在职场上疲于奔命。刚入职场的大学生需要认真思索：如何通过开发自己的情商更好地促进职业发展

的增值？如何通过情商的提高更有效地做出明智选择？研究发现，情商对一个人的成功极为重要，在人生事业成功要素中，智商占20%，情商占80%。情商高的人，春风得意，步步高升；情商低的人，怀才不遇，难获提升。因此，大学生要实现职业生涯目标，获得事业的成功，就必须持续地开发自己的情商。

（1）事业心和责任感。具备强烈事业心和责任感是社会和企业对大学生的基本要求，也是毕业生成才的基础、事业腾飞的起点。用人单位希望并要求大学毕业生把选择的“职业”当作长期追求的事业，要真正从心里热爱这份工作，并执着和投入，与企业发展同甘共苦、荣辱与共，而不仅仅是把工作作为谋生的工具和临时的落脚点。只有这样，才能不仅仅考虑企业能为自己带来什么，而是考虑自己能为企业做些什么。

（2）人际关系协调能力。是指妥善处理组织内外关系的能力，包括与周围环境建立广泛联系和对外界信息的吸收、转化能力，以及正确处理上下左右关系的能力。职业规划专家认为，10%的成绩，30%的自我定位和60%的人际资源开发是成就职业理想的标准因素。大学生要开发职场人际资源，从大学期间就要学会沟通，提高社会交往能力，建立起有助于个人职场发展的人际网络系统。平时应该多与比自己优秀的人交往，这样你才会学到更多的知识及人际交往艺术，自己才会获得进步。

（3）情绪管理和自我激励能力。情绪管理必须建立在自我认知的基础上，要学会认识自己的情绪，这是情商的基石。掌握自己的感觉才能成为自己的主宰，适当表达、反省自我，妥善管理自己的情绪。同时也要识别他人的情绪，心理学家强调心理健康要有同理心，就是感觉别人的感受，这是基本的人际交往技巧。具备同理心的人较能从细致的信息上察觉他人的需求。

自我激励能力就是要充分利用各种手段激发自己能动性、创造性的能力。充分认识自我、激发自我潜力是成功的内在动力。这一点很重要，就是说要不断地给自己定目标，不断地前进，这在个人成才过程中是一个非常重要的因素。自我激励能力强的人善于度过困境，也能在顺境中把握自己。

讨论与思考

时间管理

一天，时间管理专家为一群商学院的学生讲课。他拿出一个大的广口玻璃瓶放在他前面的桌子上，对学生说：“我们来做个小测验。”随后取出一堆拳头大小的石块，仔细地一块一块放进玻璃瓶里，直到石块高出瓶口。他问道：“瓶子满了吗？”所有学生都答道：“满了。”时间管理专家反问道：“真的？”他伸手从桌下拿出一桶砾石，倒了进去，并敲击瓶壁，使砾石填满大石块间的缝隙。“现在瓶子满了吗？”他第二次问道。这次学生有些明白了，“可能还没有”，有的学生回答。“很好！”专家说。他伸手从桌下拿出一桶沙，开始慢慢倒进玻璃瓶。慢慢地，沙子填满了石块和砾石之间的所有间隙。他又一次问学生：“瓶子满了吗？”“没满！”学生们大声说。他再一次说：“很好。”然后拿过一壶水倒进玻璃瓶子，直到水面到达瓶口，然后他抬头看看学生，问道：“这个例子说明什么？”一个性急的学生举手发言：“它告诉我们，无论你的时间多么紧凑，如果你确实努力，你可以做更多的事。”

“不!”时间管理专家说,“那不是它真正的意思。这个例子告诉我们,如果你不是先放大石块,那你就再也不能把它放进瓶子里。”

那么,什么是你生命中的“大石块”呢?你的信仰、教育、梦想或者其他?切记先去处理这些“大石块”,否则一辈子你都做不到。

你是否试着问一下自己这个问题:我今生的“大石块”是什么?并把它放进人生的大瓶子里。再问一下自己:我今天的大石块又是什么?把它放进今天的小瓶子里。

相关资源

1. 徐小平著:《图穷对话录》,光明日报出版社,2002年版。
2. 程社明著:《你的船 你的海》,新华出版社,2007年版。
3. 〔美〕鲍利斯著,刘宁译:《你的降落伞是什么颜色》,中信出版社,2010年版。

第八单元

创业基础

创业是一种思考、推理和行为方式，它为机会所驱动，需要在方法上全盘考虑并拥有和谐的领导能力。

——杰弗里·蒂蒙斯

本单元要点

党的十八大提出了"鼓励青年创业"、"推动实现更高质量的就业"等新任务、新要求，青年创业特别是大学生创业，将会是职业生涯发展领域内长期存在的焦点问题。在编写创业这一单元内容时，编委会形成了两点共识：其一，在创业知识学习上，倾向于让同学们在大学期间储备创业基本知识，积累创业能力，养成创业者必备素质，待到大家创业时机成熟之时，能准确把握机会，并运用所学知识，再把创业想法转化为行动，而并非通过创业教学，促使大家尽可能多、尽可能快地开展创业实践。所以从内容上，我们倾向于创业基础的内容，而并非企业管理和运作中的实战知识。其二，创业与我们今后的择业、从业乃至治业有很多相通之处，我们所学的创业基础知识和创业者素质与我们今后的职业发展息息相关，所以大家在学习的时候应注意融会贯通，为今后职业发展储备丰富能力。

通过这一单元的学习，同学们要理解和掌握四个方面内容：一是要准确理解创业的时代意义，明确大学生的责任担当；二是要了解创业者基本能力构成，学会创业者素质养成的方法；三是掌握应从哪些方面做创业前的准备；四是要掌握创业计划书制定的基本方法和创业启动有关事项。

案例点睛

［案例1］ 山东大学生十大创业之星、济南大学毕业生吕廷虎创业事迹

吕廷虎，男，中共党员，2008年7月毕业于济南大学行政管理专业。毕业后考取滨州阳信县"村官"，曾任流坡坞镇西街村任书记助理。到基层后，就树立起大学生"村官"企业家意识和企业支农观念。他创建了天翔创业园，探寻出了以蚯蚓养殖为核心的高效循环种养模式。天翔生态园立足广大农村，通过林木种植和蚯蚓养殖，系统整合相关资源，形成了独具特色、运转有序、高效生态的循环经济体系，使企业和当地农民成为利益相关的产业共同体，辐射带动当地农民通过市场化的手段运作林业资源，扩大植被覆盖率，降低绿化成本，提高家庭收入。目前，他已投产项目包括40亩蚯蚓园、65亩速生杨、40亩鸭园，实现了大学生“村官”、高校、企业和政府的有机互动，延长了循环经济链条。2010年12月1日，受中国扶贫开发协会和中国扶贫杂志社邀请，吕廷虎赴北京参加中国扶贫开发协会换届大会暨中国贫困村大学生村官座谈会，受到贾庆林主席和回良玉副总理的亲切接见。

吕廷虎到流坡坞镇后，通过不断的实践和反思，他认为，在建设社会主义新农村的时代大背景下，大学生“村官”企业家的出现不仅有可能，而且要求非常迫切。

在开展工作的过程中，吕廷虎发现，缺少生财门路是当地农民发家致富的一大难题，于是他就想搞个创业园，以此来促进农民就业，拉动农村经济发展。吕廷虎的想法和当地农民张新建的发展思路一拍即合，两人便在原有的天翔生态园的基础上联手建起了天翔创业园。他们创办的创业园是集树木与蔬菜种植、动物养殖加工为一体的高效生态农业循环企业，主要进行速生杨、无公害蔬菜种植，蚯蚓、肉鸭、肉牛养殖及饲料加工。2009年7月12日到19日，吕廷虎邀请到了济南大学新野农村发展促进会的10名大学生来到天翔生态园基地下乡。这些学生有的走访周边农户，有的身体力行，亲自体验学习蚯蚓养殖技术，有的安排农民培训，有的负责联欢晚会，忙得不亦乐乎。本次活动经过阳信县电视台报道后反响很好。学生们返校后，吕廷虎仍然同他们保持着密切的联系，其中的4名队员也成为后来的山东阳信“蚯蚓的魔力”——天翔创业园项目的主力。

2009年6月25日百度全国大学生乡村信息化创新大赛启动，吕廷虎紧紧抓住这一重要机遇，通过与阳信天翔生态科技养殖有限公司签署的《合作协议》和《授权委托书》双轨制参赛。“天翔创业园”项目组大赛期间负责运用百度提供的网络营销资源平台进行蚯蚓养殖技术推广、蚯蚓处理生活垃圾应用推广、招商引资推广、循环经济理念推广等四大线上推广，统筹进行市场营销和社会营销，致力于广结善缘、造福社会；公司负责提供产品、线下技术落地服务，全面推进分基地建设，为“天翔创业园”项目组提供坚实的信誉保障。公司的发展规划是：养上鸭、牛、羊，其粪便用来养殖蚯蚓，蚯蚓用来做成饲料反哺鸭、牛、羊等，提取的蚓激酶开发生物制药产业；生态养殖的牛、羊将以“天翔肥牛”、“天翔肥羊”的品牌进军餐饮市场；用“有机肥之王”蚯蚓粪种植有机蔬菜，通过稳健的现金流支撑循环经济链条不断延展。“天翔创业园”项目组获得公司授权进行这一循环养殖模式的推广，致力于让更多的农村受益。线上和线下同时进行，有机结合，取得了明显的效果。就这样，他们一路过关斩将，在网友的支持下顺利晋级全国前2000、前1000；经过专家评审和网友投票晋级前200、前100、前50、前30，最终顺利晋级全国前三甲……大赛截止时，“天翔创业园”项目组在空间共发布94篇文章，视频3个，产品专区4个，复赛阶段的5个关键词全部获批上线。其中，“蚯蚓”关键词推广效果显著，近60天累计访问量高达10017人次，单日访问量更是突破270人次。最终，项目组累计获得120万网络营销推广资源、百度工作机会和5万元创业基金。在他们的努力下，不仅增加了产品销售，提升了公司知名度、美誉度，而且还争取到了外商加盟，为企业发展和地方经济建设做出了积极的贡献，更创造了良好的社会效益，累计带动周边村30户农民实现了就业。

近几年，黄河三角洲开发上升为国家区域发展战略，高效生态更是成为主题词，天翔生态园面临新的发展机遇，吕廷虎敏锐地意识到了这一点。现在的他正忙于帮助公司编制新的发展规划，其基本设想是：成立天翔土地合作社，专项负责操作蚯蚓养殖技术推广项目和无公害蔬菜项目；基本思路是：组建土地合作社，依托阳信天翔生态科技养殖有限公司，农民以土地入股合作社，推进土地经营权适度规模流转，实行集约化生产，建设标准化基地，不断提高农业效益，增加农民收入；基本形式是：公司＋合作社＋农户＋集体，由村集体负责联络农户，协调土地流转相关事宜，初期先通过发展部分养殖、种植大户取得成功后吸引更多的老百姓参与进来。老百姓不具有生产经营权，由合作社统一经营管理，老百姓以土地入股合作社，平时可以自由选择外出务工，也可以进合作社打工。财务实行年度结算制，在合作社留足利润30%的公积金和公益金后，剩余部分全部发放到老百姓手中，年底老百姓可获得"土地底金＋劳务收入＋收益分红"三块收入，村集体以管理入股，取得一定的管理收入。这项工作从现在就开始筹备，与当地政府通力合作，牢牢把握"因地制宜、平等自愿、风险共担、利益共享、民主管理"的原则，积极、稳妥地推进。如此一来，天翔生态园基于蚯蚓养殖为核心的循环种养模式便得到了最大程度的延伸，必将惠及更多的普通老百姓。

目前，创业园的产品包括专供渔具店鲜蚯蚓、蚯蚓干、蚯蚓粉、蚯蚓粪、成鸭。按照公司计划，下一步将投资500万元发展苜蓿100亩、无公害蔬菜50亩；建设占地40亩的无公害肉牛养殖基地一处；投资800万元建设占地12亩的精制饲料加工车间一处；投资1500万元建设占地20亩的冷库和占地20亩的屠宰加工厂各一处；进一步延长循环经济链条，拟用10年时间发展成为滨州市最具潜力的高效生态科技循环养殖企业。

[案例2] 脑海有蓝图　胸中有成竹——在校大学生成功创业案例

许铭，山东省某高校2005级本科生。在高中时，许铭就成功申请了3项实用新型国家专利。上了大学，他更是积极参加学校各项科技创新活动，大二上学期他参加全校软件设计大赛，获得冠军。也是从大二开始，许铭就开始为一些大大小小的公司和企业做项目。他先后做过济南市中水站自动加水系统、山东省建筑研究设计院保温材料检测系统等。到了大三，许铭便开始独立给公司做产品项目，其中某公司建筑部质量设计统计系统整个项目的计算机部分全部由他独立完成。

在许铭毕业当年，他开始筹备自己创业，打算成立自己的公司。创业初期，由于遇到资金难题，他想凭借大学里给公司做项目的经验去寻找投资商。经过各种关系推荐，他找了多家投资机构和个人，和他们谈自己的经验和技术实力，并根据以往的客户反馈谈市场需求和公司前景。跑了很多家投资机构后，他发现效果非常不好，没有找到理想的投资方。然后，他坐下来回想了投资机构代表几次交谈的内容，发现投资方最关切的是他们投资的风险程度和投资收益，而自己在和他们交谈过程中只是凭经验介绍了自己的项目和市场分析，并没有一个系统的项目、市场和利润分析，没有一个完整的创业计划书，所以他们不敢贸然做出给自己投资的决定。分析出原因后，他马上冷静下来，理清思路，从公司的经营宗旨、战略目标出发，对公司的技术、产品、市场销售、资金需求、财务指标、投资收益及投资者的退出等方面进行了分析和论证，经过几次修改后，形成了一本完整的创业计划书。

他拿着自己的创业计划书再次寻找投资方的时候，很快就收到效果，一个在许铭所从事的这个行业有很大影响力的老板决定入股他的公司，并给他带来很多客户，使得许铭的公司在创业初期就获得丰厚的市场，并为公司长远发展打下了良好的基础。

2009年，刚从大学毕业的许铭，已经是一家注册资金50万元的公司老总。"大学生创业，脑海里一定要有蓝图，但更重要的是把蓝图描绘出来，给投资方看、给客户看。一个好的创业计划书会使你在创业过程中感到胸有成竹。"许铭说："其实我很平凡，是一只清透的空瓶子，只不过当空瓶子有了自己的梦想，就有了为梦想而战的动力！”

上面两个案例，一个是毕业后大学生创业，一个是在校期间大学生创业。从他们两个人身上，我们能看到创业者所共有的坚毅、远见和魄力等特质，也看到了创业机会、环境、地点等创业准备的重要性。从许铭的创业案例中我们还看到了创业计划书在创业过程中的重要作用。我们这一章将从创业的内涵及意义切入，通过创业意识与创业能力的培养、创业准备、创业计划书制定、创业启动等理论和实践的介绍，让大家做好创业基础储备。

理论与讲解

一、大学生创业的内涵及意义

（一）我们为什么要创业

1. 大学生价值实现：就业与创业

近两年，有学者提出，我国高等教育在一些省份已经从“大众教育”步入“普及教育”。《国家中长期教育改革和发展规划纲要(2010—2020年)》提出了高等教育大众化水平进一步提高，毛入学率达到40%的目标。2013年我国城镇需要就业的人数将达到2500万的高位，高校毕业生达到699万，就业压力巨大。而在现有经济结构下，每年大概只能提供1100万个就业岗位，年度就业岗位缺口在1400万左右。今后在很长时期内，大学生将面临更为严峻的就业形势。在这种形势下，大学毕业生创业具有现实意义。

根据2009年公布的全国经济普查数据，中国企业法人共有495.9万个，平均每千人拥有企业的数量为4个左右。有关专家分析，即使将个体经营户按比例折算为法人企业，中国每千人拥有的企业数量也不会超过15个。这与美国、日韩等发达国家每千人拥有的企业数量相差较多，在这些国家，平均每千人拥有企业数量大约在45～55个之间(如图8-1所示)。

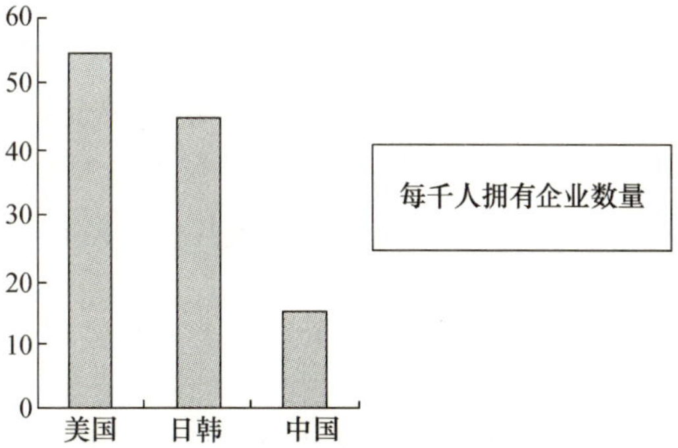

图8-1 美国、日韩、中国每千人拥有企业数量图

这一比较说明，当前大学生就业难与我国企业数量较低有密切关系，同时也说明了，当前国家大力推进青年创业是非常正确的决策。党的十八大明确提出，通过鼓励创业、扶持青年创业，推动实现更高质量的就业；加强职业技能培训，提升劳动者就业创业能力，增强就业稳定性。总之，大学生就业与创业都是实现自我价值的手段，当代大学生应该摒弃那种只有稳定的工作才能实现自我发展和人生梦想的观念，敢于把握机遇、直面创业。

2. 中国创业时代来临

当今时代是知识经济时代，是高科技革命的时代。其主要特点就是快节奏、个性化、开放、竞争、自主。这是一个充满利润诱惑和挑战的全新时代。消费者知识程度提高，需求快速变化；网络基本普及，潜在消费群体巨大；创新寿命期进一步缩短，商机不断涌现。这些都为我们开展创业做好了环境铺垫。但要在这个创业时代生存发展，使自己从容地生活在不断进步的社会之中，每一个人都必须适应时代的变迁和需要，不断调整自己。

通过知识的生产、交换获取社会财富已成为财富积累的主要方式，伴随而来的是社会转型和结构调整日益加快，经济成分日趋多样化，新的产业部门将取代传统的产业部门。一方面，现有行业能吸纳的就业人口无法满足就业需求，更多的毕业生需要自行创业、自谋职业；另一方面，随着职业转换频率不断加快，个人主动或被动转换职业的情况将越来越普遍，很多人在一生中将面临不止一次的职业选择。

这就意味着，时代对创业素质和能力的要求并不限于自主创业者，而是对未来劳动者的共同要求，因为即使就业，也会面临原有企业的内部创业，更有自己的职业转换。因此，当代大学生必须具有从业和创业的双重能力，具备多方位的职业转换能力和自主创业能力。这既是社会进步对人的要求，也是人发展的必然趋势。所以，当今时代是创业的时代，只有适应时代的要求，响应社会变革的召唤，才有望实现自己的人生价值，在时代的大舞台上大展身手。

3. 大学生创业的独特优势

生存环境决定生存意识。大学生在进行职业生涯规划的时候，都要问自己：我的价值观是什么？价值观决定着一个人的生存方式，涉及人应当如何活着才有意义、有价值。个人的生活方式决定了个人事业的方向，在确定了大的发展方向以后，还要结合自身的性格、兴趣、气质、意愿确定职业发展方向。很多同学片面地分析了自己未来工作的环境，而忽视了对创业环境的分析。在当前环境下，我国的创业环境不断优化，法律、政策、社会环境持续改善，特别是大学生创业的独特优势充分显现。

一是知识经济为大学生提供了广阔的创业舞台。知识经济时代最根本的特征就是资金让位于知识，知识成为最宝贵的资源、最重要的资本，这为一切有知识、有智慧的人提供了机遇。例如，随着高科技的发展，大量的新兴行业不断涌现，使得受过良好教育并具有专业知识的人才可以施展才华，当代许多创业明星就是在网络技术和服务领域创业成功的；随着知识更新速度加快，“继续教育”成为人们的终身行为，文化教育、信息传播也成为一个大有前途的创业领域。

二是第三产业成为我国一个极具魅力的投资领域。从总体上看，我国第三产业仍比较落后，特别是一些新兴的第三产业还不能跟上时代的步伐。随着我国加入 WTO 和市场经济的进一步发展，第三产业将为创业者提供许多大显身手的舞台，而且，第三产业投资少、见效快，十分适合资金和经验积累较少的大学生创业。

三是大学生创业扶持政策不断增加。为了促进青年创业，国家和地方各级政府（如人力资源和社会保障、财政、金融、工商、税务、团组织等）纷纷出台了相关政策，给创业者提供各方面的政策支持。例如，2011 年山东省人力资源和社会保障厅联合十部门，启动“大学生创业引领计划”，通过创建大学生创业园和大学生创业孵化基地、开展免费创业培训、强化创业指导、优化创业环境、培育创业文化、进行创业激励等途径扶持创业活动。

因此，如果能更全面地分析所面临的职业环境，大学生就会发现自己在创业领域所拥有的独特优势，从而可能诞生新的职业发展机遇，实现人生新跨越。

（二）揭开创业神秘的面纱

1. 创业的内涵

一项大学生调查显示，56.2%的人认为只要开创一份事业都可以叫创业，而12.3%的人选择了开创一个企业为创业的含义，还有16.4%的人觉得开发一项前沿的科技项目是创业的意思，剩下的13.7%的学生对创业的概念不清楚。

(1) 笼统的定义

从创业的字面和内涵出发，可以得出其笼统的定义。“创业”在《现代汉语词典》中的解释为：“创办事业”。它由“创”和“业”两个字组成。所谓“创”，是指创业、创造；而“业”就是事业、职业、行业、学业等。

根据Jeffry A. Timmons所著的创业教育领域的经典教科书《New Venture Creation》的定义，创业是一种思考、推理和行为方式，它为机会所驱动，需要在方法上全盘考虑并拥有和谐的领导能力。

创业必须要贡献出时间，付出努力，承担相应的财务的、精神的和社会的风险，并获得金钱的回报、个人的满足和独立自主。

(2) 创业教育的定义

创业教育的概念目前还没有定论，国内外学者有多种解释，主要有两种倾向：一种是狭义的创业教育，认为创业教育就是“教会学生经商，能创办企业的教育”。另一种是广义的创业教育，如彭刚认为：“所谓创业教育，是指以开发和提高青少年的创业基本素质，培养具有开创个性的社会主义建设者和接班人的教育；是在普通教育和职业教育基础上进行的，采取渗透和结合的方式在普通教育和职业教育领域实施的，具有独立的教育体系、功能和地位的教育。”

广义的创业教育认为，创业是为社会培养创业型人才，服务于社会实践，实现个人价值，提升社会效益。创业教育并不是要受教育者都去创建自己的企业，而是要传授创业知识，让受教育者知道创业活动过程的内在规律和所涉及的关键问题，以及可能遇到的问题和风险，帮助他们理性地规划职业发展路径。许多技术创业者失败不是因为他们的技术不好，不是因为商品没有市场，而是因为他们不知道如何将技术变成社会价值。创业教育要培养和强化学员的创业技能，包括创新思维和创新能力的增强、识别和把握机会能力的提高、学会创造性地整合资源，以及领导力的训练等。

2. 创业的类型

新华字典对类型的解释是：类型是具有共同特征的事物所形成的种类。模式是事物的标准样式。如果把这两个词进行区别，类型和模式相比仅仅是一个大概的分类，而模式已经成为一个固定的分类，成为分类的模板，模式要比类型更成熟。

《创业中国》编辑整理了中国富豪发财致富的九种类型，对福布斯富豪的创业类型进行了划分，大致分为：志存高远型、逼上梁山型、争气型或受刺激型、创业家族遗传型、顺理成章型、赌徒型、热血型或曰冲动型、因缘际遇型、知识型。《创业中国》对中国富豪发财致富类型的划分，主要是基于这些富豪创业的起因而进行的划分。大学生创业的类型依据类似的划分方式，大致可分为以下几种类型。

（1）成果转化型

大学生利用专业学习的优势，在某个领域获得具有领先意义的创造、发明或技术改进，申请了专利，依托科研成果的优势，创办企业，然后把科研成果投入生产，从而实现科研成果向产品的转化。这种类型的创业成为成果转化型创业。

（2）有志创业型

许多抱有创业想法而没有投入创业实践的大学生最普遍的心态就是等待、观望。大学生创业的最大困难就是缺乏社会经验，特别是缺乏资金支持。因此，虽然有创业的想法，但是大学毕业或大学读书期间即开始创业的大学生是很少的。即使真有想法的人也多是先找工作，有了积累后再创业；或者边工作边创业，在工作中积累社会经验、筹措创业资金、寻找志同道合的朋友、寻找创业机会，时机比较成熟后开始创业。

（3）家族创业型

根据调查，在当今世界上，家族企业仍是最普遍和最主要的企业组织形式之一。在美国约有90%的企业为家族企业；在英国有70%的企业为家族企业；在台湾除公营和外资企业外，其他几乎都属于家族企业。世界各国的大企业中也有相当一部分属于家族企业。父辈或亲属从事企业经营活动，他们的后代以及亲族从小受家庭影响，很多人对创业感兴趣，另起炉灶，开拓新的事业领域，是创业活动。继承父辈产业，予以发扬光大，也是一种创业活动。虽然家族型创业的大学生，拥有家族的资金、人脉优势，但是所谓“富不过三代”，家族型创业要想成功，仍然要有付出艰苦努力的准备，并兢兢业业地为之奋斗，才有可能收获成功。

（4）辍学创业型

大学生休学或者退学创业，称作辍学创业型。Google全球副总裁李开复说，我最担心的是“创业明星”的经历会误导很多大学生，让他们走上不该走的路。人们可能看到了少数辍学创业的成功者，需知这些成功者有些在创业之前，已具备了常人不具备的创业条件，如盖茨在辍学前已经开始在校园里进行电脑的组装和销售，他的寝室门前常常排着很长的队伍，等待购买他的产品。中国的“盖茨”创业资金大部分来源其父，彭海涛从四川大学计算机专业退学，父亲给了他100万元创业支持。当然，还有其他机遇和个人品格的特质等种种因素，铸就了少数大学生辍学创业成功的神奇。而对于多数大学生来说，如果不顾主客观条件就轻易辍学创业，一旦创业失败的话，职业规划将会十分困难。

（5）就业遇挫型

一些大学生在就业遇到挫折时往往会想到创业，也确实有少数大学生因此走上创业的道路。但是仅仅因为就业挫折而选择创业，事先没有充分的准备，心血来潮想自己闯荡一番是很难成功的，因为创业的难度远远大于就业。

一位从事大学生创业指导的老师深有体会地说：“临近毕业，每天都有很多学生来咨询创业的事情，但我觉得对那些不具备创业素质的学生来说，就业比创业更适合。因为一名创业者要有很多素质，领导协调能力就很重要。”

3. 创业的过程

（1）准备阶段

很多大学生认为自己在学校具备了需要的知识和能力，但是在大学学到的知识往往与社会需要有差距。尤其是有部分学生可能在创业之前在学校有自己做生意卖东西的经历，便认为有这方面的经验，所以创业也不成问题。但是经历并不等于经验，学生在学校从事的一些活动都是在校园这个相对比较封闭的环境中进行的，本身就有一定的特殊性，而学生到社会上创业，不确定的因素非常多，并不是学生能够预料到的。因此，学生需要注意在各方面的能力上不断完善自己。

自己尝试办设计工作室的广东技术师范学院大二学生王冠认为："创业前的社会经历十分重要。"他这样评价自己："我绝对不是最顶尖的学生，就算是在我们系里，也有不少人比我强。我之所以比他们更敢走出这一步，主要是因为朋友较多、经验多些、懂一点法律知识。创业不是有专业能力就可以的，社会阅历、人际交往、客户关系、法律常识更重要。"

(2) 创业阶段

创业阶段，时间大致是一年，创业阶段需要完成的主要任务包括以下几个。

① 选择适合自己的行业

创业者进入的产业应当是已经处于上升期但还没完全达到大规模发展阶段。如果是处于下降期的产业竞争会十分激烈，几乎都是以规模效应竞争的。新成立的公司显然不具备规模竞争的优势，而下降期的产业没有发展前途，也不利于企业的长远发展。处于巅峰期的产业已经处于成熟阶段，新手参与竞争，很难获得成功。

应当选择自己具有优势的领域进入，或许你有现成客户，如很多外贸公司做销售的人员，在积累了一定的客户后，自己创业，在创业之初，就有了自己的客户；或许你拥有技术，比如大赛获奖、自己的发明专利等；或许你有特殊的人脉资源，比如你有一个亲戚是在银行担任高层领导，于是可以选择去做信用卡业务。

② 做好资金、人员安排

在资金测算上，一般的计算方法如下：办公费用(房租，水电，物业，家具，办公用品，易耗品)按 12 个月计算。其中房租按 13～15 个月计算(押金各地不同)。

人力成本(工资，福利，管理成本，电话费，招待费，差旅费)按 12 个月计算。

采购成本按周转率 2 倍计算。

这些都是基础的费用，按 12 个月计算是因为初创企业一般来说一年内要做好没有业务收入的准备。也就是说资金至少要撑够一年，这样如果企业经营状况不佳时，在七八个月的时候还可以考虑调整、转变。

在合作者选择上，无论是选择共同创业者，还是选择雇用员工或争取投资者，都是选择创业的合作者。创业不是一个人可以完成的事业，而是一个团队的集体活动，因此选择合作者十分重要。选择合作者的要素首先是资源上和你互补(而不是感情融洽)，其次才是考虑性格问题。

(3) 发展阶段

公司经历了一年的初创阶段后，进入发展阶段。发展阶段一般要经历 3～5 年，此时企业主要任务如下所示。

① 快速完成资本积累

一把手必须学会如何正确测算现金流，必须保证随时用严格的财务工具管理公司。在公司得以稳固，开始进入发展期后，要积极扩大效益，争取快速完成资本积累。

② 形成主营业务(公司70%现金流的提供业务)

主营业务必须迅速定位完成,90%的成本应当投入到主营业务中去,只有最多10%的成本(包括资金成本和人力成本)可以放在别处用。最大的忌讳就是这几个月做这个业务,发现不好做后那几个月又转换到其他业务上去。这样前面打下的基础全部白费,全公司员工意识形态转变未必来得及,容易造成混乱,员工普遍会产生不安定感。

③ 实行粗中有细的管理模式。所谓粗中有细,粗是指初创企业每个人都独当几面,因此不可引入那些大公司的日常管理制度,必须以更灵活、自由为原则;细就是在财务控管上必须严格,要一丝不苟,斤斤计较。初创企业每一分钱的成本节约都是很有价值的。

④ 初创企业的人员必须精干,人海战术是不可取的,请两个工资4000的人,远远不如只请一个工资8000的人。还有就是这个阶段更适合以销售为导向,也就是说以非常高的奖金比例来和业务挂钩,这样更容易鉴别人才。

(4) 快速发展时期

一般公司在运营到第五年以后,开始进入快速发展时期,这一时期所要完成的主要任务如下所示。

① 更加注重专业化。企业的多元化发展,应当是与主营业务相关的多元化,而不是互不关联的多元化,对于发展阶段的企业必须实施专业化的策略。

因为这个阶段要开始发力了,企业会进入快速发展的阶段,所以力要往一块使。这一阶段的企业更无法接受摔跟头,这个时候就好比一个身高2米的巨人,每摔一跤都是很沉重的。

② 扩大企业规模。也就是说对现有的产品和服务进行延伸,在原有产品的规格、颜色和包装上动脑筋要比开发一种全新的产品保险得多。一些小小的变化不仅可以增加产品在老顾客中的销售量,还可以获得相当多的新顾客。

为了扩大规模,有的企业可能会搬迁公司,那么一定要先仔细分析该地的劳动力、运输、交通、顾客市场和其他的基础设施状况等,这些因素直接影响着搬迁的成败。

③ 在关注销售状况的同时,努力降低公司的开支。组织越大,浪费情况越严重。如何减少浪费,以及可以削减哪些可以省略的工作程序,都是需要仔细思考和计算的。销售额要减去销售成本才可以算作利润,而成本的降低则相当于直接增加了利润。

④ 通过改进技术来提高生产力。在一个运作紊乱的体系中投入新的电脑和先进的软件只会增加成本,而不能提高生产力。因此必须对公司的体系进行彻底的分析,选出能够帮助公司原有体系更好运行的技术。此外还要对员工进行培训。引进新技术的投入绝大部分都源于对员工的培训,但也只有在教会员工运用这些技术后,这些投入才能真正为公司带来利润。

⑤ 可以争取公开募股来支付这些新设备,新技术以及产品开发的费用。一个相对成熟的公司的信用,足以吸引银行贷款和私人投资,可以与他们谈判,从而获得更优惠的条款。甚至一些金融家们正抢着和你们公司进行合作。这时候的公设市场也是公开的。虽然预先成本很高,但是首次公开募股可以让你获得股票和债券市场中最低成本的资金。

⑥ 这一阶段,创业者应当进行必要的分工了,每一项专业工作都会耗费大量精力,身兼多职只会什么都做不好。同时一把手应当更多地去接触更广泛的社会相关资源。这些可能都是你在初创阶段不会也没必要去接触的。这些资源包括工商、税务、银行、政府关系等。

⑦ 关注自有知识产权。知识产权分为两种：贸易、代理型的企业以渠道为主，在更好地维持渠道关系的同时你应当去开始设计好的商业模式；而技术型的企业可以考虑引入自己的品牌。

（5）成熟期

企业在成功发展第十年以后进入成熟期。成熟期面临的主要任务如下。

① 开发新产品、新服务、新市场。生意运作了几年之后，在不断地挖掘产品、服务、顾客与市场潜力的过程中，会发现销售量开始降低，市场需求开始减少，发展几乎陷入停滞。这时候，需要寻找一些新的运载工具，比如说新产品、新服务和新市场。

② 创新是企业的生命。公司走向成熟、稳定后，企业发展的最大挑战就在于能否创新。面对的市场在不断变化，竞争对手也层出不穷，技术不断更新，企业如果不能创新，就会失去生命力。

③ 更关注中层干部的培养。因为创业元老有很多可能都未必适合大型企业的运作了，应当引导他们在未来逐步退居成股东而非经营者，一批中层干部应当被培养起来接班。这样也更有利于一把手的长期权威。

④ 选择继任者。企业家要选出一名未来的继承人，自己则逐步地退出公司的日常运作。随着新领导登上舞台和公司创始人的退出，整个组织也就更容易接受新的领导。许多企业家倾向于选择一个和自己做事方式几乎完全一样的继任者。一般来说，在继任者进入领导者角色之前的几年中，如果他在公司内部接受过针对不同部门、不同层次的各项工作的培训，那么他往往会表现得更好。

（6）退出期

第一代企业家在退出期可以选择的退出方式主要有以下几种。

① 顺利实现权力的移交。最好的方法可能就是制订计划，提前宣布自己离任的时间。等到那一天来临的时候，你就全身而退。你可以为公司的新任领导提供一些意见，但是你最好不要回到公司中或是直接参与到公司的决策中去，因为那样你会让大家怀疑到底谁才是真正的领导者。

② 生意转手。许多潜在的买家就在等着那些运营良好、效益不错的公司。这些买家可能是其他一些大大小小的公司、股市中的投资者、其他的企业家或是你自己的员工。不管买主是谁，要想成功地实现交易，你都得提前几年做打算。

买家所真正购买的是公司未来的利润。公司未来的资金流转水平对应着买家的出价水平，买家的购买价格往往是公司预计的资金流转的数倍。你必须对预测的资金水平提供文件支持。这也就意味着要提供公司的账户记录、运作手册、完整的营销计划和融资计划。

③ 简单地结束生意。如果你找不到一位合适的继任者而且生意也不宜转手，这可能也是你唯一的选择。这个过程很简单：解散公司的员工，变卖公司的资产，把顾客推荐给你的供应商，付清所有的遗留账单，关门走人。这样的退出方法最直接，也不需要多少计划和准备。处理恰当的话，还可以为一位企业家的事业生涯画上令人满意的句号。

（三）创业改变人生

1. 创业提升能力和人格魅力

创业是个伟大历程，只有通过创业，才能有效地实现人生价值、把握人生航向。

首先，创业可以充分发挥自己的才能。许多上班族之所以感到厌倦，积极性不高，原因之一就是个人的创意得不到肯定，个人的才能无法充分发挥，工作缺乏成就感，而创业则可以完全摆脱原有的种种羁绊，充分施展自己的才华，发挥最大潜能，提高个人价值。

其次，打开"金钱枷锁"，积累财富。"工薪阶层"工资再高，也是有限的，想改变一下自己的居住生活条件往往存在困难，而摆脱这些烦恼的最佳途径就是——开创一份完全属于自己的事业，它提供给创业者的利润是没有极限的。根据统计资料，在美国福布斯富人榜前四百名富人中，有75%是第一代的创业者。

再次，实现和满足"权力"意愿。创业者可以自己主宰自己，把未来握在自己的手中，可以摆脱上班的约束，摆脱受人管理、指挥与行动受控的局面，使自己的人生价值得到更完美的体现；创业还能够使个人有足够的机会和潜力回馈社会，造福一方，具有极高的成就感。

第四，享受过程，激励人生。创业能够做自己喜欢的事业，并从中获得乐趣；在创业过程中，可以感受到无穷的变化、挑战和机遇，它是一个令人兴奋的过程，在这个过程中，创业者可以不断积累经验，激励人生。

2. 创业实现自身价值

大学生在进行职业生涯规划的时候，都要问自己：我的价值观是什么？价值观决定着一个人的生存方式，涉及人应当如何活着才有意义、有价值。个人的生活方式决定了个人事业的方向，在确定了大的发展方向以后，还要结合自身的性格、兴趣、气质、意愿确定职业选择。

事业的选择对于人生的幸福至关重要。做自己喜欢的工作，并能从中获得足够的报酬，是一种幸福，更是一种幸运，是值得所有人去努力争取的目标。试想：有一个事业，明明是自己不喜欢的，为了各种各样的理由，历尽千辛万苦得到了，然后被这个工作"折磨"一生，岂不是太可怕了么。虽然有时候对一件事的好恶，也不是绝对的，好恶往往可以转化，但是，在进行职业规划和创业的设想阶段，对将来自己想要什么样的生活方式，还是有必要认真考虑的。

练习 8-1

1. 采访或现场访问你身边的企业家，听听他们的创业故事，了解其企业的基本状况，谈谈这个企业家的创业经历给你最大的启发是什么？

2. 通过网络或请教专家思考你所学的专业有可能开展哪些创业项目？你是否还具备其他有可能成为创业优势的有利条件？

二、创业意识与创业能力的培养

（一）创业者基本素质

创业活动是由创业者主导和组织的商业冒险活动。要成功创业，不仅需要创业者富有开创新事业的激情和冒险精神、面对挫折和失败的勇气以及各种优良的品质素养，还需要他具备解决和处理创业活动中各种挑战和问题的知识和能力。

1. 创业者的心理素质

(1) 强烈的创业意识和成功欲望

要想取得创业的成功,创业者必须具备自我实现、追求成功的强烈创业意识。强烈的创业意识能够帮助创业者克服创业道路上的各种艰难险阻。创业的成功是思想上长期准备的结果,事业的成功总是属于有思想准备的人,也属于有创业意识的人。

强烈的成功欲望是创业的最大推动力。心态,尤其是关键时候的心态,导致了人生道路的巨大差异。

(2) 自信、自强、自主、自立的创业精神

信念是生命的力量,是创立事业之本。创业是向未知领域的探险,只有相信自己有能力、有条件去开创未来的事业,相信自己能够主宰自己的命运,才能够成为创业的成功者。创业者不仅要相信自己,还要相信他们正在追求的事业,并以此来感染和说服他人,取得信任和支持。

自强就是在自信的基础上,不贪图眼前的利益,不依恋平淡的生活,敢于实践,不断增长自己各方面的能力与才干,勇于使自己成为生活与事业的强者。

自主就是具有独立的人格,具有独立性的思维能力,不受传统和世俗偏见的束缚,不受舆论和环境的影响,能够自己选择自己的道路,善于设计和规划自己的未来,并采取相应的行动。自主还要有远见,有敢为人先的胆略和实事求是的科学态度,能把握住自己的航向,直至达到成功的彼岸。

自立就是凭借自己的头脑和双手,凭借自己的智慧和才能,凭借自己的努力和奋斗,建立起自己生活和事业的基础。

(3) 积极、沉稳的心态

创业之路是充满艰险与曲折的,需要创业者具有非常强的心理调控能力,能够持续保持一种积极、沉稳的心态,即有良好的创业心理品质。它主要体现在人的独立性、敢为性、坚韧性、克制性、适应性、合作性等方面。

正因为创业之路不会一帆风顺,所以,如果不具备良好的心理素质、坚韧的意志,一遇到挫折就会垂头丧气、一蹶不振。只有具有处变不惊的良好心理素质和愈挫愈强的顽强意志,才能在创业的道路上自强不息、竞争进取、顽强拚搏,才能从小到大、从无到有,闯出属于自己的天空。

(4) 竞争意识

竞争是市场经济最重要的特征之一,是企业赖以生存和发展的基础,也是一个人立足社会不可缺乏的精神。人生即竞争,竞争本身就是提高。只有敢于竞争、善于竞争,才能取得成功。创业之初,面临的是一个充满压力的市场,如果创业者缺乏竞争的心理准备,甚至害怕竞争,就只能是一事无成。

2. 创业者的品质素质

创业人格品质是创业行为的原动力和精神内核。创业是开创性的事业,尤其在困难和不利的情况下,人格品质魅力往往具有决定性的作用。

(1) 使命感和责任心

使命感和责任心是驱动创业者勇往直前的力量之源。创业活动是社会性活动,是各种

利益相关者协同运作的系统。只有对自己、对家庭、对员工、对投资人、对顾客、对供应商以及对社会拥有高度的使命感和负责精神，才可能赢得人们的信任、尊重和支持。

（2）目的明确，积极主动

创业者对于不确定的环境和全新的事业，充满激情和梦想，并为此不断挑战自我，实现超越。他们做事目的性强，目标明确，讲效率，重实效。为了完成既定目标，他们往往长时间超常艰辛地工作，在创业初期常表现为工作狂倾向。

创业者常常要经历许多的挫折和失败，只有始终保持乐观积极的心态，才可能在失败之后振作起来，并从中汲取教训，增加下一次成功的机会。人们常说，一个人的成功不在于他曾达到的高度，而在于他掉下来之后反弹的高度。

（3）创新冒险

创新是创业精神的核心要素，创新意识和冒险精神是创业者的内在要求。创业机会的发现和创意的形成需要进行创造性思维，发挥创造力。同样，机会的开发、资源的整合、商业模式的设计更是创新能力的集中体现。

创业的开创性需要有冒险精神，需要有胆略和胆识。同时，在创业实践中也要有风险意识，要注意冒险精神和风险意识的平衡，保持理性思维，降低风险损失。

（4）坚韧执著

创业是对人的意志力的挑战。面对险境，身处逆境能否坚持信念，承受压力，坚持到底，常常决定着创业的成败。最后的成功往往就在于再坚持一下的努力之中。

（5）正直诚信

正直诚信是创业者必备的品质，它体现了成功创业者的人格魅力。讲信誉，守诺言，言行一致，身体力行，胸襟广阔，厚人薄己，敢于承担责任，勇于自我否定。具有良好口碑的人格魅力可以帮助创业者凝聚人心，鼓舞士气，赢得更多合作者的信任和支持。

（6）懂得分享

成功的创业者都懂得分享的道理，即算大账的人做大生意，干大事业；算小账的人则永远只能做小生意，干小事情。

（二）创业者基本能力

1. 组织领导能力

（1）战略管理能力。战略是对企业的长期目标、行动计划和资源配置所做出的统筹安排，它是企业的生命线，是企业腾飞的起跳板。一个及时、果敢、英明的战略决策是企业由蛹化蝶、由小到大、由平凡到伟大的最初推动之力，错误的战略会葬送一个企业。战略管理能力包括战略思维、战略规划和设计等，是一个创业者的核心领导能力。

（2）决策学习能力。正确决策是保证创业活动顺利进行的前提。尤其是有关创业机会的识别和选择、创业团队的组建、创业资金的融通、企业发展战略以及商业模式的设计等重大决策，直接关系着对创业全局的驾驭和创业的成败。

（3）经营管理能力。创业者经营管理能力是指对人员、资金以及企业内部运营的能力。它涉及人员的选择、使用、组合和优化，也涉及资金聚集、核算、分配、使用、流动。经营管理能力是一种较高层次的综合能力，它包括团队组建与管理能力、市场定位与开拓能力、企业文化设计与培育能力、应付突发事件能力等。可以说，经营管理能力是解决企业生存问题的第一要素。

2. 业务能力

(1) 专业技术能力。专业技术能力是创业者掌握和运用专业知识进行专业生产的能力。专业技术能力的形成具有很强的实践性。创业者要重视积累专业技术方面的经验和职业技能的训练，以不断提高专业技术能力。

(2) 交往协调、资源整合能力。交往协调、资源整合能力是指创业者妥善处理公司与公众(政府部门、新闻媒体、客户等)之间的关系，协调下属各部门、成员之间关系的能力。创业者只有搞好内外团结，处理好人际关系，才能建立一个有利于自己创业的和谐环境，为成功创业打好基础。

协调交往能力是一种社会实践能力，需要在实践活动中学习和积累总结。一是要敢于与不熟悉的人和事打交道，敢于冒险和接受挑战，敢于承担责任和压力；二是养成观察与思考的习惯，观察的过程就是调查、获取信息的过程；三是处理好各种关系，处理好关系要善于应酬，心理学家称，应酬的最高境界是在毫无强迫的气氛里，把诚意传达给别人，使别人受到感应，并产生共识，自愿接受自己的观点。

(3) 创新能力。创新能力是一种综合能力，包括两方面的含义。一是大脑活动的能力，即创造性思维、创造性想象、独立性思考和捕捉灵感的能力；二是创新实践的能力，即在创新活动中完成创新任务的具体工作的能力。创新能力取决于创新意识、智力、创造性思维和创造性想象等。

此外，由于创业是一个艰苦卓绝的长途跋涉过程，充满艰辛，强健的体魄也是创业成功的基本保障。

创业成功的因素是复杂的，不能说具备了上述特征就一定能成功，或者说不具备这些特征就不能创业。但是，具备这些必要的素质和能力或有意识地培养这些素质和能力，无疑会大大增加创业成功的几率。

(三) 我如何才能适应创业要求

1. 审视自己的创业动机

创业只有“知己知彼”，才能“百战不殆”。创业过程充满挑战，始终与风险相伴，它意味着长期而艰苦工作的开始。没有良好的心理素质，是难以承受这种艰辛的工作和较高风险的。

创业动机直接影响创业的成败和难易。一般创业者的创业动机可分为以下四种类型。

(1) 被迫型。创业者的社会关系不是很多，手中资源也有限。这类人包括毕业找不到工作的学生等。他们多是白手起家，寻找机遇。从小企业开始创业，不断积累，逐步成长。

(2) 主动型。创业者自身有一定的专业特长、资源市场或资金，利用这些资源优势，理性创业，充分准备，成功的概率比较高。

(3) 资源型。创业者曾在党政军团、行政事业单位掌握过一定权力，或者在企业中有过相当的经历，有着一定的市场、项目、资金、信息或人脉资源，借助于适当的时机，开始创业。这些创业者，由于起步较好，资源丰富，成功概率很高，且大多数都能达到相当大的规模。

(4) 随机型。创业者自身或家庭有良好的条件，创业风险对他们没太大压力，赚了钱更好，赔了也无所谓，是以一种令自己快乐的生活方式。

2. 储备创业知识和能力

(1) 熟悉创业申办与创业发展的基本流程,熟悉政府有关管理部门的业务职能与服务,以提高创办企业的办事效率。

(2) 了解和学习一些与企业相关的法律知识及政府出台的相关政策,借助政府扶持的政策,优选创业方向和项目,降低创业成本和投资风险。同时,树立用法律武器来保护自己的意识。

(3) 掌握信息来源渠道,促进企业信息化建设,为今后梳理信息、了解行情、整合多方资源奠定基础。重点应掌握征信技术,为发现、识别和控制交易风险奠定基础。

(4) 树立企业"信用品牌"意识,以企业信用建立并开拓市场。这是企业在今后进一步开拓市场、融资、获取项目的重要条件。

(5) 学会使用一些金融工具,学习一些财务知识,了解企业融资的渠道和融资手续的办理程序、条件准备、融资策略与方法,为今后企业或项目融资奠定基础。要看得懂财务报表,能从财务报表中了解企业的经营业绩和发展趋势。

(6) 了解企业文化相关知识,指导企业发展的意识形态。企业文化主要是指企业的指导思想、经营理念和工作作风,包括价值观、行为准则、道德规范、文化传统、风俗习惯、典礼仪式、管理制度以及企业形象、企业品牌等。企业文化是企业战略实现的基础。

此外,创业者还需要了解一定的生产、质量、新产品开发、资产管理等方面的知识。

3. 积累创业经验

(1) 利用大学社团锻炼组织策划能力。学校社团的任何一项活动,从策划到最后实现是个综合过程。参与全局,体验全局,可锻炼组织、协作、资源利用等能力,这是锻炼综合能力最基本的途径。

(2) 利用大学课余和寒暑假打工。现在社会留给学生的打工机会很多,利用打工可充分锻炼自己的综合能力。市场调研、销售、组织、人力资源管理、财务管理、物流管理等各方面能力都可以在打工的过程中或多或少地得到锻炼,加上相关书籍的对照学习,积累经验是完全可能的。

(3) 参与学校的科研项目获取实践经验。参与学校科研项目的同学,有更多接触项目导师的机会。项目导师跟社会的接触往往很紧密,在导师那里能学到很多实践经验。参与科研项目,能通过实验充分锻炼动手能力,找出创业金点子,锻炼策划能力。

(4) 毕业后在企业实际锻炼。企业就是个实际创业团队。在这个团队里,锻炼能力、积累经验都是可取的。但在企业里,要想独立创业,还需要善于发现全新的创业点子,或在所在企业市场空白处找到创业契机,或自己组建的团队高于所在企业的团队,那么独立创业才会有成功的把握。

(5) 积极参加创业培训,积累创业知识,接受专业指导,通过学习他人间接的经验,提高创业成功率。

练习 8-2

1. 假如你要创业,你觉得自己心理素养还有哪些差距,应如何培养?

2. 你需要学习的创业知识有哪些？如何制订一个短期的学习计划？
3. 你觉得自己适合创业吗？
4. 如果让你为创业能力排序，你如何排？为什么？
5. 你认为创业前，应在思想和心理方面做好哪些准备？其中最重要的是哪些？

三、创业准备

（一）我的创业机会在哪里

创业是发现市场需求，寻找市场机会，通过投资经营企业满足这种需求的活动。创业需要机会，而机会无时不在，无处不在，关键是要寻找和发现。在茫茫的市场经济大潮中，要想寻找到合适的创业机会，就需要创业者具备一定的素质，并掌握发现市场机会的方法。

1. 创业机会的来源

寻求创业机会的简便方法，可以关注以下六个方面。

（1）问题

创业的根本目的是满足顾客需求，而顾客需求在没有满足前就是问题。寻找创业机会的一个重要途径是善于去发现和体会自己和他人在需求方面的问题或生活中的难处。比如，上海有一位大学毕业生发现，远在郊区的本校师生往返市区交通十分不便，便创办了一家客运公司；双职工家庭没有时间照顾小孩，于是有了家庭托儿所；没有时间买菜，就产生了送菜公司；等等，这些都是把问题转化为创业机会的成功案例。

（2）变化

创业的机会大都产生于不断变化的市场环境，这种变化包括产业结构的变动、消费结构升级、城市化加速、人口结构变化、价值观与生活形态的变化、政府政策的变化、人口结构的变化、居民收入水平提高、全球化趋势等方面。

如居民收入水平提高，私人轿车的拥有量将不断增加，这就会派生出汽车销售、修理、配件、清洁、装潢、二手车交易、陪驾等诸多创业机会。

（3）创造发明

创造发明提供了新产品、新服务，更好地满足顾客需求的同时，也带来了创业机会。比如，随着电脑的诞生，电脑维修、软件开发、电脑操作的培训、图文制作、信息服务、网上开店等创业机会随之而来，即使你不发明新的东西，你也能成为销售和推广新产品的人，从而给你带来商机。

（4）新知识、新技术的产生

新知识、新技术的产生也带来了许多市场机会。例如，当人类基因图像获得完全解决时，可以预期其必然在生物科技与医疗服务等领域带来极多的新事业机会；又如，随着健康知识的普及和技术的进步，围绕“水”就带来了许多创业机会，上海就有不少创业者加盟“都市清泉”，走上了创业之路。

（5）竞争

在运输、金融、保健、饮食、流通这些所谓的“低科技领域”，如果你能弥补竞争对手的缺陷和不足，这也将成为你的创业机会。

(6) 顾客的差异

每个人的需求都是有差异的，如果我们时常关注某些人的日常生活和工作，就会从中发现某些机会。因此，在寻找机会时，应习惯把顾客分类，认真研究各类人员的需求特点。

2. 创业机会的评估与选择

(1) 评估创业机会的准则

针对创业机会的市场与效益，我国这方面的研究专家刘常勇教授提出了一套准则，可以作为创业者评估创业机会及项目投入的决策参考。

① 市场效益

市场定位。包括市场定位是否明确、顾客需求分析是否清晰、顾客接触通道是否流畅及产品线是否可以持续衍生等。

市场结构。包括进入障碍、上游供应商、顾客、销售商的实力、替代性竞争产品的威胁以及市场内部的激烈程度。

市场规模大小与成长速度。市场规模大的行业，虽然进入相对容易，但是需要的资金却较多，竞争的激烈程度相对较低，如传统制造业；如果进入一个十分成熟的市场，市场规模虽大，但是利润空间很小，如个人电脑市场；而正在成长中的市场，通常是一个充满商机的市场，所谓水涨船高，如公关行业和消费娱乐业。

市场渗透力。也就是机会变现的过程。聪明的创业者知道选择适当的时间进入市场，既不成为哺育市场的先驱，又不成为最后赴宴的人，而要做那个一入市就能接到订单的人。

市场占有率。要成为市场的领导厂商，最少需要拥有20%以上的市场占有率。如果低于5%的市场占有率，创业的成功率不会太高，尤其在一方独霸的高科技产业，新事业必须要拥有能够成为市场前几名的能力，或者是与众不同的地方。

计算产品的成本。比如，物料与人工成本所占比重的高低、可变成本与固定成本的比重以及经济规模与产量大小，都可以判断自己的利润空间与附加价值。

② 财务效益

合理的税后净利。一般而言，具有吸引力的创业机会，至少需要能够创造15%以上的税后净利。如果创业预期的税后净利是在15% 以下，那么，这就不是一个好的投资机会。

达到损益平衡所需的时间。合理的损益平衡时间应该能在两年以内达到，但如果三年后还达不到，恐怕这就不是一个值得投入的创业机会。不过，有的创业机会确实需要经过比较长的耕耘时间，此时，可以将前期投入视为一种投资，以容忍较长的损益平衡时间。

投资回投率。考虑到创业可能面临的各项风险，合理的投资回报率应该在25%以上。一般而言，15%以下的投资回报率，是不值得考虑的创业机会。

资本需求。创业资本是创业者的一个拦路虎，因此，在创业开始的时候，不要募集太多资金。而且，比较低的资本额，也有利于提高每股盈余。

毛利率。毛利率高的创业机会，相对风险较低，也比较容易取得损益平衡。反之，风险较高，就容易遭受损失。一般而言，理想的毛利率是40%，当毛利率低于20%的时候，这个创业机会就不值得考虑。

策略性价值。一般而言，策略性价值与产业网络规模、利益机制以及竞争程度密切相关，而创业机会对于产业价值链所能创造的加值效果，也与它所采取的经营策略与经营模式密切相关。

资本市场活力。一般新创企业在活跃的资本市场比较容易创造增值效果。

退出机制与策略。由于退出的难度普遍高于进入，所以，一个具有吸引力的创业机会，应该要为所有投资者考虑退出机制以及退出的策略规划。

(2) 创业机会评价的定量方法

JohnG. Burch 在 Entreprneurship 中指出了四种公认的评价方法。

① 标准打分矩阵法

通过选择对创业机会成功有重要影响的因素，由专家小组对每一个因素进行最好(3分)、好(2分)、一般(1分)三个等级的打分，最后求出每个因素在各个创业机会下的加权平均分，从而对不同的创业机会进行比较，见表8-1。

表8-1　标准打分矩阵

标　准	专家评分			
	极好(3分)	好(2分)	一般(1分)	加权平均分
易操作性	8	2	0	2.8
质量和易维护性	6	2	2	2.4
市场接受度	7	2	1	2.6
增加资本的能力	5	1	4	2.1
投资回报	6	3	1	2.5
专利权状况	9	1	0	2.9
市场的大小	8	1	1	2.7
制造的简单性	7	2	1	2.6
广告潜力	6	2	2	2.4
成长的潜力	9	1	0	2.9

② Westinghouse 法

这实际上是计算和比较各个机会的优先级。公式如下：

技术成功概率×商业成功概率×(价格－成本)×投资生命周期/总成本＝机会优先级

在该公式中，技术和商业成功的概率以百分比表示(从0到100%)，平均年销售数是以销售的产品数量进行计算，成本是以单位产品成本进行计算，投资生命周期是指可以预期的年均销售数保持不变的年限，总成本是指预期的所有投入。对于不同的创业机会将具体数值带入计算，特定机会的优先级越高，该机会就越有可能成功。

例如，假设一个创业机会的技术成功概率为80%，市场上的商业成功概率为60%，在9年的投资生命周期中，年均销售数量预计为20 000个，净销售价格为120元，对于每个产品来说的全部成本为87元，研发费用500 000元，设计费用140 000元，制造费用230 000，营销费用50 000元，把这些数字代入公式之中，可以计算得出机会优先级约等于6。

$$0.8\times0.6\times20\,000\times(120-87)\times9/(50\,000+140\,000+230\,000+50\,000)\approx6$$

③ Hanan Potention meter 法

这种方法是由创业者针对不同因素进行评分，预先设定好权值，通过对所有因素得分的加总得到最后的总分，以评估其成功的潜力（见表 8-2）。对于每个因素，不同选项的得分可以从－2 分到＋2 分。总分越高说明特定创业机会成功的潜力越高。只有那些最后得分高于 15 分的创业机会，才值得创业者进行下一步策划，低于 15 分的都应被淘汰。

表 8-2　Hanan Potention meter 法

因　　素	得分（－2～2）
对于税前投资回报率的贡献	
预期的年销售额	
生命周期中预期的成长阶段	
从创业到销售额高速增长的预期时间	
投资回收期	
占有领先者地位的潜力	
商业周期的影响	
为产品制定高价的潜力	
进入市场的容易程度	
市场试验的时间范围	
销售人员的要求	

④ Baty 的选择因素法

在这种方法中，通过 11 个选择因素的设定来对创业机会进行判断（见表 8-3）。如果某个创业机会只符合其中的 6 个或更少的因素，那么这个创业机会就很可能不可取；相反，如果某个创业机会符合其中的 7 个或者 7 个以上的因素，那么这个创业机会将大有希望。Baty 的选择因素法见表 8-3。

表 8-3　Baty 的选择因素法

这个创业机会在现阶段是否只有你一个人发现了？
初始的产品生产成本是否可以承受？
初始的市场开发成本是否可以承受？
产品是否具有高利润回报的潜力？
是否可以预期产品投放市场和达到盈亏平衡点的时间？
潜在的市场是否巨大？
你的产品是否是一个高速成长的产品家族中的第一个成员？
你是否拥有一些现成的初始用户？
是否可以预期产品的开发成本和开发周期？
是否处于一个成长中的行业？
金融界是否能够理解你的产品和顾客对它的需求？

（二）我面临的创业环境如何

1. 创业环境分析的内容

企业是整个社会经济系统中的一个子系统，它始终与内外部环境进行着信息、物质资源和人才等方面的交流。内外部环境的种种变化，可能会给企业带来两种性质不同的影响：一是为企业的生存和发展提供新的机会；二是对企业生存造成威胁。企业要谋求生存和发展，就必须研究和认识内外部环境。

创业环境包括一般外部环境、社区环境、行业环境、政策环境、内部环境几个方面。

(1) 创业的一般外部环境分析

创业的一般外部环境主要是指企业所在的国家或地区的政治、经济、人口、社会文化、科技、资源，以及地理和气候等环境。

① 政治与政策法律环境

政治与政策法律环境包括一个国家的社会制度，执政党的性质，政府的方针、政策及法令等。

直接影响创业的是各种法律、法规和政策，如税法、专利法、环境保护法和反垄断法，还有产业政策、投资政策、国防开支及政府补贴等。与创业相关的法律与法规大致可以分为三类：

涉及企业主体、调整平等主体之间关系的主体法和程序法。

涉及企业运营和对于企业运行进行规范、管理的法律。

涉及税收法律。对于创业者而言，比较重要的税收法律是流转税法(包括增值税、营业税、消费税)和所得税(个人所得税和企业所得税)。

② 经济环境分析

经济环境指企业经营过程中所面临的各种经济条件、经济特征、经济联系等客观因素。

主要的经济发展状况信息有：GDP 及其增长率、贷款的可得性、可支配收入水平、居民消费(储蓄)倾向、利率、通货膨胀率、规模经济、政府预算赤字、消费模式、失业趋势、劳动生产率水平、汇率、证券市场状况、外国经济状况、进出口因素、不同地区和消费群体间的收入差别、价格波动、货币与财政政策。

③ 社会文化环境分析

社会文化环境包括一个国家或地区的居民教育程度和文化水平、宗教信仰、风俗习惯、审美观点及价值观念等。文化水平会影响居民的需求层次；宗教信仰和风俗习惯会禁止或抵制某些活动的进行；价值观念会影响居民对组织目标、组织活动以及组织存在本身的认可与否；审美观点则会影响人们对组织活动内容、活动方式以及活动成果的态度。

④ 科技环境分析

科技环境指一个国家和地区的技术水平、技术政策、新产品开发能力以及技术发展动向等。

相关信息包括：创业地区的新技术、新材料、新产品、新能源的状况，国内外科技总体发展水平和趋势，本企业所涉及的技术领域的发展情况，专业渗透范围、产品技术质量检验指标和技术标准等。

⑤ 地理和气候环境分析

地理和气候环境是指企业所在地域的全部自然资源所组成的环境，包括各种矿藏和地理气候等自然条件。创业者应注意对地区条件、气候条件、季节因素和使用条件等方面进行分析。

(2) 创业的社区环境分析

创业企业一般规模较小,其影响力局限于社区范围;反过来,社区环境的小气候对刚创建的企业来说,影响更是巨大,所以分析企业所在的社区环境是重点之一。

① 社区购买力分析

对社区购买力的分析,主要涉及以下几个内容:居民货币收入,流动购买力,购买力投向分析。

② 社区人口状况分析

研究人口状况是为了便于进行市场细分。相关信息包括:社区总人口、社区家庭总数和家庭平均人口数、社区人口的年龄构成、社区人口的职业构成、社区人口的教育程度。

③ 产品或服务的需求调查与分析

需求通常是指人们对外界事物的欲望和要求,人们的需求是多方面、多层次的。对创业者拟生产的产品、服务需求和供给方面的分析主要包括:

消费者购买动机分析。购买动机是直接驱使消费者实行某种购买活动的一种内部动力,反映了消费者在心理、精神和感情上的需求。它是消费者需求与其购买行为的中间环节。对消费者购买动机进行分析,可以为商品开发或营销战略的制定,提供科学决策依据。

消费者购买行为分析。消费者购买行为是消费者购买动机在实际购买过程中的具体表现,即通常所讲的"3W"、"1H"分析,即了解消费者在何时购买(When)、何处购买(Where)、由谁购买(Who)和如何购买(How)等情况。

不同的消费者具有不同的购物爱好和习惯。如有些消费者注重品牌,他们愿意支付较多的钱购买自己所喜爱的品牌;而有些消费者则注意价格,他们购买较便宜的商品,对品牌并不在乎或要求不高。

④ 产品或服务的市场供给调查分析

主要信息有:现有竞争对手的产品能否满足顾客需求?竞争对手产品或服务的不足之处有哪些?现有竞争对手对于市场需求会做出什么反应?会不会有新的竞争对手出现?

(3) 创业的行业环境分析

行业是影响企业生产经营活动最直接的外部因素,一个行业的经济特性和竞争环境以及它们的变化趋势往往决定该行业未来的利润和发展前景。

① 行业经济特性分析

它主要从这几个方面进行:市场区域范围及规模大小、规模经济特征、行业进入与退出壁垒及难易程度、对资源的要求程度及平均投资回收期、市场成熟程度、市场增长速度、行业中公司的数量及其规模、购买者的数量及规模、分销渠道的种类及特征、技术革新的方向及速度和行业总体盈利水平等。

② 行业中的变革驱动因素分析

行业变革驱动因素是指那些改变整个行业及竞争环境的主要原因及因素,创业时如能敏锐地判断行业驱动因素,则非常有利于企业未来的战略制定。

尽管促使某一行业发生变化的变革因素很多,但一般来说,真正算得上驱动因素的不会超过3～4个,创业者应仔细辨别,将行业驱动因素与那些并不重要的因素区别开来,并将关注的重点集中于这些因素上。

③ 行业的关键成功因素分析

一个行业的关键成功因素是指影响行业中的各个公司能否取得成功的关键因素，包括产品与服务属性、资源要求、竞争能力及特定战略等。

同样，对于某一个特定的行业而言，在某一特定的时候，行业关键成功因素一般不会超过 3～4 个，创业者应该从诸多影响成功的因素中找出最为关键的因素，并在日常管理中聚焦于这些因素。

④ 行业竞争力量分析

一个行业的竞争状态是各种竞争力量共同作用的结果，这些竞争力量主要包括五个方面：行业中现有公司之间的竞争状况、供应商的议价能力、顾客的议价能力、替代产品或服务的提供商为了争夺顾客所采取的进攻性行动、来自潜在进入者的威胁等。

⑤ 行业中竞争对手分析

要使公司在竞争中获得胜利，就必须确认主要的竞争对手，并理解竞争对手的战略及其意图。除此之外，还必须时时跟踪竞争对手的策略，并预测其可能采取的行动。不仅应关注现时的竞争对手，还应估计谁将可能成为未来最主要的竞争对手，并为此积极采取应对之策。

⑥ 行业的吸引力分析

创业者可以从对前面五个问题的分析和理解，得出本企业进入该行业的未来前景：该行业是否具有吸引力？

（4）创业内部环境分析

创业的内部环境分析包括内部资源分析、能力分析以及核心竞争力分析。

① 企业内部资源分析

在创业阶段，主要分析目前拥有的财力资源、物力资源、市场资源、环境资源、技术资源及人力资源等方面。

在进行企业资源分析的时候，还需要特别注意企业的无形资源，如技术资源、信誉资源、文化资源和商标等。

② 企业能力分析

对于尚未建立的企业，创业者可以从以下几方面分析企业的未来能力：

- 企业从外部获取资源能力。可从企业所处的地理位置、企业与资源供应者的合作及信誉关系、资源供应者与企业讨价还价的能力、资源供应者前向一体化趋势主、企业供应部门人员素质和效率等方面进行分析。
- 生产能力，可从加工工艺和流程、生产设备设施等方面的计划安排、仓储、员工、产品或服务质量等方面进行分析。
- 营销能力，主要包括市场定位的能力，营销组合的有效性以及营销管理的能力等。
- 科研与开发能力，包括企业科研队伍的现状和变化趋势，高等院校或科研单位合作的基础、条件等。

③ 企业核心能力分析

核心能力是指企业拥有的有价值、稀有、难于模仿及不可替代的能力。它是决定企业生存和发展的最根本因素，是企业持久竞争优势的源泉。

企业培育核心能力的途径主要有两个：传统途径和现代途径。

传统途径是指企业为了实现内部资源的最优配置而采取的一系列管理行为，包括生产作业管理、供应管理、技术创新、市场营销管理、财务管理及人力资源管理等。

现代途径就是资本运营，指企业为了有效整合外部资源而采取的更为复杂的管理行为，包括兼并、收购、分拆、上市、联营及破产等。

2. 创业环境分析的方法

(1) PEST 分析法

PEST 是政治(Political)、经济(Economic)、社会(Social)和技术(Technological)的英文缩写，PEST 分析是指对影响一切行业和企业的各种宏观环境因素进行扫描分析。不同行业和企业根据自身特点和经营需要，分析的具体内容会有差异，但一般都应对上述四大类影响企业的主要外部环境因素进行分析。PEST 分析示意图如图 8-2 所示。

有时，亦会用到 PEST 分析的扩展变形形式，如 SLEPT 分析或称 STEEPLE。STEEPLE 是指以下因素：社会/人口(Social/Demographic)、技术(Technological)、经济(Economic)、环境/自然(Environmental/Natural)、政治(Political)、法律(Legal)、道德(Ethical)。

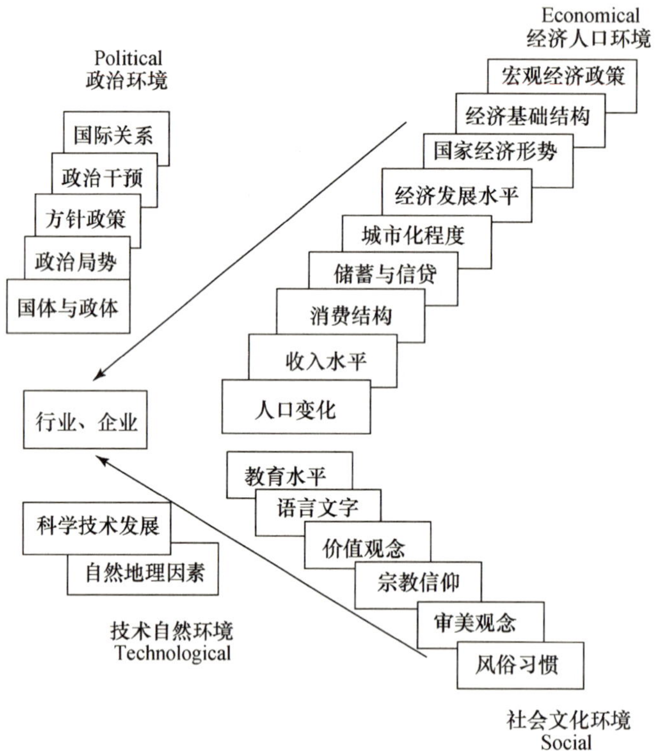

图 8-2　PEST 分析示意图

(2) SWOT 分析法

SWOT 分析是企业战略制定中一种常用的分析工具，被广泛运用在企业战略管理、市场研究、竞争对手分析等领域中。

所谓 SWOT 分析，即态势分析，就是将与研究对象密切相关的各种主要内部优势、劣势、机会和威胁等，通过调查列举出来，并依照矩阵形式排列，然后用系统分析的思想，把各种因素相互匹配起来加以分析，从中得出一系列相应的结论。而结论通常带有一定的决策性，它在制定公司发展战略和进行竞争对手分析中经常被使用。

进行 SWOT 分析时，主要有以下几个方面的内容：

① 分析环境因素

运用各种调查研究方法，分析出公司所处的各种环境因素，即外部环境因素和内部能力因素。外部环境因素包括机会因素和威胁因素，它们是指外部环境对公司的发展有直接影响的有利和不利因素，属于客观因素，一般归属为经济的、政治的、社会的、人口的、产品和服务的、技术的、市场的及竞争的等不同范畴；内部能力因素包括优势因素和弱点因素，它们是公司在其发展中自身存在的积极和消极因素，属主动因素，一般归类为管理的、组织的、经营的、财务的、销售的及人力资源的等不同范畴。在调查分析这些因素时，不仅要考虑到公司的历史与现状，更要考虑公司的未来发展。

② 构造 SWOT 矩阵

将调查得出的各种因素根据轻重缓急或影响程度等排序方式，构造 SWOT 矩阵，见表 8-4。在此过程中，将那些对公司发展有直接的、重要的、大量的、迫切的及久远的影响因素优先排列出来，而将那些间接的、次要的、少许的、不急的及短暂的影响因素排列在后面。

表 8-4 SWOT 分析中一般所需要考虑的因素

外部环境	潜在外部威胁(T)	潜在外部机会(O)
	市场增长较慢 竞争压力增大 不利的政府政策 新的竞争者进入行业 替代产品销售额正在逐步上升 用户讨价还价的能力增强 用户需要与爱好逐步转变 通货膨胀递增及其他	纵向一体化 市场增长迅速 可以增加互补产品 能争取到新的用户群 有进入新市场或市场面的可能 有能力进入更好的企业集团 在同行中竞争业绩优良 扩展产品线满足用户需要及其他
内部条件	潜在内部优势(S)	潜在内部劣势(W)
	产权技术 成本优势 竞争优势 特殊能力 产品创新 具有规模经济 良好的财务资源 高素质的管理人员 公认的行业领先者 买主的良好印象 适应力强的经营战略 其他	竞争劣势 设备老化 战略方向不明 竞争地位恶化 产品线范围太窄 技术开发滞后 营销水平低于同行业其他企业 管理不善 战略实施的历史记录不佳 不明原因导致的利润率下降 资金拮据 相对于竞争对手的高成本及其他

③ 制定战略

在完成环境因素分析和 SWOT 矩阵的构造后，便可以制订出相应的行动计划。

制订计划的基本思路是：发挥优势因素，克服弱点因素，利用机会因素，化解威胁因素；考虑过去，立足当前，着眼未来。运用系统分析的综合分析方法，将排列与考虑的各种环境因素相互匹配起来加以组合，得出公司未来发展的四种战略。

- SO 战略，依靠内部优势去抓住外部机会。如一个资源雄厚（内在优势）的企业发现某一国际市场未曾饱和（外在机会），那么它就应该采取 SO 战略去开拓这一国际市场。
- WO 战略，利用外部机会来改进内部弱点。如一个面对计算机服务需求增长的企业（外在机会），却十分缺乏技术专家（内在劣势），那么就应该采用 WO 战略培养技术专家，或购入一个高技术的计算机公司。
- ST 战略，利用企业的优势，去避免或减轻外部威胁的打击。如一个企业的销售渠道（内在优势）很多，但是由于各种限制又不允许它经营其他商品（外在威胁），那么就应该采取 ST 战略，走集中型、多样化的道路。
- WT 战略，直接克服内部弱点和避免外部威胁。如一个商品质量差（内在劣势），供应渠道不可靠（外在威胁）的企业应该采取 WT 战略，强化企业管理，提高产品质量，稳定供应渠道，或走联合、合并之路以谋生存和发展。

（三）创业模式和地点选择

1. 创业模式的比较与选择

创业项目确定之后，创业者就要选择合适的创业模式。创业模式主要包括创办新企业、收购现有企业、特许经营、代理或经销和内部创业等。

（1）创办新企业

与其他形式的创业模式相比，创办新企业所面临的工作要更多些。创办新企业要进行工商注册登记。

首先，要考虑企业形式问题：是独立经营，还是合伙经营，抑或是采取有限责任公司甚至股份有限公司的形式？在你现有的资金情况和目标的约束之下，究竟哪一种企业形式更适合你？

其次，创业者要给企业取名，选择合适的地址，组建管理团队，筹集注册资金，办理税务登记等。

创办自己的企业，白手起家，其面临的风险虽然相对来说大些，但拥有自己企业的成就感也是其他创业模式无法相比的。

（2）收购或控股现有企业

收购、控股，即投入资金，收购和控制现成的某个企业。客观地讲，创业不外乎是培育某种财富生产能力，为自己创造利润，为社会提供福利。因此，投入资金，通过产权交易或购买其他企业的股票，直接变他人的财富制造能力为自己所有，也不失之为创业、拥有自己企业的一个可行途径。

收购或控股的几种形式如下所示。

① 选择收购或控股一家目前赢利的企业。应该关心准备收购、控股的这家企业的持续赢利能力，以及与该企业赢利记录具有紧密联系的购买出价。对一家赢利企业价值进行评估的方法，一般是基于过去 3 年的利润和今年的折扣现值（使用现值表），设想今后 3 年的利润。这种方法意味着期望 3 年内回收投资。

② 选择收购或控股一家目前运营不好的企业。选择目前亏损的企业具有很大的风险，但是与风险相对应，如果做得成功，可能获得更好的回报。但选择目前亏损企业的前提是，相信自己拥有发现被市场低估了的价值的能力，并且相信自己可以将其做成功。

③ 某些情况下，也可以收购或控股一家企业，随后迅速转手卖掉。在这些情况下，能否成功将取决于你对可以迅速周转并获利转售的那些企业价值的鉴别能力。此时，要特别关心资产负债表中透露出的清算方面的信息，然后，或者进行清理并进行清算销售，或者从中抽取某些业务单元并以此为基础创建新的企业。

④ 大多数人会使用上述方法的某种组合进行买卖协议的谈判。在谈判中的出价，取决于这些资产对你来说所意味的价值。除了资产价值之外，还要对存货按其成本大小（而不是零售价格）和流通性来进行购买。可将存货划分成易销存货、滞销存货及死货三类。不应为他人的错误（如死货）而付款。对于滞销存货也许只按其成本的50%出价，而对易销存货，也只按接近其成本的价格出价购买。

需要注意的是，当你购买或控股一个现成企业时，事实上是在假设准备接手承担该企业对现有客户的责任。

（3）特许经营

特许经营是指特许者将自己所拥有的商标、商号、产品、专利（专有）技术和经营模式等以合同的形式授予被特许者使用，被特许者按合同规定，在特许者统一的业务模式下从事经营活动，并向特许经营者支付相应费用的一种营销模式。

购买特许经营权包含购买权利和支持系统，以使自己拥有并运营由别人设计出来的企业，这是建立企业常用的方法之一。通常情况下，特许经营网络是基于在某个初始地点建立起来的成功企业，然后在另一地点进行连锁扩张。每个地点都使用同样的公司名称、运营系统、采购程序及管理系统，共享统一广告宣传的好处。每个特许经营点都获得不同级别和类型的特许支持。

这种经营模式的益处，一是分享品牌，大大缩短了加盟者的投入期；二是分享经营管理经验，提高专业服务的能力和水平；三是有了使投资收益最大化的机会，整个加盟机构体系的大批量订购将在价格上得到好处；四是可以得到特许人持续不断的协助，提高了创业的成功率。

（4）代理或经销

对于一般人来说，要研发、生产自己独有的产品并不是一件容易的事，如果你感兴趣的是做市场而不是生产，创业也可以通过销售别人的产品来实现，它主要包括代销和经销两种方式。成为别人产品的代理商或者经销商，也是一种应用比较广泛的创业模式。

经销商指的是从其他企业进货，然后转手卖出去，他们关注的是利差，而不是实际的价格。

代理商是和经销商截然不同的概念。代理是代企业打理生意，不是买断企业的产品，而是厂家给额度的一种经营行为，货物的所有权属于厂家，而不是商家。他们同样不是自己用产品，而是代企业转手卖出去。所以，代理商一般是指赚取企业代理佣金的人。

（5）内部创业

所谓内部创业，是由一些有创业意向的企业员工发起，在企业的支持下承担企业内部某些业务内容或工作项目进行创业，并与企业分享成果的创业模式。这种激励方式不仅可以满足员工的创业欲望，同时也能激发企业内部活力，改善内部分配机制，是一种能够使员工和企业双赢的管理制度。

相对于另立山头、自力更生的创业方式，内部创业在资金、设备和人才等方面资源利用的优势显而易见。由于创业者对于企业环境非常熟悉，在创业时一般不存在资金、管理和营销网络等方面的困扰，可以集中精力于新市场领域的开发与拓展。同时，由于企业内部所提供的创业环境较为宽松，即使是创业失败，创业者所需承担的责任也小得多，从而大大地减轻了他们的心理负担。

2. 创业企业经营地点的选择

在确定了创业项目之后，接下来最重要的恐怕就是选址的问题了。选址对于办公司、开店铺到底有多重要？权威看法是：不论创立何种企业，地点的选择都是决定成败的一大要素，尤其是以门市为主的零售、餐饮等服务业，店面的选择，往往更是成败的关键，店铺未开张，就先决定了其成功与否。可以说，好的选址等于成功了一半。

任何一个自主创业的人都会碰到选址问题。据广州再就业培训学校介绍，创业培训班的学员看中的门面，有80%不符合要求。另一个现实是：目前很多大卖场已有专门的“选址员”。据了解，广州投资开店、开公司的老板们，大都找过专业的风水大师看过风水，从心理上来安慰、暗示自己的公司未来红红火火，甚至出现了专门替新开公司看风水、看朝向的行业。显然，开店选址越来越有讲究，人们对选址也越来越重视。撇开看风水这种方式有多少科学依据不谈，仅从经济学的角度来看，选址确实需要很专业的眼光。

创业企业选址的步骤有以下几个。

(1) 挑地方：确定人潮及流量

首先，你必须清楚人们要往哪里去，而不只是在哪里，像早餐店要在上班族会走过的地方，家庭日用品店则要开在回家的路上。你可以花点时间，在感兴趣的目标地区计算上午、下午和晚上各时段的人潮，统计进入附近店铺的人数，看看经过的人当中，上班族、学生及家庭主妇的比例，而且至少要在平日和周末各算一次，才能知道人潮确实的分布状况。

除了人们往哪里去，你还要考虑人们得花多久才会到达你的店面。愈便宜的产品，顾客愈不愿花时间，例如便利商店是以3分钟来定义主要商圈，咖啡店大约是5分钟，除非你打算卖汽车这种高单价商品，否则，顾客最远只能忍受7分钟交通时间。

(2) 找地点：调查周遭环境

有了预选的目标地点，第二步是先视察其周遭环境，这时要用两种角度来观察，一是商人的角度：什么迹象显示该地点可以创造业绩？其次，从顾客的角度：你会不会到这地点逛街？黄金地段也有冷门的角落，次级商圈也有热门据点，找地点最忌讳只看到别人成功，就想在隔壁复制一家店，除非你有把握做出自己的特色。

此外，留意坐落在对角或不远处的竞争对手是否会抢走你的生意？你是否能在顾客行动路线上，抢先别人一步拦截顾客？随时注意对手的位置，寻找足以抗衡的地点，你一定要保持领先地位，不然，选在同性质商店的下风处，生意也会一直处于下风。

(3) 看店面：建筑等于活广告

请抱着初次约会的心情看店面，要关心，也要抱着怀疑。先远看，再近看，想象你的店面在这个空间里的感觉，一旦店名放在招牌上，会很显眼吗？开车经过的人看得到吗？行人能从人行道上就注意到吗？好的店面就像活广告，不只是让人方便找到你，也能向路上行经的潜在客户展示自己。

此外，建筑设计也是一个重点，这个地点适合零售业吗？吸引人吗？即使在外观设计上相似的购物街，质量方面也可能存在悬殊。该大楼的质量是否跟你的产品一样好？记住，一定要从品牌打造的角度来思考建筑物。

(4) 选邻居：好邻居让你少奋斗

顾客会认为，彼此相邻的店面，其商品质量也相当类似，所以，跟类似的品牌坐落在同一地点十分重要，因为有些选址策略就是要"寄生"。在大百货公司旁开服饰店、在高级超市旁开饮食店，被大品牌所吸引的顾客，也会被你所吸引。

另外，如果能碰到一些像水果店、干洗店之类的优质邻居更好，因为这些店面都有着"两次到访"的机会，人们把衣服送去洗，隔几天必定会再回来拿；邮局、超市也是这种好利用的人潮回流，若能沾到它们的光，那对你的生意绝对是大大加分。

练习 8-3

1. 评估创业机会具体有哪些评估准则？
2. 环境分析包括哪些方面的内容？
3. 有哪些环境分析方法？如何运用？
4. 创业企业的创建模式有哪几种？各有什么优缺点？
5. 企业选址对企业经营有哪些影响？影响企业选址的因素有哪些？

四、创业计划书制订

(一) 编制创业计划书的意义、作用与基本格式

1. 创业计划书的意义

创业计划书是创业者自己在创业前需要准备的一份书面计划，是创业者创业的蓝图，也是筹措创业资金的重要依据。其意义主要体现在两方面：

(1) 帮助创业者理清思路，准确定位

著名投资家克雷那(Eugene Kleiner)说："如果你想踏踏实实地做一份工作的话，写一份创业计划，它能迫使你进行系统的思考。有些创意可能听起来很棒，但是当你把所有细节和数据写下来的时候，自己就崩溃了。"可能许多创业者在刚开始投入一项事业中去的时候，凭借的仅仅是一腔的热情，然而当真正着手去做一些事情的时候，才会发现需要考虑的地方何止是一处两处。也许有一些创业者只是在自己的脑海里形成一幅蓝图，但是如果未雨绸缪，就需要制订一份创业计划书，这样就更不容易偏离自己原先预定的方向。

在创业融资之前，创业计划书首先应该是给创业者自己看的。办企业不是"过家家"，创业者应该以认真的态度对自己所有的资源、已知的市场情况和初步的竞争策略做尽可能详尽的分析，并提出一个初步的行动计划，通过创业计划书做到使自己心中有数。

另外，创业计划书还是创业资金准备和风险分析的必要手段。对初创的风险企业来说，创业计划书的作用尤为重要，一个酝酿中的项目，往往很模糊，通过制定创业计划书，把正反理由都书写下来，然后再逐步推敲，创业者就能对这一项目有更加清晰的认识。可以这样说，创业计划书首先是把计划中要创立的企业推销给创业者自己。

(2) 帮助创业者获得创业融资

一位投资家曾经说过："企业邀人投资或加盟，就像向离过婚的女士求婚一样，而不是像和女孩子初恋。双方各有打算，仅靠空口许诺是无济于事的"。对于正在寻求资金的创业者来说，创业计划书的好坏往往决定了融资的成败。

除了使创业者更加了解自己要做的事情外，创业计划书更多的还是让别人看的，尤其是给那些能给创业者提供一定资金帮助的人看的。所以，创业计划书的另外一个重要作用就是帮助创业者把计划中的企业推销给风险投资家。因此，创业计划书还要说明创办企业的目的，创办企业所需的资金，为什么投资人值得为此注入资金等一些问题。

此外，对于已建立的创业企业来说，创业计划书还可以为企业的发展定下比较具体的方向和重点，从而使员工了解企业的经营目标，并激励他们为共同的目标而努力。更重要的是，它可以使企业的出资者以及供应商、销售商等了解企业的经营状况和经营目标，说服出资者(原有的或新来的)为企业进一步发展提供资金。关于这一点前面所讲的许铭创业的案例，就是一个充分的佐证。

2. 创业计划书的作用

创业计划书是创业者自己在创业前需要准备的一份书面计划，是创业者创业的蓝图，也是筹措创业资金的重要依据。其作用主要体现在以下方面：

(1) 创业融资

一个好的商业计划书是获得贷款和投资的关键。如何吸引投资者特别是风险投资家参与创业者的投资项目？此时，一份高品质且内容丰富的商业计划书，将会使投资者更快、更好地了解投资项目，将会使投资者对项目有信心、有热情，动员促成投资者参与该项目，最终达到为项目筹集资金的作用。对于正在寻求资金的创业者来说，创业计划书的好坏往往决定了融资的成败。

(2) 整合资源

创业计划书的整合作用是一个最根本、最重要的作用。在创业的过程中，各种生产要素是分散的，各种信息是凌乱的，各种工作是互不衔接的。通过编写创业计划书的过程，梳理思路，进行调研，完善信息，找到各种程序之间的衔接点，最终把各种资源有序地整合起来、调动起来，围绕着创造和形成商业利润进行最佳要素的组合。这种整合，才能把各种分散的资源聚拢起来，形成一种增量资源，才能得到明显的经济效益。

(3) 指导作用

创业计划书是创业全过程的纲领性文件，是创业实践的战略设计和现实指导。因此，创业计划书对于创业实践具有非常重要的指导作用。只有那种没有真正的战略思考和可操作性的创业文件才没有明显的效果。

(4) 吸引人才

创业计划书在吸引人才方面的作用是很宽泛的，主要表现在：可以吸引有创业意愿的人才进入；吸引新的股东加盟；吸引有志之士组建创业团队；吸引对创业计划感兴趣的单位进行赞助和支持。

（5）准确定位

许多创业者只是在自己的脑海里形成一幅蓝图，但是如果未雨绸缪，就需要制订一份创业计划书，这样就更不容易偏离自己原先预定的方向。创业者应该以认真的态度对自己创业的方向有明细的规划和准确的定位。

3. 创业计划书的基本格式

创业计划书通常包括封面、保密要求、目录、摘要、正文（综述）、附录几部分。

（1）封面（标题页）。标题页可以放一张企业的项目或产品彩图，但需留出足够的版面排列以下内容：创业计划书编号、公司名称、项目名称、项目单位、地址、电话、传真、电子邮件、联系人、公司主页及日期等。

（2）保密要求。保密要求可放在标题页，也可放在次页，主要是要求投资方项目经理妥善保管创业计划书，未经融资企业同意，不得向第三方公开创业计划书涉及的商业秘密。

（3）目录。目录标明各部分内容及页码，要注意确认目录页码同内容的一致性。

（4）摘要。摘要是对整个创业计划书的概括，目的在于用最简练的语言将计划书的核心、要点及特色展现出来，吸引阅读者仔细读完全部文本，因而一定要简练，一般要求在两页纸内完成。摘要十分重要，它是出资者首先要看的内容，必须能让读者有兴趣并渴望得到更多的信息，给读者留下长久的印象。计划摘要应从正文中摘录出投资者最关心的问题，包括对公司内部的基本情况、公司的能力以及局限性、公司的竞争对手、营销和财务战略、公司的管理队伍等情况的简明而生动的概括。如果公司是一本书，它就像是这本书的封面，做得好就可以把投资者吸引住。

（5）正文。正文是创业计划书的主体部分，要分别从公司基本情况、经营管理团队、产品/服务、技术研究与开发、行业及市场预测、营销策略、产品制造、经营管理、融资计划、财务预测及风险控制等方面对投资者关心的问题进行介绍，要求既有丰富的数据资料使人信服，又要突出重点、实事求是。

（6）附录。附录是对正文中涉及的相关数据、资料的补充，作为备查。

（二）创业计划书的内容与要点

1. 计划摘要

摘要是为了吸引战略合伙人与风险投资人的注意，将创业计划书的核心提炼出来制作而成的，它是整个创业计划书的精华，涵盖计划书的要点。一般要在后面所有内容撰写完毕后，再把主要结论性内容摘录于此，以求一目了然，在短时间内给使用者留下深刻的印象。

在摘要中，企业必须回答下列问题：

（1）企业所处的行业，企业经营的性质和范围。

（2）企业主要产品的内容。

（3）企业的市场在哪里，谁是企业的顾客，他们有哪些需求？

（4）企业的合伙人、投资人是谁？

（5）企业的竞争对手是谁，竞争对手对企业的发展有何影响？

（6）如何投资、投资数量和方式。

(7) 投资回报及安全保障。

摘要如同推销产品的广告，撰写人要反复推敲，力求精益求精、形式完美、语句清晰流畅而富有感染力，以引起投资人阅读创业计划书全文的兴趣，特别要详细说明自身企业的不同之处以及企业获取成功的市场因素。

2. 产品(服务)介绍

在进行投资项目评估时，投资人最关心的问题之一就是：企业的产品、技术或服务能否以及在多大程度上解决现实生活中的问题？或者，企业的产品(服务)能否帮助顾客节约开支，增加收入？这是市场销售业绩的基础。

技术产品(服务)介绍一般包括以下内容：产品的名称、特性及性能用途，产品处于生命周期的哪一阶段，市场竞争力如何，产品的研究和开发过程，产品的技术改进、更新换代或新产品研发计划及相应的成本，产品的市场前景预测，产品的品牌和专利。

在这一部分，要对产品(服务)做出详细的说明，说明要准确，也要通俗易懂，让不是专业人员的投资者也能明白。产品介绍一般都要附上产品原型、照片或其他介绍。具体来说，产品介绍必须要回答以下问题：

(1) 顾客希望企业的产品能解决什么问题，顾客能从企业的产品中获得什么好处？

(2) 企业的产品与竞争对手的产品相比有哪些优缺点，顾客为什么会选择企业的产品？

(3) 企业为自己的产品采取了何种保护措施，企业拥有哪些专利、许可证，或与已申请专利的厂家达成了哪些协议？

(4) 为什么企业的产品定价可以使企业产生足够的利润，为什么用户会大批量地购买企业的产品？

(5) 企业采用何种方式去改进产品的质量、性能，企业对发展新产品有哪些计划？

此外，对于一些以技术研发为重点的高新技术企业来说，还要对相关技术及其企业研发情况进行分析，包括企业技术来源、技术原理、技术先进性及技术可靠性，公司的技术研发力量和未来的技术发展趋势，公司研究开发新产品的成本预算及时间进度，技术的专利申请、权属及保护情况、技术发展后劲和技术储备等。以使投资者对公司的技术研发队伍的实力，以及公司未来竞争发展对技术研发的需要有所了解。

产品(服务)介绍的内容比较具体，因而写起来相对容易。虽然夸赞自己的产品是推销所必需的，但应该注意，双方所建立的是一种长期合作的伙伴关系。空口许诺，只能得意于一时。如果企业不能兑现承诺，不能偿还债务，企业的信誉必然要受到极大地损害，这是真正的企业家所不屑作为的。

3. 人员及组织结构

管理团队是投资者非常看重的，这部分主要是向投资者展现企业管理团队的结构、管理水平和能力、职业道德与素质，使投资者了解管理团队的能力，增强投资信心。

这部分主要介绍管理团队、技术团队及营销团队的工作简历、取得的业绩，尤其是与目前从事工作有关的经历。另外，可以着重介绍企业目前的管理模式，如果无特色，也可以不介绍，或者归入劣势部分。

在编写过程中，首先，必须对公司管理的主要情况做一个全面介绍，包括公司的主要股东及他们的股权结构、董事和其他一些高级职员、关键的雇员以及公司管理人员的职权分配和薪金情况，必要时，还要详细介绍他们的经历和个人背景。企业的管理人员应该是互补型的，而且要具有团队精神。一个企业必须要具备负责产品设计与开发、市场营销、生产作业管理及企业理财等方面的专门人才。

此外，在这部分创业计划书中，还应对公司组织结构做一简要介绍，包括公司的组织机构图、各部门的功能与责任、各部门的负责人及主要成员、公司的报酬体系等。

这部分应让投资者认识到，创业者具有与众不同的凝聚力和团结战斗精神，管理团队人才济济且结构合理，在产品设计与开发、财务管理及市场营销等各方面均具有独当一面的能力，足以保证公司以后成长发展的需要。

4. 行业、市场预测

行业与市场分析主要对企业所在行业基本情况、企业的产品或服务的现有市场情况、未来市场前景进行分析，使投资者对产品或服务的市场销售状况有所了解。这是投资者关注的重点问题之一。

行业分析主要介绍行业发展趋势、行业发展中存在的问题、国家有关政策、市场容量、市场竞争情况、行业主要盈利模式、市场策略等。

市场分析包括已有的市场用户情况、新产品或者服务的市场前景预测等几个部分：

已有市场用户情况，要分析：公司在以往经营中拥有了什么样的和多少用户？市场占有率如何？市场竞争情况如何？是否已经建立了完整的市场营销渠道？等等。

市场前景预测，首先要对需求进行预测，包括：市场是否存在对这种产品的需求？需求程度是否可以给企业带来所期望的利益？新的市场规模有多大？需求发展的未来趋向及其状态如何？影响需求都有哪些因素？新产品的潜在目标顾客和目标市场是什么？等等。

市场前景预测还要包括对市场竞争的情况——企业所面对的竞争格局进行分析：市场中主要的竞争者有哪些？是否存在有利于本企业产品的市场空档？本企业预计的市场占有率是多少？本企业进入市场会引起竞争者怎样的反应？这些反应对企业会有什么影响？等等。

为此，企业首先应尽量扩大收集信息的范围，重视对环境的预测和采用科学的预测手段和方法。让投资者相信，你的预测是建立在科学基础之上的。其次要注意自己所假设的一些前提条件(特别是宏观经济发展、消费者偏好及消费能力等)，并且要根据前提条件可能发生的变化对市场前景预测做出必要的调整。千万不能单凭想象，做出不切实际的美好的前景估计。

5. 营销策略

企业的盈利和发展最终都要拿到市场上来检验，营销成败直接决定了企业的生存命运。

营销策略的内容应包括营销机构和营销队伍的建立、营销渠道的选择和营销网络的构建、广告策略和促销策略、价格策略、市场渗透与开拓计划、市场营销中意外情况的应急对策等。

在介绍市场营销策略时，创业者要讨论不同营销渠道的利弊，要明确哪些企业主管专门负责销售，主要使用哪些促销工具，以及促销目标的实现和具体经费的支出等。

一般来说，中小企业可选择的市场营销策略有以下几种。

(1) 集中性营销策略，即企业只为单一的、特别的细分市场提供一种类型的产品（如制造汽车配件）。这种方法尤其适用于那些财力有限的小公司，或者是在为某种特殊类型的顾客提供服务方面确有一技之长的组织。

(2) 差异性营销策略，即为不同的市场设计和提供不同类型的产品。这种战略大多为那些实力雄厚的大公司所采用。

(3) 无差异性营销策略，即只向市场提供单一品种的产品，希望它能引起整体市场上全部顾客的兴趣。当人们的需求比较简单，或者产品并不被人们认为很重要时，该策略较为适用。

6. 制造计划

生产制造计划旨在使投资者了解产品的生产经营状况。这一部分应尽可能把新产品的生产制造及经营过程展示给投资者。主要内容包括：

(1) 公司现有的生产技术能力，企业生产制造所需的厂房、设备情况。

(2) 质量控制和改进能力。

(3) 新产品的生产经营计划，改进或将要购置的生产设备及其成本。

(4) 现有的生产工艺流程，生产周期标准的制定及生产作业计划的撰写。

(5) 物资需求计划及其保证措施，供货者的前置期和资源的需求量。

(6) 劳动力和雇员的有关情况。

同时，为了增大企业的评估价值，应尽量使生产制造计划更加详细、可靠。

7. 财务规划

这部分包括公司过去若干年的财务状况分析，今后三年的发展预测以及详细的投资计划。旨在使投资者据此判断企业未来经营的财务状况，进而判断其投资能否获得理想的回报，因而，它是决定投资决策的关键因素之一。

(1) 过去三年的财务状况

包括过去三年的现金流量表、资产负债表、损益表和每年度的财务总结报告书。如果公司刚刚成立，应该讲述创业者对财务管理重要性的认识。

(2) 今后三年的发展预测

主要是明确说明财务预测的依据、前提假设和预测方法，然后给出公司未来三年预计的资产负债表、损益表以及现金流量表。

财务预测的依据、前提假设是投资者判断企业财务预测准确性和财务管理水平的标尺，也是投资者关注的焦点。其主要依据和前提假设是企业的经营计划、市场计划的各项分析和预测，就是说，要在这部分明确回答下述问题：

① 产品在每一个期间的销售量是多少？

② 什么时候开始产品线扩张？

③ 每件产品的生产费用是多少？

④ 每件产品的定价是多少？

⑤ 使用什么分销渠道？所预期的成本和利润是多少？

⑥ 需要雇用哪几种类型的人员？雇用何时开始？工资预算是多少？

介于财务分析预测在公司经营管理中的重要地位，企业需要花费较多的精力来做具体分析，必要时最好与专家顾问进行商讨。

对于中小企业来说，财务预测既要为投资者描绘出美好的合作前景，又要使得这种前景建立于坚实的基础之上，否则会令投资者怀疑企业管理者的诚信或财务分析、预测及管理能力。

8. 公司及未来

这部分内容主要是向投资者分析企业可能面临的各种风险隐患，风险的大小以及融资者将采取何种措施来降低或防范风险、增加收益等。主要包括：

(1) 企业自身各方面的限制，如资源限制、管理经验的限制和生产条件的限制等。

(2) 创业者自身的不足，包括技术上的、经验上的或者管理能力上的欠缺等。

(3) 市场的不确定性。

(4) 技术产品开发的不确定性。

(5) 财务收益的不确定性。

(6) 针对企业存在的每一种风险，企业进行风险控制与防范的对策或措施。

对于企业可能面临的各种风险，融资者最好采取客观、实事求是的态度，不能因为其产生的可能性小而忽略不计，也不能为了增大获得投资的机会而故意缩小、隐瞒风险因素，而应该对企业所面临的各种风险都认真地加以分析，并针对每一种可能发生的风险做出相应的防范措施。这样才能取得投资者的信任，也有利于引入投资后双方的合作。

(三) 创业计划书的完善

1. 计划书的检查

创业计划书有很多形式，如 PPT 格式和 Word 文件格式，基于两者不同特点，一般同时提供两种版本，一种是完整版本(Word 格式)，一种是摘要式版本(PPT 格式)。

在创业计划书撰写完成之后，融资企业还应对计划书进行检查完善，以确保计划书能准确回答投资者的疑问，增强投资者对本企业的信心。通常，可以从以下几个方面对计划书加以检查。

(1) 创业计划书是否显示出创业者具有管理公司的经验。如果创业者缺乏能力去管理公司，那么一定要明确地说明，公司已经雇了一位经营大师来管理公司。

(2) 创业计划书是否显示了企业有能力偿还借款。要保证给预期的投资者提供一份完整的财务比率分析。

(3) 创业计划书是否显示出企业已进行过完整的市场分析。要让投资者坚信计划书中阐明的产品需求量是确实的。

(4) 创业计划书是否容易被投资者所领会。创业计划书应该备有索引和目录，以便投资者容易查阅各个章节。此外，还应保证目录中的信息流是有逻辑的和现实的。

(5) 创业计划书中是否有计划摘要并放在了最前面，计划摘要是否写得引人入胜。

(6) 创业计划书是否在文法上全部正确。如果不能保证，那么最好请人帮你检查一下。因为计划书的拼写错误和排印错误很可能就使企业丧失机会。

(7) 创业计划书能否打消投资者对产品、服务的疑虑。如果需要，企业可以准备一件产品模型。

2. 编制创业计划书的注意事项

计划书"七分策划，三分包装"，是技术和艺术的统一体。

(1) 尽量精练，突出重点

撰写创业计划书的目的是为了让投资者了解商业计划，其内容必须紧紧围绕这一主题，开门见山，使投资者在最少时间内了解最多的关于商业计划的内容。如要第一时间让读者知道公司的业务类型，避免在最后一页才提及经营性质；要明确阐明公司的目标及为达到目标所制定的策略与战术；陈述公司需要多少资金以及时间和用途，并给出一个清晰和符合逻辑的让投资者撤资的策略。一般摘要以 2 页，主体内容以 7～10 页为佳。注重企业内部经营计划和预算的编制，而一些具体的财务数据则可留待下一步会见时面谈。

(2) 换位思考

撰写创业计划书的一个重要方法就是换位思考，即融资者要设身处地，假设自己是一位战略合伙人或风险投资人，那么，自己最关心的问题是什么？自己判断的标准是什么？就是说，要按照阅读创业计划书的读者的思路去写作创业计划书，这样就会弄清哪些是重点，应该具体描述，哪些可以简单描述，哪些是不必要的东西，从而获取投资者青睐。

就此来说，撰写创业计划书应忌讳用过于技术化的用词来形容产品或生产营运过程，而尽可能用通俗易懂的条款，使读者容易理解。

(3) 以充分的调查、数据、信息为基础

市场销售是投资获利的基础，对此，融资人要充分考察市场的现实情况，广泛收集有关市场现有的产品、现有竞争、潜在市场及潜在消费者等具体信息，使市场预测建立在扎实的调查、数据之上，否则后面的生产、财务及投资回报预测就都成了空中楼阁。为此，创业计划书中忌用含糊不清或无确实根据的陈述或结算表。

同时，在收集资料时，一定要做到客观公正，避免只搜集对自己有利的信息，而不去搜集或者故意忽略那些对自己不利的信息。一般来说，战略投资者或风险投资家都是一些非常专业的人士，提出的问题会非常尖锐，如果只收集对自己有利的信息，在遇到质疑时就会显得考虑和准备得不充分。

(4) 实事求是，适度包装

创业计划书的作用固然重要，但它仍然只是一个敲门砖。过度包装是无益的，企业应该在盈利模式打造、现场管理、企业市场开拓及技术研发等方面下硬功夫，否则，即使有了机会，也把握不住。

(5) 不过分拘泥于格式

创业计划书固然有很多约定俗成的格式，但很多资金供给方在实际运作中正在忽略这种格式，直接关注几个关键点，关注他们想看到的东西。因此，企业在组织撰写创业计划书的过程中，不要过分拘泥于固定的格式，"依样画葫芦"，只需把企业的优势、劣势都告诉别人，就可能是最后的赢家。

练习 8-4

简述撰写创业计划书应注意的事项。

五、创业启动与登记注册

（一）创业企业组织形式的选择

“我想创业，我注册一家什么样的公司合适？”或者“我想创业，我采取一种什么样的组织形式合适？”这是创业者创业时首先遇到的一个问题。

毫无疑问，这是一个重要的问题。创业过程就是一个建立组织和促使组织逐渐成长、发育的过程。创业第一步，除了资金上、资源上及心理上的准备之外，极为重要的一件事就是针对自身情况，选择一个合适的创业组织形式。每种创业组织形式各有其利弊，选择合适，便可趋利避害，选择不恰当，就会为将来的运作带来巨大的隐患。

一般来说，企业选择的法律组织形式有个人独资企业、合伙企业和公司企业三种，在我国实践中还存在个体工商户、中外合资经营企业及中外合作经营企业等形式。

1. 个体工商户

个体工商户是指生产资料归劳动者个人所有，以自己个人的劳动为基础，劳动成果由劳动者个人占有和支配的市场经营主体。

个体工商户的设立条件较为简单，包括：

(1) 有经营能力的城镇待业人员、农村村民以及国家政策允许的其他人员；

(2) 申请人必须具备与经营项目相应的资金、经营场地、经营能力及业务技术。

2. 个人独资企业

个人独资企业是最为简单的企业组织形式，是指依照《个人独资企业法》在中国境内设立的，由一个自然人投资，财产为投资人个人所有，投资人以其个人财产对企业债务承担无限责任的经营实体。个人独资企业是非法人型企业，个人独资的财产属投资人个人所有，在企业财产无法清偿债务时，由投资人以个人独资企业以外的财产承担。个人独资企业尤其适于初涉市场、资金实力有限的创业者。

根据《个人独资企业法》的规定，设立个人独资企业应当同时具备下列条件：

(1) 投资人为一个自然人。

(2) 有合法的企业名称。

(3) 有投资人申报的出资。

(4) 有固定的生产经营场所和必要的生产经营条件。

(5) 有必要的从业人员。

此外，个人独资企业的名称应当与其责任形式及从事的行业相符合。根据《个人独资企业登记管理办法》，个人独资企业的名称中不得使用“有限”、“有限责任”或者“公司”字样。个人独资企业不得从事法律、行政法规禁止经营的业务；从事法律、行政法规规定须报经有关部门审批的业务，应当在申请设立登记时提交有关部门的批准文件。

3. 合伙企业

合伙企业是指按照《合伙企业法》在中国境内设立的，由各合伙人订立合伙协议，共同出资、合伙经营、共享收益、共担风险，并对合伙企业债务承担无限连带责任的营利性组织。合伙企业也是非法人型企业，不具备法人资格。

在现代企业中，合伙企业所占比例很高，中外实践证明，合伙企业是一种灵活、简便又不失一定规范和规模的企业组织形式。

设立合伙企业，应当具备下列条件：

(1) 合伙人应当为两个或两个以上的具有完全民事行为能力的人。法律、行政法规禁止从事营利性活动的人，不得成为合伙企业的合伙人，如国家公务员。

(2) 合伙企业必须有书面合伙协议。合伙协议应当载明的事项可参看《合伙企业法》相关规定。

(3) 有各合伙人实际缴付的出资。合伙协议生效后，合伙人应当按照合伙协议约定，履行出资义务。根据《合伙企业法》的规定，合伙人可以用货币、实物、土地使用权、知识产权或者其他财产权利出资。

(4) 有合伙企业的名称、经营场所和从事合伙经营的其他必要条件。

4. 公司企业——有限责任公司

当前，我国正在不断推进现代企业制度建设，而现代企业制度的核心就是公司制，它是所有企业组织形式中最成熟、最规范、最先进的。

根据我国《公司法》的规定，设立有限责任公司，应当同时具备下列条件：

(1) 股东符合法定人数。一般情况下，有限责任公司由50个以下股东出资设立。

(2) 股东出资达到法定资本最低限额。有限责任公司的注册资本为在公司登记机关登记的全体股东认缴的出资额。公司全体股东的首次出资额不得低于注册资本的20%，也不得低于法定的注册资本最低限额，其余部分由股东自公司成立之日起2年内缴足；其中，投资公司可以在5年内缴足。有限责任公司注册资本的最低限额为人民币3万元。法律、行政法规对有限责任公司注册资本的最低限额有较高规定的，从其规定。

(3) 股东共同制定公司章程。公司章程是公司最重要的法律文件，是公司内部组织与行为的基本准则。有限责任公司的公司章程必须由股东共同制定，所有股东应该在章程上签名盖章。我国《公司法》对公司章程必须载明的法定事项做出了明确规定。

(4) 有公司名称，并建立符合有限责任公司要求的组织机构。有限责任公司名称是公司的标志。公司依法享有名称权，经注册的公司名称受法律保护。有限责任公司应依法设立股东会、董事会或执行董事、监事会或监事等组织机构。

(5) 有公司住所。

5. 公司企业——股份有限公司

由于股份有限公司的设立门槛相对较高，对于刚踏入社会的大学生而言，一般不会采用这种组织形式。因此，这部分内容仅做简要介绍，有兴趣的同学可参看《公司法》的相关规定。

股份有限公司的设立条件：

(1) 发起人符合法定人数。即应当有2人以上200人以下的发起人，其中须有过半数的发起人在中国境内有住所。

(2) 发起人认购和社会公开募集的股本达到法定资本最低限额。注册资本的最低限额为人民币500万元。法律、行政法规有较高规定的，从其规定。

(3) 股份发行、筹办事项要符合法律规定。

(4) 发起人制定公司章程,采用募集方式设立的须经创立大会通过。

(5) 须有公司名称和符合股份有限公司要求的组织机构。

(6) 有公司住所。

(二) 创业企业设立的流程

为方便投资者创业,各级政府及其管理部门都为创业人员提供包括工商、财税、融资、劳动用工及社会保障等政策咨询和信息服务在内的全方位服务。虽然如此,创业者自身也应该了解和熟悉创业企业设立的一般流程,这对于提高创建的效率非常重要。

一般而言,创业企业设立流程如下:第一步,企业选择,即选择合适的企业组织形式;第二步,名称设计,即设计新创企业和企业产品的称呼;第三步,登记注册,具体包括企业名称登记、工商注册、税务登记和其他登记备案事项。

1. 企业名称设计

企业及企业产品的名称对消费者的选择是有直接影响的,所以每一位企业家无一例外都会精心设计企业的名称,并深深认识到它在竞争中所起的作用。索尼公司创始人盛田昭夫曾经说过:“取一个响亮的名字,能够引起顾客美好的联想,提高产品的知名度与竞争力。”

具有高度概括力和强烈吸引力的企业名称,对大众的视觉刺激和心理等各方面都会产生影响。一个设计独特,易读易记,富有艺术和形象性的企业名称,能迅速抓住大众的视线,诱发其浓厚的兴趣和丰富的想象,留下深刻的印象。因此,新创业企业在设计企业名称时,应该注意以下几个方面:

(1) 注重人和,起名时致力挖掘企业名称的文化底蕴;

(2) 注重地利,起名时致力拓展企业名称的历史潜能;

(3) 注重天时,起名时致力开发企业名称的时代内涵;

(4) 应强化标志性和识别功能,避免雷同;

(5) 应加强企业命名与品牌、商标的统一性;

(6) 应避免无特征的企业名称,要凸显名称的“个性”。

2. 登记注册

创业企业从事经营活动,必须到工商行政管理部门办理登记手续,领取营业执照,如果从事特定行业的经营活动,还须事先取得相关主管部门的批准文件。企业设立后,需要税务登记,需要会计人员处理财务,这其中就涉及税法和财务知识。因此,创业者需要了解企业需要缴纳哪些税项。

(1) 名称预先登记

企业名称应当由行政区划、字号、行业、组织形式依次组成,法律、法规另有规定的除外。例如,北京安泰新世纪信息技术有限公司,“北京”为行政区域,“安泰新世纪”为字号,“信息技术”为行业,“有限公司”为组织形式。

我国在公司登记工作中实行公司名称预先核准制。申请公司名称预先核准时,应由创业企业的代表或其委托的代表人向登记主管部门提出名称预先核准的申请,并提交如下文件:

有限责任公司的全体股东或者股份有限公司的全体发起人签署的公司名称预先核准申请书；股东或发起人的法人资格证明或者自然人的身份证明；公司登记机关要求提交的其他文件。

非股份有限公司或者有限责任公司，企业名称不得称公司。非公司的企业称谓很多，如厂、店、楼、厦、行、社、中心、局、处、所、城和汇等。对非公司法人企业名称的核准，程序上没有专门规定，一般随投资人向工商行政管理局提交的设立法人企业的申请一并进行。

企业名称核准后，企业名称要遵照《企业名称登记管理规定》和《企业名称登记管理实施办法》，到工商行政管理部门申请注册，非经工商行政管理机关核准的企业名称不受法律保护。国家工商行政管理局和地方各级工商行政管理局是企业名称的登记管理机关，登记主管机关依照《中华人民共和国企业法人登记管理条例》对企业名称实行分级登记管理。凡使用“中国”、“中华”、“国家”、“全国”及“国际”，或者不冠以企业所在地行政区划名称的企业名称，须经国家工商行政管理局核准。外商投资企业名称，由国家工商行政管理局核定。

(2) 工商注册

企业法人申请开业登记程序是指有关法规、规章所规定的企业法人申请开业登记应遵循的步骤和过程，它有两个基本要求：

首先，开业者要符合国家规定的开业条件。根据《工商企业登记管理条例实施细则》的规定，创业企业申请登记时，应符合下列基本条件：有固定的生产经营场所和必要的设施；有固定的人员；有必要的资金；常年生产经营或季节性生产经营在 3 个月以上；有明确的生产经营范围并符合国家有关政策法令。

其次，要备齐有关法律文件，包括企业筹建人签署的申请登记书、政府部门或主管部门的批文、企业的章程和企业主要负责人的名单、身份证明(并附照片)。

工商注册的基本程序：

① 领取并填写工商注册登记表，提交相关文件、资料、办理入资和验资手续，经登记主管机关受理、审查、核准及发照等环节之后，领取工商营业执照。营业执照分为正副两种文本，正本为悬挂式，用于企业亮证经营；副本为折叠式，用于携带外出进行经营活动。创业者如果需要进行基本建设，还需向工商局申请筹建登记，并领取筹建许可证。

② 进行企业代码登记，刻公章，开设银行账户。

企业应在取得工商部门核发营业执照后，前往公安局指定地点刻制公章。刻章时，需携带单位出具的规范介绍信、上级主管部门单位介绍信和工商营业执照，无上级主管部门的，须持营业执照副本、法定代表人身份证复印件备案，并由法人亲自办理。

企业应自领取营业执照或许可证照之日起，30 日内前往技术监督局办理企业代码证书。办理时需携带：营业执照副本及复印件、单位公章、法人名章及法人身份证复印件、上级主管部门代码证书复印件(有限公司、股份制及私营企业除外)、企业正式职工人数、单位编码和电话等证明材料。

③ 创业者要分别到国税局和地税局领取并填写《申请税务登记报告书》，领取税务登记证和各种发票。此项工作必须在领取营业执照之日起 30 日内完成。

④ 办理各种社会保险统筹及就业证。

(3) 税务登记

创业企业注册后应当向主管国家税务机关申报办理税务登记。税务登记程序如下:

持工商行政管理部门核发的营业执照到国家技术监督部门办理企业统一代码证书(个体工商户免办代码证书)。

自领取营业执照30日内主动向税务机关提出办理税务登记书面报告,即填写《申请税务登记报告书》。

根据《税收征管法实施细则》的规定,提供相应有关证件和资料:营业执照(复印件);有关合同、章程、协议书;企业代码证书;银行账号证明;居民身份证(复印件)、护照或者其他合法证件;税务机关要求提供的其他有关证件、资料。

如实填写《税务登记表》。

税务机关审核后发给税务登记证,纳税人凭税务登记证办理以下税务事项:申请办理减税、免税及退税;申请办理外出经营税收管理证明;领购发票;申请办理税务机关规定的其他有关税务事项;如果税务登记内容发生变化,企业还要办理变更登记手续。

(4) 其他登记备案事项

① 银行开户。企业可以在银行申请基本存款账户、一般存款、临时存款及专用存款账户。基本存款账户是企业办理日常结算和现金收付的账户,企业的工资和资金等现金的支取,只能通过基本存款账户办理。企业的基本存款账户只能选择一家银行的一个营业机构开立,不得在多家银行机构开立。

企业在银行开立基本存款账户时,必须填制开户申请书,提供当地工商行政管理机关核发的《企业法人执照》或《营业执照》正本等有关文件,送交盖有企业印章的印鉴卡片,经银行审核同意,并凭中国人民银行当地分支机构核发的开户许可证开立账户。

一般存款账户是企业在基本存款户以外的银行存款转存,与基本存款户的企业不在同一地点的附属非独立核算单位的账户,企业可以通过本账户办理转账结算和现金缴存,但不能办理现金支取。

临时存款账户是企业因临时经营活动需要开立的账户,企业可以通过本账户输转。企业申请开立一般存款、临时存款及专用存款账户,应填制开户申请书,提供基本存款账户的企业同意其附属的非独立核算单位开户的证明等证件,送交盖有企业印章的卡片,银行审核同意后开立账户。

② 企业代码。创业企业在办理工商注册登记之后,再到技术监督部门办理组织机构代码证书。申请企业组织机构代码证书应提交的文本有:企业营业执照原件(正本、副本均可)(核对),企业营业执照复印本(正本、副本均可)(备案),法定代表人(负责人)和经办人身份证复印件,申报表等。

③ 保险。根据《社会保障费征缴暂行条例》,创业企业注册后还必须办理社会保险。我国社会保险包括基本养老保险费、基本医疗保险费、失业保险费。社会保险登记程序如下:

单位递交申请,填写《社会保险登记表》和提供证件资料。

社保经办机构审核单位要求报送的资料。

社保经办机构经审核无误后,建立参保单位、人员基础档案,核发《社会保险登记证》。

练习 8-5

有人把企业注册流程概括成要跑“三局一所一行”，你认为它们分别代表什么部门，在每个部门应该办理什么事项？

讨论与思考

1. 对照创业者必备的能力，你在大学期间需要如何锻炼，以便尽早为你创业打好基础？

2. 你认为好的商业机会应具备哪些基本的条件？

3. 谈谈大学生独创企业难的原因。

4. 根据创业计划书的内容与要点、创业计划书的撰写原则和程序、创业计划书样本，针对拟创建的公司，撰写一份创业计划书。

相关资源

1. 焦联合著：《大学生创业实务教程》，中国青年出版社，2009 年版。

2. 朱莉，姜峰著：《赢在未来：大学生创业实务与策略》，山东大学出版社，2010 年版。

第九单元

职业发展与社会责任

每一个人都应该有这样的信心：人所能负的责任，我必能负；人所不能负的责任，我亦能负。如此，你才能磨炼自己，求得更高的知识而进入更高的境界。

——林肯

本单元要点

理解"责任"的概念，理解强化大学生社会责任认知、增进大学生社会责任认同、大学生自觉履行社会责任的重要性以及职业发展和社会责任的关系，介绍"四个学会"的含义和内容。通过本单元的讲解，帮助学生树立正确的责任意识，努力做到"四个学会"，改善大学生在大学期间和整个生涯的生命质量，引导大学生建立个人职业发展与履行社会责任相统一的思想意识。

你有过这样的困惑吗？

● 曾经有一项调查：上大学为了什么？A. 找一份好工作；B. 学习自己感兴趣的课程；C. 父母的意见，被他们养大，就这点要求不能不满足；D. 大家都上大学，我干吗不上？E. 事实上，我也不知道为什么，有谁知道为什么？得到的结果是：面向"高考生"发出问卷，87%的被调查者选择了"A"，面向"本科毕业生"的调查中，72%的被调查者选择了"E"。而且，笔者也做过调查，这个结果在学生当中有很高的认同感，确实带有普遍性。

● 林项，大一时曾经担任班长，换届时被同学们选下去了，其中的原因照某位同学的话来说，就是他连最起码的责任心都没有。大四时，由于他沉溺网络之中，挂科太多而面临毕不了业，辅导员之前找他多次谈话，作用不明显。林项的父母和他自己都很痛苦，他自己也恨自己不争气，但就是提不起精神，无力自拔；父母也非常不理解，说了一句话：从小到大，什么也不让你干，只让你学习，你怎么连个大学都上不下来呢？

● 胡志远，是一位班长，由于学习成绩和工作能力比较弱，到了大四还没有解决组织发展问题。他找到辅导员说："老师，快毕业了，我想解决入党问题。原因有两个：一是我干了四年班长，没有功劳也有苦劳吧；二是我父母也说快毕业了让我带个预备党员回去。"老师问："你有认真考虑过为什么入党吗？哪怕只有一次。"胡志远回答："老师，我不想说那些冠冕堂皇的话。"

● 李明，现在是一名大四学生，他不考研，也不考公务员，工作单位也早已确定，对电脑也不迷恋，大四的学习任务又很轻松，他有大量的时间可以自由支配，但是他不知道自己应该干什么，整天在宿舍里呆着，感觉自己无事可干。

在市场经济大潮的影响下，这种迷茫、空虚和消沉是当代大学生普遍面临的问题，造成这种状况的原因是多方面的。正像那位同学所说，如果我们连最起码的责任心都没有、都失去的时候，面对如此复杂多变的国内与国际形势，我们个人和我们这个国家还有未来吗？

理论与讲解

一、“责任”解读

什么是责任？《辞海》对责任阐述有两层含义：第一，份内应尽的职责；第二，应承担的过失。意思是说责任就是承担应当承担的任务，完成应当完成的使命，做好应当做好的工作；份内的职责应尽全力完成，而不能推卸给别人。尽责任的过程中出了问题，是要受到追究的。

责任有丰富的内涵，可以从不同层次、不同形式来区分，可以从不同领域、不同角度去认识。

责任无处不在，无时不在，存在于生涯的每一个角色之中。是一个“持家者”的角色，就要养儿育女；是一个为人子女的角色，就要孝敬父母；是一个公民的角色，就要努力践行爱国、敬业、诚信、友善；是一个学生的角色，就要想清楚为什么学；是一个工作者的角色，是公务员就要管理与服务，是员工就要尽心尽力履职，是老师就要教书育人，是医生就要救死扶伤，是军人就要保家卫国，等等。

责任是一种客观需要，也是一种主观追求；是自律，也是他律。一切追求文明和进步的人们，应该基于自己的良知、信念、觉悟，自觉自愿地履行责任，为国家、为社会、为他人做出自己的奉献。

责任是道德建设的基本元素。官德、师德、医德、商德、艺德，社会公德、职业道德、家庭美德，都以责任为基础、为前提。有责任感的人，受人尊敬，招人喜爱，让人放心。

二、大学生的社会责任

（一）大学生的地位和作用

大学生是青年中的优秀分子，是推动社会发展的重要力量。大学生社会责任感的强弱，关系国家的发展和民族的前途。

我们国家历代领导人都对青年寄予厚望，重视青年人才，对青年人才的地位和作用，总是热情满怀地给予高度评价。1957 年 11 月 17 日，在莫斯科大学，毛泽东同志面对数千名中国留苏学生和实习生一开始就说：“世界是你们的，也是我们的，但是归根结底是你们的。你们青年人朝气蓬勃，正在兴旺时期，好像早晨八九点钟的太阳。希望寄托在你们身上。”邓小平同志认为，未来属于青年，谁相信青年，重视对青年的培养，谁就赢得青年。不重视青年的民族是没有希望的民族，这既符合新陈代谢的规律，也就充分体现了马克思主义的青年人才观。邓小平同志还指出，选拔培养青年人才，是战略性问题，是决定我们命运的问题。2002年，江泽民同志指出，青年是祖国的未来，是民族的希望。青年兴则国家兴，青年强则国家强。在任何一个时代中，青年都是社会上最富有朝气、最富有创造性、最富有生命力的群体。庆祝中国共产党成立90周年大会上，胡锦涛同志强调，青年是祖国的未来、民族的希望，也是我们党的未来和希望。全党都要关注青年、关心青年、关爱青年，倾听青年心声，鼓励青年成长，支持青年创业。

（二）强化大学生的社会责任认知

所谓大学生社会责任认知，是指大学生对社会责任的认识和理解，即明确自己在社会中应该做什么、不该做什么以及应该怎样履行责任。只有深刻认识和正确理解社会责任，才能形成社会责任认同，增强履行社会责任的自觉性和坚定性。

但是，现实是考入大学的大学生头脑中已经形成了这样的观念：获得入学机会比什么都重要。这样的观念根深蒂固，以致一旦跨入大学校门，他们就不知何去何从了。许多大学生上大学就这样失去了目标，大学生们随波逐流，从不反思自己。部分学生眼里面只有自己，任何人的存在都是为自己提供服务的，自己从来不欠别人，只有别人欠自己，自己从来没有错，错误都是别人的。部分学生眼里面只有攀比，比谁恋爱了，谁的恋人"高富帅"、"白富美"；比谁生活更奢华，吃的穿的用的够派；比谁成绩高，对课程分数、德育测评分数和综合测评加分斤斤计较，只是为了争奖学金；为自己打造虚假的更加贫困的现象，只是为了争助学金；对校园内各种评优，见利忘义，不争白不争；等等。不少大学生就在这些攀比中失去感恩，好像就该是他应得的；就在这种迷茫当中失去责任，做一天和尚撞一天钟；在这种极端自我当中失去灵魂和精神，无异于行尸走肉。甚至，个别大学生因此而轻易地漠视和放弃生命。那么，究竟什么是大学生的社会责任？让我们环视一下左右，从身边点点滴滴找起，并把我们的眼光投向现代化、世界和未来，思考一下，大学生是否应该牢固树立"五个负责"意识？

对自己负责。世界上最大的悲哀莫过于有太多的年轻人不知道自己应该干什么。当一天和尚撞一天钟、睡懒觉、打游戏、上网聊天、逃课等组成的大学生活，这样的日子一天一天过去，多少激情多少创造力就在这样的状态下被扼杀。上大学目的不是为了一纸文凭，而是通过自我要求、自我管理和自我批评，收获自己的成才与成人，在适应和改造社会中实现个人价值。

对家族负责。我们的成长，家族养育功不可没；家族的兴旺，我们的努力和传承必不可少。家族是社会和国家的基础，家族是好是坏，是善是恶，直接关系社会的祸福，也将由此引发国家的兴盛和衰弱。所以我们不能忘记家族的养育之恩，应该做一个对家族有用的人。

对集体负责。人不可能孤立存在，总是生存于特定的集体当中。是一个学生，就存在于一个班级或者宿舍；是一名科研人员，就存在于一个团队或者项目组；是一个休闲者，就存在于一个俱乐部或者一个车友会等非正式组织；是一个工作者，就存在于一个单位组织中。个人是集体的一份子，没有集体，也就没有个人。因此，我们就有了舍己为群的责任，应该做一个对集体有用的人。

对社会负责。爱因斯坦曾经说过："学校应当培养能独立行动和独立思考的个人，不过要让他们将为社会服务看作是自己人生的最高理想。"季羡林曾经说过："人的本性是，一要生存，二要温饱，三要发展。人如此，一切动植物的本性也如此"。"能为国家，为人民，为他人着想而遏制自己的本性的，就是有道德的人。能够百分之六十为他人着想，百分之四十为自己着想，就是一个及格的好人。反之，为自己着想而不为他人着想的百分比，越高越坏。"只考虑个人利益，而不考虑社会利益，那将使自己显得非常渺小；只有既顾及个人利益，又能顾及社会利益的人，才是高尚的人。我们应该做一个对社会有用的人。

对国家负责。爱国是永恒的主题。在近现代的现实生活中，总是流传着一些"美丽"的故事，其中有"外国的月亮比中国圆"、"科学是没有国界的"。但是残酷的现实告诉我们：中国人真是太善良和太天真了。自己的国家未来不能指望别人和别的国家，我们应该有自信和自觉，保持我们的"精气神"，只有自己去爱，自己去建设，中华民族伟大复兴才有希望。我们应该做一个对国家有用的人。

（三）增进大学生的社会责任认同

人们对社会责任的理解仅仅停留在认知层面是不够的，只有将理性认知转化为情感认同，才会进一步激发履行社会责任的动力。大学生的社会责任认同是指大学生在日常学习和生活中对社会责任所产生的内心情感体验，主要表现为对负责任行为产生敬仰、喜好之情，对不负责行为产生厌恶、憎恨之感。正像爱因斯坦所说："我每天上百次地提醒自己，我的精神生活和物质生活都依靠别人（包括活着的人和死去的人）的劳动，我必须尽力以同样的分量来报答我领受了的和至今还在领受的东西"。季羡林曾经说过："人类会越变越好，要达到这个目的，我们每一代人都有自己的任务，而且是绝非可有可无的。人生的意义和价值就在这里。"有了这样的动力，就能迎接挑战，克服困难。所以，增进大学生社会责任认同不仅是一个思想问题，也是一个实践问题。社会实践是开展大学生社会责任情感教育的重要载体，对于促进大学生认识世界、了解国情、增长才干、奉献社会、锻炼能力、提升品质具有不可替代的作用。

（四）引导大学生自觉履行社会责任

大学生对社会责任的履行，即大学生在学习、生活中面对应承担的社会责任时所表现出来的负责任的态度和行动，是大学生社会责任认知、认同的外在表现。停留在认知、认同的层面，仅仅知道道理，但就是不去做，是我们人生存在的一个大问题。我们只有在不断地自觉履行社会责任的过程中才能真正享受那份成就的、幸福的快乐。

（五）职业发展和社会责任的关系

社会责任是成就事业的可靠途径。从某种意义上来说，社会责任是一个人职业发展的源动力，责任出勇气、出智慧、出力量。有了责任心，再危险的工作也能减少风险；没有责任心，再安全的岗位也会出现险情。责任心强，再大的困难也可以克服；责任心差，很小的问题也可能酿成大祸。

社会责任是实现人的全面发展的必由之路。有理想、有道德、有文化、有纪律，都与责任相联结，都通过履行责任来体现、来升华。西塞罗说责任就是行为准则。每个人只有在全面履行责任中，才能使自己的潜在能力得到充分的挖掘和发挥。每个人只有在推动社会的进步中,才能实现个性的丰富和完美。一个人没有社会责任,他的职业就不会有更大格局的发展。

大学应该是一个让孩子自立成人的地方,但是这种观念受到了挑战。社会、学校以及家庭浮躁的、实用的、功利的风气等,使教育更远大的目标弱化了,使教育与纪律分离了,纵容了学生只顾眼前利益、不看长远目标的行为。我们却总是有求必应,试图取悦学生,而说不得他们的错误。在这种“无微不至”的关怀下,反而限制了学生的成长。其中,最令人担忧的是对责任的蚕食,大学生甚至不明白为什么要为自己的行为承担责任。犯错之后,他们常说的一句话就是“制度不是人定的吗”,轻描淡写,以此为借口想逃避责任。我们是不是应该思考一下:这样下去的后果是什么呢?大学生知道将来如何面对生活吗?他们知道如何在这个赖以生存的社会实现自我发展的过程中承担其应尽的责任吗?大学是个体最后的系统学习阶段,把握住大学的四年,努力做到“四个学会”,改善大学生朋友在大学期间的生命质量,对于大学生能否很好地履行社会责任非常关键。

三、大学生的“四个学会”

1996 年 4 月 11 日,联合国教科文组织国际 21 世纪教育委员会在《学习:内在的财富》报告中强调把人作为发展的中心,强调培养人继续学习、终身学习与社会的和谐发展、个人能力的充分发挥的重大意义。报告郑重提出了 21 世纪教育的四大支柱,即学会求知,学会做事,学会共处,学会做人。

(一) 学会求知

学会求知本质就是学会学习,即掌握认识的工具,掌握终身不断学习的工具,学会掌握管理知识和处理信息的能力。

学会学习是当今时代的总体要求,也是大学学习的改变所在。大量的知识需要在实际工作中不断学习和掌握,因此大学中对知识的掌握只是学习的一部分,更重要的是要学会学习的方法。“学会”与“会学”是两个概念,前者是结果,后者是能力。在中学,强调的是“学会”知识;而在大学,更加注重“会学”知识。“授人鱼,不如授人渔”,就是这个道理。

在知识经济时代,学会如何学习不仅是大学学习的目标,也是未来胜任工作和生存发展的关键。如今的职场,对一个人的学习能力考核比较重视,一般情况下学习能力的差异可以引起就业岗位的差异,也就是说就业与学习能力在一定程度上是挂钩的。我们知道,现在企业招人都比较规范,往往要经过 5～6 道程序才把人招进去,这里面就重点考察了学生的学习能力。大学生如何学会求知,不仅要改善在大学期间的生命质量,而且进一步改善整个生涯的生命质量呢?

1. 四个课堂理论

很多同学一听到“你要好好学习”、“学习是第一位的”这样的话,就会很烦。其实,以前的大学生又何尝不是这样呢?大家都是这么烦过来的。但是,你有没有想过,我们为什么会很烦呢?原来大学生朋友把学习概念搞错了,所以才会那么烦。其实,大学学习可以归纳为两个大课堂、四个小课堂。如表 9-1。

表 9-1 四个课堂理论

大课堂	小课堂	课堂范围
第一大课堂(间接课堂)	第一课堂	课程学习
	第二课堂	讲座学习
第二大课堂(直接课堂)	第三课堂	学生工作、实践、实习
	第四课堂	日常生活学习

从上面的表格可以看出,学习的课堂是广义的,千万不要把自己局限在大学的专业里,只要你进入了大学生活期,你身上发生的一切都跟学习有关。所以,我们可以把生活中任何困难的处理都当作对自己的学习能力的一种挑战。只要你想做事,你会发现很多内容可以学习。现代社会对人的素质要求越来越高,你想找个好工作,这里的四个小课堂都不能偏废。但是我们不可能有那么多精力随时关注四个课堂。在生活中这四个课堂有重要程度的排序问题。比如,你想创业就要注重第二大课堂的开辟。

第一大课堂的重要性在于,它可以让我们快速掌握前人要花很多时间才能明白的道理。课堂上老师的授课是经过充分准备的,其中的知识体系是学生自学所达不到的。但是前人的知识毕竟是在当时情景下的一种描述,随着状态的变迁,肯定会有变化的,为此我们需要一种质疑的精神。英国牛津大学第一副校长威廉姆·D·麦克米伦教授直言:"英国学生与中国学生最大的不同点在于英国学生具有质疑精神,勇于挑战他人观点。"

在好多情况下,我们大家都沿袭了一种认识,感觉第一大课堂远比第二大课堂重要。其实,大学里面第一大课堂和第二大课堂是并重的。现在社会机遇很多,光靠间接课堂的学习,没有直接课堂的体验,好多机遇是自己捕捉不到的。美国耶鲁大学校长理查德·C·莱温教授给在校大学生提出最好的建议:"参加课外活动,在课外活动中培养领导能力。"耶鲁大学有 200 多个课外文化小组活跃在校园中,包括辩论赛小组、撰写新闻小组、音乐小组、社区服务小组以及政治团体等。"课外活动小组是培养未来领导人素质的实验室,小布什当时就曾经积极参与社团活动,这对他担任总统起了很大作用。"莱温教授称。很多时候,成功可以定义为:之前积累了与众不同的经验,找机会表现自己的特色,并被别人接受。但是,需要指出的是,根据个人不同的情况,参加学生社团数量最好不要超过两个,这是一个原则,因为多了会走向另外一个极端,既影响了读书,又因为缺乏深度而达不到历练的目的。

2. 压力营造了学习氛围

大学学习主要有如下特点:没有人会单独主动指导你学习,更没有人会监督你学习。没有人会给你制定具体的学习目标,考试成绩排名一般不被重视。每个人主要是在跟自己的过去、自己的昨天和自己的潜能比,也暗暗地跟别人比。

济南大学一项调查显示,大学生的学习动机中,希望立志干一番事业、一生有所作为的为 38.36%,因为个人强烈的求知欲的为 26.43%,为了学有所长,可以更好地报效国家的为 10.40%,希望建立美好家庭而努力的为 15.02%,由于家长和老师的迫切要求的为 2.62%,为应对就业竞争压力的为 6.57%,有其他原因的为 0.6%。从上述数据可以看出,同学们的学习动机还是很不错的,比较有上进心。我们也可以发现大学生的学习很明显地表现出了以就业为导向的特点。另外,大学生们课余时间的活动主要是,在课余时间逛街的占 14.9%,参加文体活动的占 24.4%,上网的占 27.1%,自习的占 11.5%。同学们课余花在上网交流或娱乐的时间很多。不得不警惕的是互联网虽然带来方便，却也是一个时间吞噬机。

大学生掌握学习方法如何，直接关系到他们以后的学习质量和学习效率。据济南大学的调查资料显示：① 预习：每门课程都坚持预习的只有15.40%，所有功课都不预习的有28.87%，重点学科预习的占21.03%，一般没有时间预习的占13.07%，偶尔预习、看心情的占10.57%，认为没有必要预习的有10.87%。不预习的比例很高，可见有很大一部分同学忽视了预习的重要作用。预习的目的在于提高听课效率，这是培养独立思考和自学能力的重要前提，在大学生中应该继续坚持。② 上课：详尽地记笔记的占16.53%，不详尽地记笔记、只划出书上有关段落的占52.83%，凭记忆记住教师讲授内容的有17.4%，能把新旧知识进行联系和对照的占11.97%，还有1.27%的其他情况。通过调查发现，大学生的上课效率存在一定的问题，不肯动笔和不肯动脑的现象已经很普遍。只有为数不多的学生能够找到适合自己的听课方法，在课上积极思考，这是值得引起广大教育工作者和我们大学生注意的。③ 课后复习：能够及时复习当天功课的占14.53%，学完一个单元后进行复习的占34.7%，测验前进行复习的占18.27%，临考前集中突击复习的占23.9%，多次(平时、阶段、考前)进行复习的占8.2%，其他复习情况的占0.4%。从这个结果我们可以看到，大学生平时不抓紧复习巩固知识，到考试时突击复习，成了当今高校的一大通病。大学生忽视了学习中的复习记忆规律，直接影响了知识的掌握和运用。④ 学习态度：有高达49.8%的人认为上大学要先松一口气、再投入紧张的学习，有16.3%存在“经历寒窗苦，到此歇一歇”的思想，有13.57%的大学生认为越学越没劲、后悔考大学。学习没动力了，却又不知道到底应该在哪里有动力，最后容易一无所获。

上述情况大多出现在大学低年级，所以许多到了大四的学生都会后悔大学四年学的少了，这是每一个刚入大学校门的新生所需要警惕和深省的：如何自我加压营造学习的氛围？如何养成不断探索、不断自我更新的学习习惯？

到了大学的高年级，随着毕业的临近、年龄的增长，逐渐意识到现在大学生人数众多，各方面竞争激烈，许多同学对学习开始重视，考研的压力、就业压力促使着大学生努力学习，否则会落后于其他同学而找不到好工作，这一点从许多自习室的爆满状态可以看出。

练习 9-1 尽快投身研究之中

简单地说：研究是所有活动的根本。如果你确实想在大学里脱颖而出，你就应该从事研究活动，应该参加你身边的独创性研究机构，牢牢地把握住提供给你的千载难逢的机遇，实实在在地在学术领域内做出贡献。

为什么呢？第一，因为研究的实践就像对你的智力进行强化训练，它总是充满挑战，不仅能启迪思维，而且还有丰厚的回报。一旦你在学术杂志上发表了类似专栏评论的文章，你曾经写下的小文章就显得微不足道了。第二，从事研究实践能给人留下深刻的印象。先不谈你毕业后的志向，单是从事独创性研究这一事实就传递出对你极为有益的信息：你人聪明，有冲劲，比别人优秀。第三，相比之下，没有什么方式能够比周末的时候与教授同在一个生物实验室共事更能接近教授了。如果你在研究活动中作用重大，功不可没，教授也会对你大力推荐,极力支持,以此作为对你的努力的回报。

在这里,时机的选择至关重要。在大学里,如果你太迟开始研究,那么想要做出重大的贡献就会觉得时间不够用。入学的第一年,你就应该弄清自己的兴趣所在。大一下学期的后期,你就要开始咨询是否有机会参加有关研究工作。你只需到相关部门的网站了解目前的研究项目,然后发邮件给那些正在从事你所感兴趣的工作的教授,告诉他们你有志于在学术领域增长才干,并提及他们具体研究活动的一些细节,以便给他们留下深刻的印象,然后询问他们是否需要大学生做研究助手。这时即使他们拒绝了你,他们很可能会为你指点迷津,告诉你有谁确实需要一名助手。与此同时,你还要密切关注相关的大学生研究基金,这会让你更容易找到接纳你的人。况且,这么做也并不困难。

大学生中通常有个错误的观念,认为研究只是科学领域的事。这非常不正确。英语专业教授和生物学专业教授一样常常在学术刊物上发表论文。然而,前者可能与搜寻参考资料和摘录书本章节不无关系,而后者则可能更关注营造适宜的实验室环境和正确的计算结果。这两类研究都能带来同样的益处。不管你的专业是什么,你总是能发现你能参与进去的研究活动。还有一种错误的观念认为,研究只有在大型院校里才有这种可能。尽管比起小型文科类院校,大型院校的确更注重研究,但这并不是说小型院校没有研究可言。其实,在小型院校里,你倒有这种优势:没有多少大学生参与研究活动,因而你更有可能获得更多的机会。

尽早投身到研究之中去就像品尝成功的灵丹妙药,虽然它最容易被忽略,但又的确是在大学里脱颖而出的一个最有效的秘诀。珍惜这个机会,可别让这个机会与你擦肩而过。

试试看,列一个计划,在新的理念的基础上去生活和工作吧。

3. 学习模式:不走寻常路

(1) 主动自主学习

大学的学习方式最关键的一点是以教师为主导的教学模式变成了以学生为主导的自学模式。大学的学习更强调主动性和自主性,你甚至可以选择不学习,但这对个人成长的危害是很大的,所以我们要积极主动地学习。下面我们来看一个例子。

某高校一名理科学生,在大学二年级的时候提出退学。在办理退学的过程中,辅导员问他为什么退学,他说了一句话:高中的时候,对于学生的学习老师管得可严了。但是,没想到在大学里几乎没有人管了,所以一点都学不进去。

这个极端的例子告诉我们,大学和中学的学习模式确实有很大不同,大学对学生的主动性和自主性要求是非常高的。

注重学习重点与方向的定位与把握。大一、大二一般学习基础知识,但是大三、大四开始找准学习方向或者职业方向。学习需要主动选择,如果一直犹豫不决,泛泛而学,就有可能在学习上收获不大。将来想干什么,就去多学习这方面的知识,把这个方向当重点方向来抓,只要有个大体方向就可以。但必须做个方向选择的决定。要有意识地尽力避免“随大流”心理和现象,集中在学习随大流、消费随大流、恋爱随大流、考研随大流几个方面。这种“随大流”正好与主动、自主学习行为的养成背道而驰。

要培养树立正确的学习态度。既然选定了这个方向,我们就一门心思地去学习。要么不学,学了就要学好。济南大学的调查还显示,在出现厌学情绪的因素中,无明确学习目标和学习计划的占35.3%,没有学习兴趣、厌倦学习、逃避学习的占35.9%,学习无成就感、无理想抱负、无上进心和求知欲的占39.53%,没有学习压力和紧迫感的占24.53%,缺乏适宜的学习方法的占14.83%,由于教师授课方式不当、教学内容枯燥的占12.7%。调查结果表明,没有明确的学习目标和计划以及缺乏学习兴趣和学习上的成就感是影响大学生学习质量的重要因素。这就说明调整心态、树立正确的学习态度很重要。

(2) 个性学习

寻找适合自己的学习方法和学习规律。学习方法对学习效果的影响甚大,每个人学习方法与学习规律各异,不要一定去模仿别人。比方说,你应当自己决定什么时候去上自习、什么时候做作业、什么时候去图书馆,而不是跟着别人走,上自习不一定非拉个人一起去。

(3) 为兴趣而学

中国人不重视兴趣爱好,认为那是不务正业,常言道:“兴趣爱好能当饭吃?”,不知不觉中扼杀了人们的兴趣。但是,哈佛大学前校长德雷克·博克在《回归大学之道》写道,传授学生广博的知识,激发学生持久的兴趣是本科教育众多目标中最重要的两大目标。拥有广泛的兴趣有很多好处:可以有利于我们系统思考,多元化看问题,避免过分专业化的危险;可以让我们思考人生的意义与价值,而不只是充满对职业的焦虑。能做自己感兴趣的事情是快乐的,正如亚里士多德所说:“快乐是人生的意义和目的,人类存在的最终目标。”

(4) 资源利用

大学期间的学习效果跟自己能否合理利用学习资源密切相关。学习资源的多寡对有相同学习能力的人来说,效果也相差很大。为什么重点大学和一般大学培养出来的人在总体上有很大的差异?除了重点大学的学生学习方法好之外,更重要的一点是他们所拥有的学习资源更多、更丰富。为什么同一所大学的学生在资源与条件相同的情况下,经过四年学习,每个人结果会有如此大的差距呢?除了学生学习方法不同之外,更重要的一点是他们所利用的学校资源是不一样的。所以充分重视学习资源的开发和挖掘,科学利用和管理信息,是大学生朋友们开始大学学习的时候就应该树立的观念。那么学习资源具体可以包括哪些呢?

① 最主要的首先是在校园里的资源:

图书馆——大学学习的心脏。

自习室——静心学习的理想地。

草坪上——晨读最好的地方,李阳的疯狂英语就是在两个月时间喊出来的。

教师——资源库。不要怕,要尊敬,可以主动提问题。

同学——思想激发器。同学之间的交流往往是头脑风暴型的,各自的想法很多,谁也不会特别认同别人的想法。

学生组织和社团——理论联系实际的最直接、最好的平台。

② 校外资源:

要想办法利用所有高校与社会发生关系的机会和平台。这种机会与平台是很多的,但不被重视。同时要想办法主动开发这种机会与平台。开发与利用社会资源都是一种学习和提高。

③ 网络资源：

新闻信息——把握时代脉搏的利器。同学们要多关注时事，不要被新闻误导，要形成自己的判断力。

网络下载——巨大的资源宝库。网络上的资源含量极其丰富，是世界上最大的资源库。大学生可以根据自己需要下载一些专业知识、健康知识、生活知识和历史知识等资料，充实自己的大脑。

网络问答——解答疑惑的好方法。现在不少网站推出网民之间知识和问题互动互助的平台，要充分利用之。

4. 课程学习我做主

(1) 专业课

不管喜欢与否，都要尽力学好。即便不是你喜欢的专业也只能这样，不能让分数在60到70之间徘徊，拿出手真的不好看，尤其是找工作的时候。如果您喜欢其他专业，你只能在学好本专业的同时去学习你喜欢的专业课程，所以会比较辛苦一点。具体怎么操作呢？应当是树立具体、明确的目标，主动克服各种学习的困难，不断提高学习兴趣。

(2) 公共课

一般情况下，除了英语之外，大学生对公共课的学习积极性普遍不如专业课，表现为：态度消极，学习目标不明确，动机不强。学生的学习兴趣主要看老师的教学水平，如果老师的课讲得生动活泼，他们愿意听，有兴趣听。对此，我们采取如下对策：认识到其实用价值，努力把公共课的兴趣转化为直接学习兴趣。其实有些公共课，比如有关马克思主义哲学的，非常有用，可以让你形成看问题的方法，提高你的辩证思维能力，从而指导你的行动。

(3) 选修课

选修课的特点：一是学习要求不严格；二是地位与分量不及专业课和公共课；三是学习动力不足，认识能力也较少充分发挥。但是一般的学生对选修课的兴趣很高，选修课可以开眼界，长见识，扩大自己的知识面。注意不要仅仅停留在浅层的了解和获知的层面上。有些选修课可能是你将来想从事职业的方向。不要为了学分而去选修一些不感兴趣而又容易过的课，这是生命的一种浪费。

对上述三类课程的排序只是按照学校的意图来进行的。如果真要根据哪类课程对个人的发展重要性程度排序，未必是这个选择，因为有些课程可能影响你的一生，这些课程却未必是专业课。因此，重要程度应该由大学生自己来安排比较合适。

(4) 英语四六级：不得不爱

虽说有不少大学宣布大学生毕业与英语四、六级成绩不挂钩，但是，实际上大学的这种政策在市场的作用下基本失去了作用，犹如部分高校允许研究生毕业可以不发表论文一样。市场上招聘人才的时候，往往会对人才有英语水平的要求，即使可能用不上英语的岗位，单位也会水涨船高，希望要英语好点的大学生。而此时大学英语四、六级恰恰又是英语水平的权威证明，如果学生不考，要想得到好工作就很难了。其实，大学生还是一如既往地考四、六级，对英语四、六级不得不爱。而实际上，学好英语的确也没什么坏处。一是可能工作需要；二是以后出国旅游的需要；三是成为国际化应用人才的需要。英语可以说是现代人必备的一项基础性技能。所以对待英语，我们没有办法，由不得我们选择，只有一条路：动动脑，把它学好。

5. 网络学习

网络的大踏步发展，已经给社会带来了数不尽的便利，同时也对传统的教学模式提出了挑战。随着信息的数字化，数字图书馆可以取代现实中的图书馆，网络课程可以取代课堂教学。互联网里有N座图书馆、有N位资深的理论家和实践家，互联网是个人生活的N位秘书和的综合体，互联网也是娱乐的天堂。我们应该明白，网络学习是一种社会性学习，许多优秀的思想和见地在这里汇集。网络学习应当很好地体现网络实质：资源共享和交流互动。

第一，要经得起诱惑，耐得住寂寞。互联网没有中心，没有控制，没有国际疆界，没有传统藩篱，没有长者权威，给大学生提供了一个完全自由的空间。如果你不抱着学习的目的打开电脑，那么可以保证，充斥互联网的游戏、娱乐、色情信息将会深深吸引你的注意力，并且，你的时间在不知不觉中跑掉了，回过头来后悔自责都与事无补。

第二，要术业有专攻。网络上的信息很多，涉及的领域也很多。许多大学生东看看、西看看，顾不过来，结果除了给生活积累了一些谈资外，其他方面一无所获。这种泛泛的学习，不利于使人成为一个有一定人文基础的专才。所以，大学生要找到自己的兴趣和职业方向，开展具有一定深度的学习。

第三，消化与吸收远比接受信息更重要。当校园网络生活给大学生带来新的文化文明曙光时，网络信息垃圾和信息毒品亦同步而至，反动、暴力、迷信、色情充斥网络。有些学生的电子邮箱中就收到过国外网站发过来的关于"法轮功"、"台独"之类的宣传邮件。由于大学生朋友缺乏良好的辨别力和自控力，来者不拒，一概接收，如此一来，就容易被消极的、有害的信息所腐蚀。

第四，网络学习要自助与互动相结合。网络学习中，学生的学习时间、学习内容都是自主选择的，给大学生的学习带来了极大的便利。所以越是主动的人学习的知识越多，而且知识无论是从深度还是广度都比较好。如果大学生能参与互动学习，请教网络中的优秀理论家和实践家，大学生的成长会越来越快，学习效果会越来越好。互动的意义在于让优秀的人士都成为你的老师，让你不用花学费就能获得异常多的信息与知识，这是人生成功的重要条件。

6. 四不理论

(1) 图书馆不是用来泡的

一直以来，人们认为图书馆是大学的心脏。许多大学生把这理解为图书馆是用来泡的，没什么事就去图书馆看书。其实，这样是不对的。大学教育不仅仅是看重书本知识的学习，也须看重实践能力的培养。在做中学，在学中做。实际上，社会需要研究型人才，但需要更多的实践者。我们不能光靠读书，而要练就一些生存和发展的技能。当然，这不是鼓励大学生不要看书，足够的阅读量也是必须的和重要的。

(2) 老师不是用来怕的

许多大学生还是在延续高中时期的学习习惯和心理，对老师比较害怕。课堂上不敢起来回答问题，课下怕与老师交流，并把老师想象成知识渊博的学术权威。其实，在这个知识和信息不再是单向流动的时代，老师只是一个引路人和与大家共同学习、共同探讨的好朋友，也没有必要害怕打扰老师，抓住适当的机会进行交流和提问是很好的。除了交流学习，也可以交流其他方面的信息。老师并没有想象中那么可怕，也不会批评你这个不懂，那个不行，更不会因为你回答错了问题而给你脸色看，给你低分数。如果一个人因为胆小而不敢跟老师交流，其实也是一种资源的损失和浪费。

练习 9-2 与教授交朋友

与普通学生的观念相反，教授并非是大学里用高深的论文、复杂的提纲和严格的考试来折磨你的恶毒头头。其实，他们常常是和蔼可亲的。更为重要的是，他们是你充分体验大学生活的重要支持者。如果你想脱颖而出，你必须与教授交朋友。让他（她）成为你的良师益友，了解你所有的学习计划、生活目标、兴趣爱好以及取得的成就。

与教授建立良好的关系，不仅能帮助你在学业上追求更远大的目标，而且还会让你面对更多激动人心的机遇。教授是学生成功之门的守护者，他们可以为你写推荐信，制造非正式会面机会，提供久经考验的金玉良言。所有这些，对你赢得重要奖学金、参加竞赛活动、实现实习梦想和获得奖励提名，都发挥着必不可少的作用。总而言之，有了这些，你就能抓住所有通常只给予一流学生的机遇。简而言之，教授就是学业成功这台机器的推动力。

不用紧张，与教授交朋友并非难事。教授们乐于和学生交往，因为这对他们来说常常是获得教学反馈的唯一途径。若想与教授建立意义深远的关系，你应该经常性地与教授面谈。有的学生担心找不到可供讨论的具体话题，解决的秘诀就在于敏锐的观察力。其实，你有很多和教授交谈的机会，比你当初想象的要多得多。你在准备论文时，会发现教授会谈到一些潜在的论题，会询问你对所选论题的理解，在你动笔后，还会反复检查你的论文结构；考试来临时，你还可以向教授请教某个课堂难点。如果你的专业是工科，则可以和教授谈论作业和概括难点。

当这些行为巩固了彼此的友谊后，就逐渐地转移交谈的内容，从具体的课堂问题转移到大致的学术建议上来。即使学期结束后，仍要保持这种交谈，一定要时常与教授联系。偶尔顺便到教授办公室坐一会儿，告诉教授你的近况。如果这个教授还开设了其他你感兴趣的课，一定要选修它们。这样一来，你所仰慕的教授看到你这么全力以赴地学习，如此渴望获得智慧，就会慢慢地关注起你的成功来了。

运用这个方法并不等同于不负责任地溜须拍马，千万不要把两者混为一谈。与教授交友纯粹是出于本能，希望有一个经验更为丰富的人来指引自己，帮助自己度过这段复杂而又激动人心的大学生活。这种关系对双方都有益处。教授会对你印象深刻，并获得教学反馈；而你则获得各种美妙机遇以及金玉良言。别用溜须拍马的行为去取悦老师——一份真挚的师生关系才是你在学习上认真投入的标志。

练习 9-3 经常与导师会面

入学第一年，你很可能会有一位学习指导老师。通常情况下，这位老师会是一位教授，他细心认真，能提出一些深思熟虑的建议给你，帮助你指明一条适合你的能力和兴趣的学业发展之路。从理论上来说，这听起来很不错，但事实往往会是这个样子：(1) 大学的第一周你和指导老师会面，你告诉他你想选的课，他表示赞同；(2) 两年过去了，你们之间再没有任何进一步接触；(3) 你在走廊偶遇你的指导老师，你犹豫不决是否该随意、友好地“嗨”上一声，结果你只是像个害羞的女生，淡淡地一笑，勉强尴尬地点了点头。

尽快和你的指导老师成为朋友，避免这种尴尬场面吧。与教授交友的所有好处在此也同样适用。与指导老师交流的关键就在于创造机会让他们给你忠告。第一次与指导老师会面最好就带着许多问题，在各个方面从他那里获得智慧，比如在挑选专业、解决分配任务、寻觅最有价值的课程以及掌握通常最佳的学习策略等方面。随着学习的开展，要习惯性地给指导老师约定会面的时间，保证你正确的学习方向。这里的关键就在于，作为学生，你必须采取主动，好好地利用导师这一资源，把指导老师当作学校赐予你在学业上的好伙伴。这个方法与和教授从零开始交往不同，你只需付出更少的努力，投入多一点毅力，在第一个学期结束时，你就可能建立一个良好的新生—导师关系，它可是智慧、灵感和忠告的源泉。如果你的授权导师帮助你，这一份无价的关系就会形成，而这个关系的存在与否都取决于你的努力。珍惜这份宝贵的资源吧，不要让它与你擦肩而过。

试试看，列一个计划，在新的理念的基础上去生活和工作吧。

(3) 学校的设施不是用来看的

现代大学都有不错的教学设施，比如图书馆、运动场、实验室、活动中心、电影院、体育馆等。这些设施，作为学生个人都是付费的。你不好好利用来学习和提高能力素质，过期作废。许多同学大学四年下来除了体育课，一场球都没有打，一次泳都没有游，只知道学习或兼职。这样不仅不利于身体健康，也不利于各种兴趣的培养，不利于自己情商的提高。所以，趁着大学期间，不要睡懒觉和成天趴在电脑前，该活动的时间也应该出来到体育场溜溜，让自己健康成长。

(4) 互联网不是用来玩的

当互联网进了大学宿舍，发现互联网的最大功用竟是娱乐。有了互联网，许多同学都足不出户可以过上一整天，连饭都轮流帮着买。

互联网的功能太多了，比方说可以看新闻、学习、发邮件、查资料、考试报名、淘宝、订餐、提问题、找商机、玩游戏、与故人聊天、开会、看电视、听广播、听音乐、看电影、看搞笑视频、下载资料、看小说、开店、写博客等，并且许多功能还在进一步拓展。可是这些功能中玩游戏、聊 QQ、看电影占据了大学生上网的绝大部分时间，这就需要大学生警惕两个问题：第一，玩电脑不要紧，但不要让电脑“玩死”你；第二，在电脑面前长期趴着，对一个人的健康损害是非常大的。

学会求知，对于一个人的兴趣、性格、技能和价值观都有影响。对于大多数人来说，影响最大的应该是技能，尤其是专业知识技能。大学四年之后，学生取得的结果有天壤之别。关于毕业，绝大多数学生毕业了，也有没毕业的，甚至延长修业年限两三年还毕不了业的；关于考研，大多数人没考上，有人却实现上著名大学的梦想；关于就业，有轻松找到好工作的，但也有甘当“啃老族”的；等等。我们要问原因是什么，最简单的回答就是大学期间在学会求知方面出了问题。另外我们要知道，专业知识的技能一般都会基本达到应聘职位的要求。遗憾的是，学生对于专业知识技能过分看中了，产生了两个极端：过分自信和过分自卑。过分自信的人认为，我学习好一定能找到好工作；过分自卑的人认为，我学习成绩这么差，会有人要我吗？对于那些立志搞专业的学生来说要记住：专业就是你的生命；对于大多数学生来说要记住：充分利用资源条件，注重提升自己的可迁移技能和自我管理技能，这样会增加获得就业的机会。

（二）学会做事

学会做事与学会求知不可分割，是"知"与"行"的关系。学会做事是指用一种善始善终的态度认真地对待和处理各种事务，坚持不懈并力求完善。

学习知识是手段，办事才是目的。光有知识不会办事不行，因为"书呆子"、"高分低能"就是光有知识不会办事的真实写照。

在大学，很多学生做事只注重其中的某些"有意思"的环节，而不太注意那些需要默默无闻地工作的环节，殊不知这样是做不好事情的。很多学生出于各种原因排斥做事，比如，受浮躁风气的影响，感觉做事辛苦、单调、浪费时间，想以最少的努力，取得最大的收获；受功利主义影响，做事是为了加学分、入党，有用就做，没用就不做；受名利主义影响，做事只为图名、有面子，实际上什么事也不干；受个人主义影响，自以为是，眼高手低；受享乐主义影响，表面上很时尚、玩着干，实际上不动脑子，浅尝则止，浮光掠影；受性格的影响，缺乏自信、怕失败、放弃做事；等等。

1. 要重视实践，激情做事

"不入虎穴，焉得虎子"，强调的就是实践的重要性。没有激情，谈不上做事，更谈不上能做好事情。我们要抛弃那种"干得多，错得多，不如不干"的旧观念，牢固树立"干得多，错得多，学得多"的新观念，如果你不开始走路的话，你永远不知道自己能走多远、能做多大。干中学才是真学，爱因斯坦曾经说过："最重要的教育方法是鼓励学生去实践"。中国大学生对于实习实践的忽视真的令人痛心。切记有实习才有饭碗，实习的好处太多了。第一，可以知道自己的兴趣。第二，可以知道自己的职业方向和岗位。第三，可以进行思想和行为有价值的矫正。第四，可以提升自己学习的动力。第五，可以建立人脉。第六，可以增加底蕴和气质，比同学更快成熟。

2. 要相信自己有能力做好事情

做什么事情都需要信心，信心是第一位的。没有信心，即使有能力，也无法将事情办好。信心又是最难树起来的，大学里，组织发动个事困难重重，因为太多的人出于各种原因只会说"我不行"。学生毕业后去面试，公司的老板介绍公司的经营，或者好不容易进入心仪的公司分配岗位时，如果你回答：这不是我大学里学的，你要我改行啊。老板一听见这种话，纵使你再有才也决不会挽留你，他希望听到的是：让我试一试。这一点英美学生做得相当好，他们非常自信，即使他不大懂，你要他做，他也会马上说：我能！而中国学生太谦虚，这个我不行，那个我不能。今天的世界千变万化，真正产生影响的，不是具体知识，而应当是一系列的精神，所以应该自信。自信是人生成功的重要基石，而自卑则是人生的第一大敌。要相信，天生我辈必有才，天生我才必有用。

练习 9-4 担任协会领袖

坦率地说，失败的学生认为他们没有足够的时间参加课外组织。普通的学生只是参加课外组织而已，而成功的学生则领导课外组织。这句话你肯定是首次听说：你绝对具备领导校园组织的能力。别紧张，其实它并没有你想象的那样复杂费时，你绝对可以把它把握在手中。总而言之，如果你是个习惯于被管理的人，协会领导职务对你来说也许颇具挑战性，但绝不是说你无法胜任。把这点铭记在心，因为大部分学生都小瞧自己，对他们来说，只要能加入协会组织就心满意足了。可是，你想要的不应仅仅如此，你还应想要担任领导。

找到你感兴趣的学校协会，尽快地加入进去吧！努力工作，积极参加所有会议，当有空缺职位时力争担当重任，在通往领袖职位的道路上阔步前进。

如果你有个创建协会的绝妙主意，那可是再好不过了。花上一年时间待在现在的协会中，了解大学内学生组织如何运作，然后，向学校申请开办协会所需的资源。

为什么说担任领袖是个绝妙的主意呢？因为在所有的大学体验里，领导校园协会这个挑战的回报是最为丰厚的。当你带领伙伴朝着共同目标努力时，这会大大地增强你的自信；当你千方百计地找寻与学业成绩无关的解决方法时，你获得了健康的判断力。而且，你还有机会碰到志同道合的朋友，他们会与你一起征服目标，这可是在课堂上学不到的。当你在寻找工作、申请奖项或参加竞争性项目时，这份经历自然就会让你在众多人选中脱颖而出。

光是参加学业上的课程，并不能让你的大学生活充满乐趣。但是，也不应该让你的闲暇时间虚掷在东一个西一个漫无目的的活动上。如果你真的胸怀大志，想在大学里脱颖而出，那么领导一个校园组织就是个很好的开端。

试试看，列一个计划，在新的理念的基础上去生活和工作吧。

3. 养成做事的好习惯，掌握做事的方法

一是管理好时间，做事有条理。管理好时间是我们每一个人的事，也是每个组织的事，是做好事的重要方法。二是把握工作重点，要事第一。我们工作、生活中遇到的事一般分为紧急又重要、重要但不紧急、紧急但不重要、既不紧急又不重要这四项，按紧急、重要程度，积极做出选择，分次完成。三是注重细节，细节决定成败。四是讲究效率，立即行动，今天的事今天做。五是善于合作，合作共赢。这五个方法相结合，才能将事情做得更好。

学会做事，对于一个人的兴趣、性格、技能和价值观都有影响。对于大多数人来说，影响最大的还是技能，尤其是可迁移技能的提高。在大学生们抱怨为什么用人单位忽视大学毕业生，只招聘有工作经验人员的同时，大学生朋友们是否注意到，那些会做事的学生，他们一毕业，对于工作已经达到"庖丁解牛，游刃有余"的程度。根据美国"全国大学生与雇主协会"的调查，美国雇主们最为重视的技能和个人品质按顺序排列如下：① 沟通能力；② 积极主动性；③ 团队合作精神；④ 领导能力；⑤ 学习能力；⑥ 人际交往能力；⑦ 灵活性/适应能力；⑧ 专业技术；⑨ 诚实正直；⑩ 工作道德；⑪ 分析和解决问题的能力。我们可以看到，其中①、④、⑥、⑦、⑪都属于可迁移技能。

练习 9-5 围绕"远大计划"展开行动

既成功又有趣味的大学生无疑各具特色,但他们当中的许多人都有个共同点:对做任何事都充满信心。当大部分学生只满足于循规蹈矩的学习时,成功的学生却在为远大的目标而激动不已。他们渴望体验追寻机会过程中的刺激,因为在他们之前没有人敢去尝试。普通的学生只是在理论学习上表现出色,而成功的学生却痴迷于独创性的研究;普通的学生仅仅是往校报上投稿而已,而成功的学生却定期地主持专栏;普通的学生是想到能加入协会就心满意足了,而成功的学生却立志要创立全国性组织。如果你想在大学里脱颖而出,你就应该培养"万事皆有可能"的态度。而培养这种态度的最佳方式之一,就是围绕"远大计划"展开行动。

首先,反思你内心最深处的渴望是什么。如果从现在开始,你有五年时间去做一件事,这件事会是什么呢?接着,制订一项颇具挑战性的远大计划,一步步依其行事,直到找到你想要的答案。比如,如果一想到能为《纽约客》写稿你就会激动振奋,那你就可以制订一项远大计划:首先在校报上发表一系列颇有见地的非小说类文章,然后在地方报纸上,再后来在二级国家刊物上,一步步地朝那个重大目标靠近。如果你梦想为好莱坞创作电影剧本,那你就可以仔仔细细研究即将来临的学生电影剧本创作比赛,并用大头针将写有竞赛最后期限的纸片钉在墙上,然后努力创作剧本并及时地完成,把它们全部提交上去。或者,如果青年企业家的成功故事能让你深受鼓舞,你也不妨快速记下那一闪而过的商业金点子,创建一个网站,以你的房间为基地开创一个属于你自己的个人企业。

你的远大计划应该包含一些可以达到的非学业上的成就,这些成就总体上可以指引你一步步接近那个令人心动的目标。好好想想吧!要心存鸿鹄之志。当你向别人说起你的远大计划时,它应该能引起"哇!"的一声惊叹。从事这样的计划,将使你经常处于精神振奋、精力充沛的状态中,它能调节学业上的压力,使得不时出现的小状况能更轻易地排除。当你在施展鸿鹄大志时,你觉得你是所向披靡的,似乎你已领先于世界,在铺就一条通向成功的独特之路。其实,如果失败也没有关系,把握机会的新奇和兴奋同样具有巨大的威力。

这听起来似乎是痴人说梦,但是,如果你真正地尝试过去实现一项远大计划,你就会完全理解。当你创作完一部电影剧本,或当你看到文章发表,或当你创业后收到第一张支票,那种美妙的感觉简直无法形容。你刚刚完成了一件激动人心的事业,不为别的,就是为了知道它是否有成功的可能。一旦你成功了,就似乎没有什么事情是不可能的了。这种对"万事皆有可能"的坚定信念就必然会使你脱颖而出。

试试看,列一个计划,在新的理念的基础上去生活和工作吧。

(三)学会共处

全球化已成为21世纪的重要特征,人与人之间、民族与民族之间、国家与国家之间相互依存程度越来越高,而学会共处就是这一时代提出的十分重要的教育命题,并被认为是四大教育支柱的基础。

无论何时、何地,人与人之间共处最大的挑战就是处理人际关系。大学是一个小社会,作为大学生,为了学会共处,不回避并且重视人际关系的处理是明智之举。复旦大学的前任校长、被英国聘为诺丁汉大学首位华人校长的杨家福院士对大学生说，要学会享受周围环境。大学生们如何在四年大学生活中去追求这种享受的境界呢？

1. 何为人际关系

人际关系，就是“人缘”，指人与人之间一切直接或间接的相互作用，是人与人直接通过动态的相互作用形成的情感联系，是一种心理关系。简单地说，“人缘”就是一种让人看了很喜欢的感觉。“关系”就是多找几个人来靠，但却是勉强不来的，是一步步积累成功的。美国卡内基工业大学对个案记录进行分析，结果发现：“智慧”、“专门技术”和“经验”只占成功因素的15％，其余的85％取决于良好的人际关系。因此，人际交往对大学生成才起着重要作用。

大学生人际关系主要包括同学关系、宿舍关系、朋友关系、师生关系和其他人际关系。

(1) 同学关系。大学生与同学的交往最普遍，也最复杂，同学是大学生人际交往最基本的对象。大学生对友谊的渴求十分强烈，对人际交往的期望比较理想化，一旦需要得不到满足，又容易对人际产生消极的态度。

(2) 宿舍关系。宿舍关系属于同学关系或是朋友关系。宿舍是大学里最基本和最重要的单元。对大学生而言，最重要的人际关系莫过于宿舍关系。

(3) 恋爱关系。恋人关系属于同学关系或是朋友关系。大学生在许多方面都尚存贫乏，尚且幼稚，就现在大学生的处境而言，年少青春与书本为伴或许更有价值。

(4) 师生关系。教师是我们人际交往的重要对象，是知识的传授者，是大学生的人生导师。由于高等教育的特点，大学教师与大学生的接触交往时间甚少，交往的内容比较狭窄，往往仅限于传授知识；交往过程中，往往是教师讲的多，学生听的多，对流性比较少。因此，加强师生的对流性和交往内容的多样性，更有利于学生能力的造就和培养。

(5) 其他人际关系。包括除教师同学之外的学校其他成员、家庭成员、校外社会成员以及网络虚拟成员等。

什么样的人际关系是成功的呢？可以用以下最简单的方法来说明。比如，你需要帮助，这个时候你喊一下，能真正站出来帮你的有几个人。如果没有，那你拥有的是彻底失败的人际关系；如果有少数几个，说明你人际关系一般；如果有一大堆，那说明你的人际关系很不错。有些人成功，是因为多数人希望他能够成功。如果现在搞好了人际关系，将来大学毕业后有什么好的发展机会或是赚钱机会别人会首先想到你，这就是做人的成功了。这样看来，人脉就是财脉啊。好多人不成功，是因为成功的机会被身边的人活活地剥夺了，实际上还是自己种下的果子。其实宿舍、班级、学校就是一个个小社会，大学生必须从与同学之间的相处上锻炼驾驭人际关系的能力。这其中最重要的原则就是“分享”。人际关系处理得好坏，往往看你是否关注别人的利益。如果你照顾别人的利益，那么你就能让别人反过来照顾你的利益。付出才会被人喜欢，这是硬道理。掌握别人的需要是人际关系的一个法宝。只有这样，你才能靠别人去成功。最重要的人往往是眼下需要你帮助的人，不去立即帮助别人也会减少别人帮助你的可能。

人际关系处理中EQ(情商)很重要。为什么许多人一路走来到处与人为敌，就是因为EQ出了问题。EQ高的人一般有如下的能力：一是认识自我情绪的能力；二是管理自我情绪的能力；三是了解别人情绪的能力；四是自我启发和激励的能力；五是人际关系互动的能力。EQ不高的人往往有如下一些缺点：一是自以为是，不听别人意见；二是性情急躁、好生气；三是埋头工作、不懂娱乐、无爱好；四是不爱交际，不与人为伍；五是不信任他人，对财务吝啬；六是不会笑。

大学生自尊心强，以自我为中心，不容易服人，不把别人看在眼里。你不理别人，别人也不理你啊。越是这样，越容易把自己孤立起来。这又是何苦呢？

那薄如蝉翼的未来，经不起谁来拆。一个人的力量是有限的，靠一个人营造的未来也不会很强悍。我们的未来如果有更多的人支撑和维护，就会很强悍。否则，靠一个人经营，必定会薄如蝉翼。如果我们在生活中没有处理好人际关系，树敌过多，那薄如蝉翼的未来是经不起别人来拆的。所以，人际关系最起码的一条是不能处处树敌，不要时时与人作对。

2. 人际交往的意义

人的成长、发展、成功、幸福都与人际关系密切相关。没有人与人之间的关系，就没有生活基础。对任何人而言，正常的人际交往和良好的人际关系都是心理正常发展、个性保持健康和生活具有幸福感的必要前提。

(1) 个人成功和社会发展的基础

2007年，哈佛大学在全世界近2.3万名申请入学的优秀学生中，录取了2058名学生。其中有一位不满18岁的华裔同学吴生伟，格外引人注目。他不仅收到了哈佛大学的录取通知书，而且还收到了普林斯顿大学、耶鲁大学、加州大学(柏克莱)等名校的录取通知书。更幸运的是，他获得了玻克奖学金，不管他选到哪个大学，都为他提供从大学到博士毕业全部费用。为什么他受到如此青睐呢？吴生伟同学不仅学习成绩优秀，更令人注目的是，他在15岁时创办了科学俱乐部，后又创办学生科学博览会，组织高中生与小学生合作，自己决定感兴趣的项目，并在科学博览会上展示成绩。可见，除了学习优秀之外，他还有两点是突出的：创造性与合作精神。他既想到自己，也经常想到别人。一位15岁的同学，既自创科学俱乐部，又自创科学博览会。对于有创造性和合作精神的同学，我们完全有理由相信，不管他将来从事什么事业，他都会有所创造。今天的科学事业就是集体合作的事业，不论是发现最后一个夸克存在的证据的两篇文章(1995年)，还是解开人类基因序列之谜的两篇文章(2002年)，在每一篇文章上的署名都超过几百人。这说明了什么问题呢？

(2) 促进个性发展

有研究表明，人的心态与性格状况，直接受到与别人交往和关系状况的影响。如果一个人长期缺乏与别人的积极交往，缺乏稳定而良好的人际关系，那么这个人往往有明显的性格缺陷。绝大多数大学生的心理危机是与缺乏正常人际交往和良好人际关系相联系的。在同宿舍里，同伴之间的心理交往状况，往往决定了一个大学生是否对大学生活感到满意。那些生活在没有形成友好、合作、融洽人际关系的宿舍中的大学生，常常显示压抑、敏感、自我防卫、难于合作的特点，情绪的满意程度低。在融洽的宿舍里生活的大学生，则以注重学习与成就、乐于与人交往和帮助别人为主流。

心理学家奥尔波特发现，个性成熟的人同别人有良好的交往与融洽的关系，他们可以很好地理解别人，容忍别人的不足和缺陷，能够对别人表示同情，具有给人以温暖、关怀、亲密和爱的能力。健康的个性总是与健康的人际交往相伴随的。心理健康水平越高，与别人的交往就越积极，越符合社会的期望，与别人的关系也越深刻。马斯洛发现，高水平的“自我实现者”，对别人有更强烈、更深刻的友谊与更崇高的爱。还有的研究结果表明，那些心理健康水平高的优秀者，往往来自人际关系良好的家庭，这也从一个侧面提供了人际交往状况影响个体心理健康的佐证。

(3) 需要的适度性

人际交往是不是交往越多就越好呢？研究结果表明，当大学生感到孤独，缺乏感情依赖和理解，又没有足够的人际关系支持时，会为人际关系的缺乏而烦恼；当大学生交往过多时，难于把精力集中在学习上，又会为过多的交往与复杂的人际关系感到不安。这是由于人没有协调好两种需要而导致的：一是人需要获得明确的自我价值感和社会安全感，需要进行社会交流和比较；二是人也需要内省的时空，需要无拘无束、表现本我的空间，因此又需要暂时逃避和远离别人。任何与我们交往的人都会对自己构成一种评价压力，与此同时，个体必须对社会生活的行为进行反省，这意味着某种限制。因此，维持交往需要与独处需要的平衡，是建立良好人际关系的必要前提，也是个人的一项重要能力。

3. 人际交往六因素

(1) 时空因素

指人与人在时间、空间上的临近性。在日常生活中，人们更多地将喜欢的情感投向周围与自己时空接近的交往对象，彼此之间存在交往的可能性，在其中选择交往或合作的伙伴，自然而然地能够相互接触，就成了人际吸引的前提条件。人际关系的由浅入深，也正是由相互接触与初步交往形成的。研究表明，熟悉引起喜欢。熟悉本身就可以增加一个人对另一个人的喜欢。大学生进入大学后，最初的人际关系都是从宿舍、老乡开始的。相比之下，由于安排在一个屋檐下，彼此的熟悉程度显然高于非本宿舍成员。而老乡由于地缘关系，在陌生环境会产生心理上的亲近感。比如大学生有时举办“同乡会”，它为同乡之间提供了一个交往的平台，使老乡可以在交往过程中相互认识、相互交流，从而形成一定的人际关系。

(2) 类似因素

数学上有句话叫“合并同类项”，俗话说：“物以类聚，人以群分”，“君子和而不同，小人同而不和”，说的就是这个道理。现实生活中，大学生总是愿意和与自己志趣相同或者相似的人交往。因为有共同语言、有相同或相似的情绪体验，彼此的思想、感情和行为能够得到互动，从而产生共鸣，相互吸引。比如，两个同学都喜欢打篮球，就经常会一起活动，容易建立友谊。

(3) 互补因素

由于需要上的互补而产生的人际吸引是现实社会中最普遍、最基本的模式，是将人际交往联系在一起的最强势的纽带。大学生正处于青年的初期，需要有人能够倾听自己的心声，这是大学建立人际关系所追求的目标。需要上的互补是多方面的，包括人与人之间在个性特征上的互补。许多恋爱现象就是因为互补的新鲜感而产生的。

(4) 才能因素

要想上档次，就得有内涵。没有可以被别人欣赏的才能，对增加魅力来说是一个不利条件。在工作实践中，我们常常遇到这样的学生，因为出类拔萃反而失去了同学的喜欢与信任。这是因为，一方面人都希望自己周围的人有才能，有一个令人愉快的人际关系圈，但如果别人的才能使人们可望而不可即，则会产生心理压力。这也有中国人所讲的“木秀于林，风必摧之”。因此，一个才能出众但偶尔有点小错误的人在一定程度上比没有错误的人更受欢迎。

(5) 人格特征

我们在生活中都有经验，就是人格可以增进或消减吸引力。人在现实人际交往中所表现出的行为、人格、气质、能力等个性品质，影响人际关系的建立与发展。有些个性品质容易加强人际吸引，如助人为乐、坦诚无私等品质就有利于良好的人际关系建立、维系和发展。积极的品质包括真诚、诚实、理解、忠诚、真实、可信等；最消极的品质如说谎、装假、不诚实、不真实等。真诚受人欢迎，虚伪令人讨厌。一个人要想赢得别人信任，建立良好的人际关系，真诚是必须有的品质。

(6) 仪表的魅力

人的仪表魅力是增进人际吸引的因素之一。尽管不同时代、不同民族、不同文化传统下的人对美的认识不同，但置身于美的环境总会令人赏心悦目，身心愉快。难怪模特表演和这么多选秀节目有那么高的收视率。也有研究表明，外貌会引发明显的“辐射效应”，使人们对有魅力的人的判断具有明显的倾向性。我们不难发现，大学生组织的集体活动中，那些最先受到关注的学生总是在同等条件下具有外貌吸引力的人，大学生对美貌的人的其他方面也给予积极评价，但如果大学生感到有魅力的人在滥用自己的美貌时，就会对其实施严厉制裁。

六种人际交往因素，往往是几种因素协同发生作用。因此，协调好了各个因素的作用，就能够逐渐形成良好的人际关系。

4. 人际大环境

(1) 天生寂寞

独生子女，天生寂寞。当代大学生大都是20世纪80年代出生的独生子女，这一代人基本上生而寂寞，没有兄弟姐妹。“孔融让梨”的兄弟情感仅仅是一个书本故事，难以让他们有切肤的体会。对这种人生经历的好坏可以做如下分析：好处就是，与上代人比起来，他们从小就培养起极强的自信心和极强的自尊心，喜欢张扬个性，富有创新意识，没有任何思想桎梏的羁绊；坏处则是，这种人生经历导致了另一种先天不足，由于家长对其子女的溺爱，使其形成了一种专横的性格，往往以自我为中心，不懂得尊重别人，缺少了兄辈之间容忍、谦让、合作的体验和品质。这一缺陷注定了大学生在一个群体内，与其他人的相处会产生困难。

(2) 两极分化

随着高校学费的不断上涨，学生中逐渐出现了较为明显的贫富差异。学生群体中出现了分层，不同阶层之间很难深入交往。一个贫困生因为自卑或者自尊或者其他原因，很难与一个家境比较富有的同学成为知心朋友。一个来自山村的学生，有的时候为了省钱，连菜都不吃，只吃两个馒头；但有的同学天天吃小炒，还嚷嚷着很难吃。他们之间差距太大，经济上、人生经历、思想情趣、兴趣爱好上都有一定的差距，这种差距就如一道鸿沟，把同学们隔在了沟的两边。

(3) 视友为敌

功利社会，视友为敌。目前，家长们对孩子的期望值太高，从小就输灌一种出人头地的思想。而想要出人头地，就意味着一个激烈竞争的过程，这个过程其实就是汰弱留强的过程。不少大学生的潜意识中,也许身边的每个同学都是他潜在的竞争者,他们的关系就表现为对手,而不是朋友。为什么在书店里,一本又一本的"高考状元经验谈"盛久不衰,家长们趋之若鹜?为的是培养出另一个哈佛女孩或男孩。好多男孩、女孩都对别人取得成功很嫉妒。可他们哪里知道,一个不懂得欣赏别人成绩的人,即使你成绩再大,一辈子也不会得到别人的欣赏。家长们也忽视了另一个问题,成功的基础,仅仅拥有高智商是不够的。一个人如果缺乏正常的情商,就好像一个缺了一条腿的板凳,任凭其他腿有多坚韧,还是站不稳的。全世界心胸最狭窄的恐怕是那些只懂得竞争的学生。

5. 人际问题

理想化的人际交往容易引起挫折感。大学生对人际关系的追求往往带有较多的理想化色彩,他们也常常以理想的标准要求对方,无论是对同学、朋友,还是对老师,希望交往不带任何杂质,一旦发现对方某些不好的品质就深感失望。不少大学生认为,大学阶段的同学友谊不如中学真诚,师生感情冷淡。其实大家渴望友谊和交往,有着人际交往的迫切需要,但有一些还是不愿意向周围同学说,而是深深埋在心底,长期积郁,再加上忙于学习,没有得到人际交往的锻炼,使大学生的人际适应力下降。因此,和其他人群相比,大学生人际关系的挫折感较强,容易由于交往受挫引发心理障碍、怀旧情结和偏见。这种状况的长期存在,会使多数大学生对人际交往产生悲观、埋怨、消极情绪,影响其交往的态度。

(1) 不良人际类型

① 泛泛而交型。有些大学生通常可以与大多数同学进行正常交往,但缺乏能够互吐衷肠、肝胆相照、配合默契、同甘共苦的良朋知己。因为找不到可以交心的知己,所以,他们有时不免感到孤独和无奈。有调查显示,84%的大学生会参加校园活动,认识许多同学建立"熟悉型"人际关系,70%的学生认为自己的交际圈广泛,但是72%的学生认为自己在大学校园里没有或者很少有知心朋友。

② 个别困难型。有些大学生与多数人交往良好,关系融洽,但与个别人交往不良,感到困难,他们可能是室友、同乡或者与自己关系比较亲近的人。由于同这些人相处不好,常常会影响自己的情绪,甚至会成为一块"心病",严重的话可能直接影响学习。

③ 社交恐惧型。有些大学生虽有与人交往的愿望,但是每次与人交往时心跳加快,面红耳赤而失败,转而害怕与人接触,只能一个人独处,自己封闭自己。因此,他们常常陷入焦虑、痛苦、自卑之中,严重影响了日常生活。

④ 交往困难型。有些大学生渴望与人交往,但由于交往能力有限、不懂方法,或者自己的个性缺陷、交往有心理障碍等原因,致使交往效果不尽人意,他们因此经常感到苦恼,很希望能够尽快改变社交状况。

⑤ 交往平淡型。有些大学生能够与其他人进行交往,但是关系非常一般,与人相处的质量不高。因为他们多数仅是"点头之交",没有人值得他牵挂,也没有人会想念他,这类同学常会感到空虚、迷茫和失落。

⑥ 逃避交往型。以上五类大学生均有交往的愿望,而有些大学生则较特殊,他们缺乏交往的愿望和兴趣。他们自我封闭、孤芳自赏、性情内向、言语不多,少数还存有某些怪癖。

(2) 关键人际关系

大学生宿舍人际关系是学生在共同生活中构成的以语言、思想、知识、情感为媒介的交往关系。大学里对人改变最大、影响最深的，就是和我们朝夕相处、空间距离最近的室友。宿舍不仅是休息、睡觉的地方，更像一个和睦的大家庭一样重要，它是生活、诉说、交往的重要场所。宿舍人际关系的好坏，直接影响到每个成员的工作、学习和生活。关系融洽、心情舒畅，不仅有利于学习，也有利于身心健康；关系不和、紧张敌对，就会给生活抹上一层阴影，影响学习和身心健康。许多时候，一个宿舍的同学无论是家庭环境、成长经历，还是个性、气质等心理特征都存在很大的差异性，这些都使得宿舍中同学之间的交往有了一定的难度。

尽管大家性格各异，但既然是一个集体，就得照顾大家的利益。当彼此出现矛盾时，我们不是把矛盾激化，而是积极地去面对这些差异，通过有效的建设性的沟通来化解问题。想想自己的生活习惯是否给别人带来不便？自己的言行是否得当？如果是自己不对，就应尝试去调整自己的生活习惯，改变自己的处事方式，以适应大家。如果你没错，别人也没错，稍微牺牲一下自己，吃亏是福，又换来人际关系上的愉悦。怎样处理好宿舍关系呢？下面给出几招。

第一招：制定宿舍公约。宿舍公约的内容包括作息时间的统一、环境卫生的打扫、日常矛盾的解决。

统一作息时间。一个宿舍有多个同学生活在一起，为减少矛盾，最好用统一的作息时间加以调整。只有大家协调一致，共同遵守，互相监督，才能减少争执，消除摩擦，维持正常的生活秩序。

环境卫生的打扫。宿舍既是公共场所，又是大学生个人的生活空间。宿舍每位成员该做的杂务，不仅仅指做好自己一个人的事，也包括搞好集体的事。宿舍应当建立轮流值日制度，这样每个人都能为共同的卫生环境尽义务，诸如打水、扫地、倒垃圾。这些既是为别人做也是为自己做。

日常矛盾的解决。宿舍中发生争吵是难免的。主动与对方表示和好与原谅是最通情达理的做法，不管自己是否有过错。一方表示友好，另一方也会冰释前嫌。大学生往往在纠纷产生后，谁都不愿意承认自己的过错，这正是考验一个人诚实态度与勇气的时候。因此，对争取主动的室友要表扬和鼓励。

练习 9-6

一起制定宿舍公约。现在宿舍成员坐在一起，根据上面提到的宿舍公约的内容和同学们相处了一段时间的实际情况，思考、讨论宿舍内和谐相处和宿舍关系好的原因，找出措施，制定每个宿舍的公约。同时，要认真讨论在任何情况下如何坚定执行宿舍公约的问题。

第二招：平等待人。有些人喜欢同宿舍之中的某一个十分亲近，无论干什么事，平时老是同一个人说悄悄话，进进出出都和一个人在一起。这样就使其他的成员认为你是不屑与他们交往。这就不利于建立和谐的宿舍关系，也是得不偿失的，因为你以牺牲了友谊的宽度和广度为代价。要平等对待每一个室友，而不是厚此薄彼。

第三招：不触犯隐私。任何人把一个领域作为隐私看待，对这个领域就有了特殊的敏感，任何试图闯人这个领域的话题和行为都是不受欢迎的。每个人都有不想说的秘密，也有足够的好奇心。我们要格外注意这个问题，千万不要随随便便，以为是熟人就可以忽略细节。对于舍友的隐私，我们不要想方设法去探求。即使你知道舍友的某些隐私，也要守口如瓶，告诉他人不仅是对舍友的不尊重，也是不道德的行为。

第四招：积极参加宿舍活动。宿舍的活动不仅仅是一个活动，更是舍友之间联络感情的重要形式。千万不要幼稚地把宿舍活动当作纯粹费财费力的无聊之举，表现出一副不屑为伍的样子。舍友们决定一起去干什么，而且是跟你商量过的，你就要尊重他们的选择。确实有事不能参加，也要解释理由，不能一口回绝而伤了舍友们的兴致。倘若宿舍活动你老是不参加，就会给人不合群的感觉。

第五招：助人、求人双管齐下。良好的人际关系是从互相帮助开始的。任何人都不可能只凭借自己的力量去生活。而许多人则在平时怕麻烦别人，不敢求人帮忙，另有一些大学生则对别人求自己帮忙很反感。在集体宿舍中要有良好的合作意识，相互帮助确实不可缺少，因为哪怕只是些小事，相互关心、帮助也可以加深友谊。当我们需要别人帮助时，就要主动请求帮忙。因为求助是你对别人的信任的表现，能够融洽关系，加深感情。比如，你有事需请人帮忙，你不求舍友而远求他人，舍友得知后反觉得你不信任他。你不愿求别人，别人以后有事又怎么好意思求你帮忙？所以求人和助人要和谐共进。

第六招：给别人面子。宿舍里的室友总会不时买点苹果、瓜子之类的零食，他们主动分给你时，即使你平时很少买给别人吃也不要推，不要以为吃别人的难为情而拒绝。许多时候，舍友因过生日或其他事请你吃饭，你也应欣然前往。因为室友请你是因为给你面子，说明你在他的亲友范围内。你接受别人的邀请，从某种意义上说，也是给别人面子。若这样的事情，你都一概拒绝，别人难免会认为你清高傲慢，就会对你敬而远之。

第七招：避免过度争论。舍友们互说见闻、发表意见，本来是件很愉快的事，但也往往因意见不合而发生争执。中国人好面子，都不愿意服输，最后有些人就取笑别人，揭人之短，强行压制别人观点，甚至进行人身攻击。这种喜欢在嘴巴上占便宜的人给人感觉太好胜、难以合作。你夸夸其谈，处处表现强势，最后也只会引起别人反感，没人认同你。

第八招：真诚赞美。宿舍中的每个人都会有他的闪光点。每个人都喜欢被夸奖，只要你的夸奖是真诚的。所以在宿舍生活中不要吝啬对别人的表扬。当你看到舍友穿了一件漂亮的衣服，或烫了一个新发型，或取得了优异成绩，或比赛得了奖，你就不要不动声色、麻木不仁，应该发自内心地夸奖和表示祝贺。这对于宿舍中形成良好的人文氛围，构建和谐的宿舍关系能起到很大的作用。

在大学生活中，室友的关系的确是人际关系最难相处的一种关系，是对个人处理人际能力的一种考验。对一生来讲，那是一个短暂的时光，许多小事真的能忍则忍，相互宽容与照顾，营造共同的目标是最好的方法，没有什么过不去的坎。

其实世界之大，人人都有足够的立足空间，他人之得不必就视为自己之失，建立双赢思维，把生活和职场看作一个合作的舞台，而不是一个角斗场。学会与人相处要求人们学会了解自身，不能以自我为中心，要摒弃自以为是、盛气凌人的性格，要学会发现他人，尊重他人。要学会平等待人，要转变观念，变互相瞧不起为互相欣赏，三人行必有我师。要学会宽容，学会关心，学会分享，给人友善的感觉。助人等于自助，损人等于损己，这样的话的确是真理。每个人的发展都是靠别人的帮助和支持才有可能实现的，所以结善缘、助人为乐是有美好前途的必备品质。即便同学们将来进入了社会，面对众多的竞争对手，我们也应该明白，竞争的最高境界是合作！

(四) 学会做人

学会做人是指建构符合道德的价值体系，并承担个体的社会责任，热爱生命并感激生活的给予。学会做人还意味着除关注自己之外，还有对亲情和友情的看重，与亲朋好友之间的密切联系，对父母的关心和体贴，并承担应尽的义务，是“做人”本来的含义。

学会做人是建立在学会求知、学会做事、学会共处基础之上的基本进程，学习如何做人是最根本的、最重要的，是教育和学习的根本目标。学会做人超越了单纯的道德、伦理意义上的“做人”，而包括了适合个人和社会需要的情感、精神、交际、亲和、合作、审美、体能、想像、创造、独立判断、批评精神等方面相对全面而充分的发展，使人成为“真正的人”。

很多人一生很努力、很认真，但努力与结果不搭边。为什么？关键是他们做人的行为出了问题。我们一进大学，就会有老师语重心长地说：大学生要学会学习、学会做事、学会做人。同学们也都感觉有道理。可是又有几个人能真正学会了呢？为什么只有少数人会成功？现代社会信息发达，开放程度高，不良的信息和现象铺天盖地而来，学生深受其害。许多不良的问题和现象是人们习惯于牢骚和抱怨，以偏概全中误读出来的，并受其影响。学生甚至不给自己留一点闲暇的时间进行反思：换位思考一下，如果你是一位老板，请问你会招聘一个如此表现的人吗？这个人值日时连烟头都扫不出来；这个人眼睛里面光盯着奖学金、助学金和考试分数，其他的“事不关己高高挂起”；这个人“一贯正确”，而错误总是别人的；这个人以各种理由逃避作为学生、学生干部、学生党员的责任；这个人沉溺网络、恋爱、小说无法自拔而面临劝退；这个人经常逃课，违反校规、校纪；这个人对待作弊行为无所谓，百般狡辩，不以为耻；这个人会说“俺在学校有人”，“俺爸是李刚”，“制度不是人定的吗？”“有钱能使鬼推磨”，“我很需要这个党员称号”……

一切彻底的成功都是做人的成功，一切彻底的失败都是做人的失败。那么，大学生如何才能学会做人？

1. 立世德为首

学会做人的核心问题是学会正确处理自己和他人、个体和客体的关系。21 世纪的教育，要使学生不仅有知识、会做事，更要学会做人。根据毕业生跟踪调查，部分毕业生过分重视知识和技能的东西，而忽略了做人的根本；过分重视功利的东西，而忽略了情感和理想。办学“以人为本”，做人“以德为本”，要成才，先成人。有德无才要误事，有才无德要坏事；成小事靠才能，成大事靠品德。意大利诗人但丁有句名言：一个知识不全的人可以用道德去弥补，而一个道德不全的人却难以用知识去弥补。实际上，“以德为先，人品第一”不是一句空话。用人单位一致提出，学生首先要学会做人，做人是做事的基础，人都做不好，难免做坏事。

练习 9-7

2012 年 12 月，某学院一批预备党员集体谈话时，一位预备党员与大家分享了一个真实的故事：省实验中学 2005 级的高三某学生，通过了北京大学自主招生的笔试，去北大参加面试，而山东的面试学生有 30 多个，只要 2 人，最后她被录取了。面试老师最后告诉他们，这个女生成绩不是最好的，但是，为什么录取她呢？因为，在大家结束面试出门的时候，她是唯一的一个对帮大家开门的保安说了一句“谢谢”的人！思考一下，你认为这个女学生成功的真正原因是什么？你们身边还有这样的故事吗？这些故事给我们有哪些启示？

2．做一名合格的公民

公民培养好了，人才也就有了。教育是要培养社会的好公民，公民姓公，心中有民，学做真人。今天的大学生学习如何做好公民是非常重要的。一位研究历史的人曾说，中国的五千年文明是很光彩的，很丰富的，但缺少了“公”这个字。我们传统的教育注重的是忠和孝，忠是对皇帝要忠，孝是对父母要孝，结果“公德”这个很大的空间被忽略掉了。

在今天，随着实用主义价值观的泛滥，多数学生将大学教育视为谋求高薪职位的门槛；很少有人将其作为推进政府和社区发展的手段。大学越忽视学生的道德教育和公民责任感的培养，大学教育就越容易从“公共产品”转向“私人产品”。

作为21世纪的大学生应该有意识自觉抵制这种公民意识淡薄的现象，模范地履行公民的责任，努力践行社会主义核心价值观。社会主义核心价值观，从国家层面来看，是富强、民主、文明、和谐；从社会层面来看，是自由、平等、公正、法治；从公民个人层面来看，是爱国、敬业、诚信、友善。

3．做人总是要有点精神的

人是要有精神力量的，个人成长、社会进步都需要精神力量支持，没有精神力量，社会很难正常运行下去，也无法面对自然灾害对人类社会的挑战。

在大学的校园里，我们最应该去思考、体味，又最容易忽视的就是精神方面的东西。部分大学生让极端的个人主义，拜金主义，功利主义，名利主义，享乐主义，形式主义蒙住了双眼，怎一个“玩”字了得，怎一个“我”字了得，怎一个“自由”了得，失去了目标，失去了动力，连最起码的责任心都失去了，这是很可怕的事情。耶鲁大学的一个毕业生说，耶鲁大学给予他的不仅是与具体知识相联系的东西，还包括价值观、道德观、做人方式、思考习惯等，这些对他的一生都至关重要。所有这些都不是某个人教给他的，而是存在于耶鲁大学文化的氛围中。“我们的世界应该因你的存在而有所不同，为真理奋斗意味着接受精神文化，精神能丰富人的生活。”这样的一句话谁也没跟耶鲁大学的学生明确说过，可是这种精神却弥漫在校园之中，于是融入了学生的思想深处，奔腾在校友的血液里。顾城那句著名的诗：“黑夜给了我们一双黑色的眼睛，我却用它去寻找光明”，用在这里再贴切不过了。

做一个宽容的人，做一个乐观的人，做一个善良的人。追求人生的幸福关键在自己，是你自己的感受。尺有所短，寸有所长，金无足赤，人无完人，赏识别人的优点，包容别人的不足，靠的是有爱人之心，有容人之量。学会感恩，感谢生活给你磨砺自己的机会，心灵充满阳光，生活自然充满灿烂。存好心，说好话，做好事，欢喜充心，愉悦映脸，乐观向上，这样就能站成一座丰碑，走出一道亮丽的风景。

每个年轻学子都要有一个梦，有大的梦、有小的梦。大的梦是一致的：实现中华民族伟大复兴。每一个小的梦想的实现来自自强、自立、自信，不达目的不罢休，咬定青山不放松。打垮自己的往往不是别人而是自己，不要把一次的失败看成人生的终审。逃是懦弱的，避是消极的，退就显得更加无能。成功的道路得靠自己闯，做人有困惑，做事有困境，世上没有一帆风顺的事，只有坚强不倒的精神。

"学会做人"是一个既深奥又抽象的话题，大学里没有"如何做人"的教材，也没有开设"如何做人"的课程，这就需要大学生自己去认真思考和用心体会。在日常学习和生活中做个有心人，从老师、同学和朋友的言行中去分析、去揣摩：在面对同样一件事情上，别人为什么比我处理得得体？我从中应该吸取什么经验？同时，要认识到，"学会做人"是一个逐渐积累和潜移默化的过程，要有恒心、有毅力，在学习和生活的点滴小事中去养成和提高。

学会共处和学会做人，对于一个人的兴趣、性格、技能和价值观同样都有影响。对于大多数人来说，影响最大的还是技能，尤其是自我管理技能。那些会共处、会做人的学生，他们对于自己的职业生涯规划胸有成竹，他们就是知道自己到底想干什么，到底能干什么，到底为什么干的一群人。在优秀毕业生群体中，自我管理技能起到关键性的作用是决定他们能看多高，能走多远。他们才真正是自己人生之舟的船长。

讨论与思考

据统计，国家公务员考试报名从2001年的3万多人，到2011年的141万多人，10年间猛增40多倍，考试报名通过审核人数已连续四年超过100万人。有"国考"之称的公务员考试已成为继高考之后我国又一个"千军万马过独木桥"的独特景观。你们身边的同学或者你自己参加公务员考试的目的是什么？找出这些真正的原因之后，它给我们带来的启示有哪些？

相关资源

1. 周浩杰著：《大学到底怎么读》，南方日报出版社，2008年版。
2. 〔美〕卡尔·纽坡特著，赵娟译：《如何在大学里脱颖而出》，海天出版社，2006年版。

附录一

我的生涯规划档案

姓名__________ 日期__________

一、你如何描述自己？

1. 你的霍兰德类型：________________ ________________ ________________

请根据表 2-1“霍兰德职业兴趣类型”表和职业兴趣测试报告中对六种类型的描述，在下面列出最能描绘你自己的语句。

表 2-1 “霍兰德类型”表中，符合你自身情况的描述：

2. 你的 MBTI 偏好类型：__________ __________ __________ __________

请根据表 2-2“MBTI 维度解释”和表 2-3“MBTI16 种性格类型及其通常具有的特征”中对 MBTI 类型的描述，写下最能描述你自己的语句。

注意：你所考虑的职业至少应当在一定程度上允许你表达自己的兴趣和个性。如果在阅读完相关材料并做完测试后你仍不能确定自己的类型，请与职业生涯咨询师约谈。

二、职业清单

1. 你的霍兰德类型建议你考虑的职业

根据你的兴趣探索结果，列出至少 10 种与你的霍兰德类型相对应(或近似)的职业，并标出每种职业的霍兰德代码。

	职业	霍兰德代码(3 个字母)
(1)	________________	________________
(2)	________________	________________
(3)	________________	________________
(4)	________________	________________
(5)	________________	________________
(6)	________________	________________
(7)	________________	________________
(8)	________________	________________
(9)	________________	________________
(10)	________________	________________
(11)	________________	________________
(12)	________________	________________
(13)	________________	________________

注意：同时请参考你所做的其他兴趣练习。请思考：什么样的职业令你感兴趣？

____

____

2. 你的 MBTI 类型所建议的职业

根据你的 MBTI 类型偏好，从相关测评或资料所列举的职业中挑出你感兴趣的职业，至少要 10 种。

职　　业

(1) ____

(2) ____

(3) ____

(4) ____

(5) ____

(6) ____

(7) ____

(8) ____

(9) ____

(10) ____

(11) ____

(12) ______________________________

(13) ______________________________

注意：这些工作有什么共通之处吗？请根据自己的 MBTI 类型思考，什么样的职业能使你感到满意？

____

____

三、将你的清单上的职业进行分类和进一步探索

对于你在前两页上所列出的每一个职业进行分类，并把它填在相应的横线上。比如，若“医生”这个职业在你的兴趣列表和 MBTI 列表中都有出现，就将它列在第一类中。在第四类中，列出那些你特别感兴趣但在前面未曾出现过的职业。

第一类：很有可能

在兴趣和个性探索中都曾出现过的职业：

______________ ______________

______________ ______________

______________ ______________

______________ ______________

注意：这些职业都值得你去深入探索。你的职业探索最好首先集中在这些职业上。了解这些职业的要求和工作环境等细节。根据目前你对自己的兴趣和个性的了解，考虑一下你将会如何从事这份工作。

第二类：比较有可能

在兴趣、性格探索中曾出现过一次的职业：

______________ ______________

______________ ______________

______________ ______________

注意：这些职业也有比较大的可能性，供你进行下一步的探索。

第三类：有些可能

根据你的兴趣和个性探索，符合一方面的情况却与另一方面的情况有冲突的职业：

______________ ______________

______________ ______________

______________ ______________

注意：考虑一下，如果你从事这些职业，会出现什么情况？是否会有矛盾冲突？如何解决？

第四类：其他的职业

在兴趣和个性探索中都未曾出现且与之没有共同点的，但你感兴趣的职业：

______________ ______________

______________ ______________

注意：这些职业的可能性通常不是很大。问问自己：你为什么会对它感兴趣？出于怎样的动机？想想你的目标和信念是否与这些工作匹配。

四、你的价值观

你最重要的五项价值观，并请具体说明它们的含义。

1. ____

____

2. ____

____

3. ____

____

4. ____

____

5. ____

____

五、你的技能

找出你最擅长并愿意在未来职业中运用的技能。

1. 你最重要的五项自我管理技能（形容词）

(1) ____

(2) ____

(3) ____

(4) ____

(5) ____

2. 你最重要的五项可迁移技能（动词）

(1) ____

(2) ____

(3) ____

(4) ____

(5) ____

3. 你最重要的五项专业技能（名词）

(1) ____

(2) ____

(3) ____

(4) ____

(5) ____

六、继续探索的职业清单

重阅你在前面所列出的所有职业，根据你对自我的了解，结合你的价值观和技能，在下面空白处列出那些你想继续探索的职业（可以是上面曾出现过的，也可以是未曾出现但符合上面共同特点的职业）。

____________________ ____________________

____________________ ____________________

____________________ ____________________

____________________ ____________________

____________________ ____________________

注意：在选择你想继续探索的职业时，请不要在未对它有任何了解前就轻易地将它排除。在这张清单上，你需要有足够的职业供自己探索，但也要有一定的目标。也就是说，最好不少于5个，不多于10个。将你的精力集中在下面的这些职业上。

作为职业探索的一部分，下一步我打算：

☐ 收集、研究与特定领域的职业有关的书面信息

☐ 采访有关人士，对我感兴趣的职业领域有更一步的了解

☐ 从职业咨询老师或其他老师那里寻求更多的个人帮助

☐ 通过选修课程来检测自己对某一相关职业领域的兴趣

☐ 通过参加社团活动来检测自己对某一相关职业领域的兴趣

☐ 通过业余兼职、实习或做志愿者等方式来检测自己对某一相关职业领域的兴趣

☐ ____

七、目标设立与行动计划

1. 我的长期目标

____

____

____

2. 为了做到这一点，我还需要以下信息和帮助

____

____

____

3. 为了实现这一目标，在这一个月内我应该做的事

____

____

____

八、我的简历

姓　　名

性别：　　　　E-mail 地址：

电话：　　　　宅电：

地址：　　　　邮编：

求职意向

●

个人特点

●

●

教育背景

●

相关经历(全职、兼职、志愿工作、实习、社区服务等)

1.

●

●

●

2.

●

●

●

3.

●

●

课外活动(社团活动)

●

●

获得奖励

●

-

专业成员资格（会员资格或证书）

-

其他（外语、电脑等特别的技能）

-

九、求职档案内容清单

1. ______________________
2. ______________________
3. ______________________
4. ______________________
5. ______________________
6. ______________________
7. ______________________
8. ______________________
9. ______________________
10. ______________________
11. ______________________
12. ______________________

十、面试笔记

____

____

____

____

____

____

____

____

____

附录二

霍兰德职业索引

——与职业兴趣代码相应的职业索引

R(实际型)：木匠、农民、操作X光的技师、工程师、飞机机械师、鱼类和野生动物专家、自动化技师、机械工(车工、钳工等)、电工、无线电报务员、火车司机、长途公共汽车司机、机械制图员、修理机器、电器师。

I(调查型)：气象学者、生物学者、天文学家、药剂师、动物学者、化学家、科学报刊编辑、地质学者、植物学者、物理学者、数学家、实验员、科研人员、科技作者。

A(艺术型)：室内装饰专家、图书管理专家、摄影师、音乐教师、作家、演员、记者、诗人、作曲家、编剧、雕刻家、漫画家。

S(社会型)：社会学者、导游、福利机构工作者、咨询人员、社会工作者、社会科学教师、学校领导、精神病工作者、公共保健护士。

E(事业型)：推销员、进货员、商品批发员、旅馆经理、饭店经理、广告宣传员、调度员、律师、政治家、零售商。

C(常规型)：记账员、会计、银行出纳、法庭速记员、成本估算员、税务员、核算员、打字员、办公室职员、统计员、计算机操作员、秘书。

下面介绍与你3个代号的职业兴趣类型一致的职业，对照的方法如下：首先根据你的职业兴趣代号，在下表中找出相应的职业，例如，你的职业兴趣代号是RIA，那么牙科技术人员、陶工等是适合你兴趣的职业。然后寻找与你职业兴趣代号相近的职业，例如，你的职业兴趣代号是RIA，那么，其他由这三个字母组合成的编号(如IRA、IAR、ARI等)对应的职业，也较适合你的兴趣。

RIA：牙科技术员、陶工、建筑设计员、模型工、细木工、制作链条人员。

RIS：厨师、林务员、跳水员、潜水员、染色员、电器修理工、眼镜制作工、电工、纺织机器装配工、服务员、装玻璃工人、发电厂工人、焊接工。

RIE;建筑和桥梁工程人员、环境工程人员、航空工程人员、公路工程人员、电力工程人员、信号工程人员、电话工程人员、一般机械工程人员、自动工程人员、矿业工程人员、海洋工程人员、交通工程技术人员、制图员、家政经济人员、计量员、农民、农场工人、农业机械操作、清洁工、无线电修理、汽车修理、手表修理、管工、线路装配工、工具仓库管理员。

RIC：船上工作人员、接待员、杂志保管员、牙医助手、制帽工、磨坊工、石匠、机器制造、机车(火车头)制造、农业机器装配、汽车装配工、缝纫机装配工、钟表装配和检验、电动器具装配、鞋匠、锁匠、货物检验员、电梯机修工、托儿所所长、钢琴调音员、装配工、印刷工、建筑钢铁工作、卡车司机。

RAI：手工雕刻人员、玻璃雕刻人员、制作模型人员、家具木工、制作皮革品、手工绣花人员、手工钩针纺织人员、排字工作人员、印刷工作人员、图画雕刻人员、装订工。

RSE：消防员、交通巡警、警察、门卫、理发师、房间清洁工、屠夫、锻工、开凿工人、管道安装工、出租汽车驾驶员、货物搬运工、送报员、勘探员、娱乐场所的服务员、起卸机操作工、灭害虫者、电梯操作工、厨房助手。

RSI：纺织工、编织工、农业学校教师、某些职业课程教师（诸如艺术、商业、技术、工艺课程）、雨衣上胶工。

REC：抄水表员、保姆、实验室动物饲养员、动物管理员。

REI：轮船船长、航海领航员、大副、试管实验员。

RES：旅馆服务员、家畜饲养员、渔民、渔网修补工、水手长、收割机操作工、搬运行李工人、公园服务员、救生员、登山导游、火车工程技术员、建筑工作、铺轨工人。

RCI：测量员、勘测员、仪表操作者、农业工程技术、化学工程技师、民用工程技师、石油工程技师、资料室管理员、探矿工、煅烧工、烧窖工、矿工、保养工、磨床工、取样工、样品检验员、纺纱工、炮手、漂洗工、电焊工、锯木工、刨床工、制帽工、手工缝纫工、油漆工、染色工、按摩工、木匠、农民建筑工作、电影放映员、勘测员助手。

RCS：公共汽车驾驶员、一等水手、游泳池服务员、裁缝、建筑工作、石匠、烟囱修建工、混凝土工、电话修理工、爆炸手、邮递员、矿工、裱糊工人、纺纱工。

RCE：打井工、吊车驾驶员、农场工人、邮件分类员、铲车司机、拖拉机司机。

IAS：普通经济学家、农场经济学家、财政经济学家、国际贸易经济学家、实验心理学家、工程心理学家、心理学家、哲学家、内科医生、数学家。

IAR：人类学家、天文学家、化学家、物理学家、医学病理、动物标本剥制者、化石修复者、艺术品管理者。

ISE：营养学家、饮食顾问、火灾检查员、邮政服务检查员。

ISC：侦察员、电视播音室修理员、电视修理服务员、验尸室人员、编目录者、医学实验定技师、调查研究者。

ISR：水生生物学者，昆虫学者、微生物学家、配镜师、矫正视力者、细菌学家、牙科医生、骨科医生。

ISA：实验心理学家、普通心理学家、发展心理学家、教育心理学家、社会心理学家、临床心理学家、目标学家、皮肤病学家、精神病学家、妇产科医师、眼科医生、五官科医生、医学实验室技术专家、民航医务人员、护士。

IES：细菌学家、生理学家、化学专家、地质专家、地理物理学专家、纺织技术专家、医院药剂师、工业药剂师、药房营业员。

IEC：档案保管员、保险统计员。

ICR：质量检验技术员、地质学技师、工程师、法官、图书馆技术辅导员、计算机操作员、医院听诊员、家禽检查员。

IRA：地理学家、地质学家、声学物理学家、矿物学家、古生物学家、石油学家、地震学家、声学物理学家、原子和分子物理学家、电学和磁学物理学家、气象学家、设计审核员、人口统计学家、数学统计学家、外科医生、城市规划家、气象员。

IRS：流体物理学家、物理海洋学家、等离子体物理学家、农业科学家、动物学家、食品科学家、园艺学家、植物学家、细菌学家、解剖学家、动物病理学家、作物病理学家、药物学家、生物化学家、生物物理学家、细胞生物学家、临床化学家、遗传学家、分子生物学家、质量控制工程师、地理学家、兽医、放射性治疗技师。

IRE：化验员、化学工程师、纺织工程师、食品技师、渔业技术专家、材料和测试工程师、电气工程师、土木工程师、航空工程师、行政官员、冶金专家、原子核工程师、陶瓷工程师、地质工程师、电力工程量、口腔科医生、牙科医生。

IRC：飞机领航员、飞行员、物理实验室技师、文献检查员、农业技术专家、动植物技术专家、生物技师、油管检查员、工商业规划者、矿藏安全检查员、纺织品检验员、照相机修理者、工程技术员、编计算程序者、工具设计者、仪器维修工。

CRI：簿记员、会计、记时员、铸造机操作工、打字员、按键操作工、复印机操作工。

CRS：仓库保管员、档案管理员、缝纫工、讲述员、收款人。

CRE：标价员、实验室工作者、广告管理员、自动打字机操作员、电动机装配工、缝纫机操作工。

CIS：记账员、顾客服务员、报刊发行员、土地测量员、保险公司职员、会计师、估价员、邮政检查员、外贸检查员。

CIE：打字员、统计员、支票记录员、订货员、校对员、办公室工作人员。

CIR：校对员、工程职员、海底电报员、检修计划员、发报员。

CSE：接待员、通讯员、电话接线员、卖票员、旅馆服务员、私人职员、商学教师、旅游办事员。

CSR：运货代理商、铁路职员、交通检查员、办公室通信员、薄记员、出纳员、银行财务职员。

CSA：秘书、图书管理员、办公室办事员。

CER：邮递员、数据处理员、办公室办事员。

CEI：推销员、经济分析家。

CES：银行会计、记账员、法人秘书、速记员、法院报告人。

ECI：银行行长、审计员、信用管理员、地产管理员、商业管理员。

ECS：信用办事员、保险人员、各类进货员、海关服务经理、售货员，购买员、会计。

ERI：建筑物管理员、工业工程师、农场管理员、护士长、农业经营管理人员。

ERS：仓库管理员、房屋管理员、货栈监督管理员。

ERC：邮政局长、渔船船长、机械操作领班、木工领班、瓦工领班、驾驶员领班。

EIR：科学、技术和有关周期出版物的管理员。

EIC：专利代理人、鉴定人、运输服务检查员、安全检查员、废品收购人员。

EIS：警官、侦察员、交通检验员、安全咨询员、合同管理者、商人。

EAS：法官、律师、公证人。

EAR：展览室管理员、舞台管理员、播音员、训兽员。

ESC：理发师、裁判员、政府行政管理员、财政管理员、工程管理员、职业病防治、售货员、商业经理、办公室主任、人事负责人、调度员。

ESR：家具售货员、书店售货员、公共汽车驾驶员、日用品售货员、护士长、自然科学和工程的行政领导。

ESI：博物馆管理员、图书馆管理员、古迹管理员、饮食业经理、地区安全服务管理员、技术服务咨询者、超级市场管理员、零售商品店店员、批发商、出租汽车服务站调度。

ESA：博物馆馆长、报刊管理员、音乐器材售货员、广告商售画营业员、导游、(轮船或班机上的)事务长、飞机上的服务员、船员、法官、律师。

ASE：戏剧导演、舞蹈教师、广告撰稿人、报刊专栏作者、记者、演员、英语翻译。

ASI：音乐教师、乐器教师、美术教师、管弦乐指挥，合唱队指挥、歌星、演奏家、哲学家、作家、广告经理、时装模特。

AER：新闻摄影师、电视摄影师、艺术指导、录音指导、丑角演员、魔术师、木偶戏演员、骑士、跳水员。

AEI：音乐指挥、舞台指导、电影导演。

AES：流行歌手、舞蹈演员、电影导演、广播节目主持人、舞蹈教师、口技表演者、喜剧演员、模特。

AIS：画家、剧作家、编辑、评论家、时装艺术大师、新闻摄影师、男演员、文学作者。

AIE：花匠、皮衣设计师、工业产品设计师、剪影艺术家、复制雕刻品大师。

AIR：建筑师、画家、摄影师、绘图员、环境美化工、雕刻家、包装设计师、陶器设计师、绣花工、漫画工。

SEC：社会活动家、退伍军人服务官员、工商会事务代表、教育咨询者、宿舍管理员、旅馆经理、饮食服务管理员。

SER：体育教练、游泳指导。

SEI：大学校长、学院院长、医院行政管理员、历史学家、家政经济学家、职业学校教师、资料员。

SEA：娱乐活动管理员、国外服务办事员、社会服务助理、一般咨询者、宗教教育工作者。

SCE：部长助理、福利机构职员、生产协调人、环境卫生管理人员、戏院经理、餐馆经理、售票员。

SRI：外科医师助手、医院服务员。

SRE：体育教师、职业病治疗者、体育教练、专业运动员、房管员、儿童家庭教师、警察、引座员、传达员、保姆。

SRC：护理员、护理助理、医院勤杂工、理发师、学校儿童服务人员。

SIA：社会学家、心理咨询者、学校心理学家、政治科学家、大学或学院的系主任、大学或学院的教育学教师、大学农业教师、大学工程和建筑课程的教师、大学法律教师、大学数学、医学、物理、社会科学和生命科学的教师、研究生助教、成人教育教师。

SIE：营养学家、饮食学家、海关检查员、安全检查员、税务稽查员、校长。

SIC：描图员、兽医助手、诊所助理、体检检查员、监督缓刑犯的工作者、娱乐指导者、咨询人员、社会科学教师。

SIR：理疗员、救护队工作人员、手足病医生、职业病治疗助手。

附录三

高校毕业生就业政策百问（新版）

一、鼓励企业特别是中小企业吸纳高校毕业生就业

1. 国家对鼓励中小企业吸纳高校毕业生有哪些政策措施？

《国务院关于进一步做好普通高等学校毕业生就业工作的通知》(国发〔2011〕16 号)等文件规定：

(1) 对招收高校毕业生达到一定数量的中小企业，地方财政应优先考虑安排扶持中小企业发展资金，并优先提供技术改造贷款贴息。

(2) 对劳动密集型小企业当年新招收登记失业高校毕业生，达到企业现有在职职工总数 30%(超过 100 人的企业达 15%)以上，并与其签订 1 年以上劳动合同的劳动密集型小企业，可按规定申请最高不超过 200 万元的小额担保贷款并享受 50%的财政贴息。

(3) 高校毕业生到中小企业就业的，在专业技术职称评定、科研项目经费申请、科研成果或荣誉称号申报等方面，享受与国有企事业单位同类人员同等待遇。

此外，2012 年 2 月 1 日，国务院常务会议研究部署进一步支持小型和微型企业健康发展，决定对小型、微型企业招用高校毕业生按规定给予培训费和社会保险补贴。

2. 企业招收就业困难高校毕业生享受什么优惠政策？

按照《财政部、人力资源社会保障部关于进一步加强就业专项资金管理有关问题的通知》(财社〔2011〕64 号)的规定，对各类企业(单位)招用符合条件的就业困难高校毕业生，与之签订劳动合同并缴纳社会保险费的，按其为就业困难高校毕业生实际缴纳的基本养老保险费、基本医疗保险费和失业保险费给予补贴，不包括企业(单位)和个人应缴纳的其他社会保险费。

根据《就业促进法》有关规定，就业困难人员是指因身体状况、技能水平、家庭因素、失去土地等原因难以实现就业，以及连续失业一定时间仍未能实现就业的人员。就业困难人员的具体范围，由省、自治区、直辖市人民政府根据本行政区域的实际情况规定。

企业(单位)按季将符合享受社会保险补贴条件人员的缴费情况单独列出，向当地人力资源社会保障部门申请补贴。社会保险补贴申请材料应附：符合享受社会保险补贴条件的人员名单及身份证复印件、就业失业登记证复印件、劳动合同等就业证明材料复印件、社会保险征缴机构出具的社会保险费明细账(单)、企业(单位)在银行开立的基本账户等凭证材料。经人力资源社会保障部门审核后，财政部门将补贴资金支付到企业(单位)在银行开立的基本账户。

3. 企业为高校毕业生开展岗前培训享受什么优惠政策？

按照《财政部、人力资源社会保障部关于进一步加强就业专项资金管理有关问题的通

知》（财社〔2011〕64 号）等文件的规定，企业新录用毕业年度高校毕业生与其签订 6 个月以上期限劳动合同，在劳动合同签订之日起 6 个月内由企业依托所属培训机构或政府认定的培训机构开展岗前就业技能培训的，根据培训后继续履行劳动合同情况，按照当地确定的职业培训补贴标准的一定比例，对企业给予定额职业培训补贴。

企业开展岗前培训前，需将培训计划大纲、培训人员花名册及身份证复印件、劳动合同复印件等材料报当地人力资源社会保障部门备案，培训后根据劳动者继续履行劳动合同情况，向人力资源社会保障部门申请职业培训补贴。申请材料经人力资源社会保障部门审核后，财政部门按规定将补贴资金直接拨入企业在银行开立的基本账户。企业申请职业培训补贴应附：培训人员花名册、培训人员身份证复印件、就业失业登记证复印件、劳动合同复印件、职业培训合格证书等凭证材料。

4. 高校毕业生从企业到机关事业单位就业后工龄如何计算？

按照《国务院关于进一步做好普通高等学校毕业生就业工作的通知》（国发〔2011〕16 号）等文件的规定，高校毕业生从企业、社会团体到机关事业单位就业的，其按规定参加企业职工基本养老保险的缴费年限合并为连续工龄。

5. 高校毕业生到企业特别是中小企业就业可否在当地落户？

按照《国务院关于进一步做好普通高等学校毕业生就业工作的通知》（国发〔2011〕16 号）的规定，对各类企业招用非本地户籍的普通高校专科以上毕业生，各地城市应取消落户限制（直辖市按各自有关规定执行）。

6. 流动人员人事档案如何保管？

根据《流动人员人事档案管理暂行规定》的规定，流动人员人事档案是指：

（1）辞职或被辞退的机关工作人员、企事业单位专业技术人员和管理人员的人事档案；

（2）与用人单位解除劳动合同或聘用合同的专业技术人员和管理人员的人事档案；

（3）待业的大中专毕业生的人事档案；

（4）自费出国留学人员的人事档案；

（5）外商投资企业、乡镇企业、区街企业、民营科技企业、私营企业等非国有企业聘用的专业技术人员和管理人员的人事档案；

（6）外国企业常驻代表机构的中方雇员的人事档案；

（7）其他流动人员的人事档案。

流动人员人事档案管理机构为县以上（含县）党委组织部门和政府人力资源社会保障部门所属的公共就业和人才服务机构，其他任何单位不得擅自管理流动人员人事档案；严禁个人保管他人人事档案。跨地区流动的流动人员人事档案，可由其户籍所在地的公共就业和人才服务机构管理，也可由其现工作单位所在地的公共就业和人才服务机构管理。

高校毕业生到具有档案管理权限的机关、事业单位、国有企业就业的，由单位直接接收、管理档案。到无档案管理权限的单位（私营企业、外资企业等）就业的，可由各地公共就业和人才服务机构负责提供档案管理等人事代理服务。高校毕业生离校时没有就业的，档案可由学校统一发回原户籍所在地公共就业和人才服务机构保管。档案不允许个人保存。

7. 什么是人事代理？

公共就业和人才服务机构可在规定业务范围内接受用人单位和个人委托，从事下列人事代理服务：(1) 流动人员人事档案管理；(2) 因私出国政审；(3) 在规定的范围内申报或组织评审专业技术职务任职资格；(4) 转正定级和工龄核定；(5) 大中专毕业生接收手续；(6) 其他人事代理事项。

8. 高校毕业生怎样办理人事代理？

按照《人才市场管理规定》有关规定，人事代理方式可由单位集体委托代理，也可由个人委托代理；可多项委托代理，也可单项委托代理；可单位全员委托代理，也可部分人员委托代理。

单位办理委托人事代理，须向代理机构提交有效证件以及委托书，确定委托代理项目。经代理机构审定后，由代理机构与委托单位签定人事代理合同书，明确双方的权利和义务，确立人事代理关系。

9. 高校毕业生如何与用人单位订立劳动合同？

《劳动合同法》第七条规定，用人单位自用工之日起即与劳动者建立劳动关系。第十条规定，建立劳动关系，应当订立书面劳动合同。已建立劳动关系，未同时订立书面劳动合同的，应当自用工之日起一个月内订立书面劳动合同。用人单位与劳动者在用工前订立劳动合同的，劳动关系自用工之日起建立。

第八条规定，用人单位(企业、个体经济组织、民办非企业单位等组织)招用劳动者时，应当如实告知劳动者工作内容、工作条件、工作地点、职业危害、安全生产状况、劳动报酬，以及劳动者要求了解的其他情况；用人单位有权了解劳动者与劳动合同直接相关的基本情况，劳动者应当如实说明。

第九条规定，用人单位招用劳动者，不得扣押劳动者的居民身份证和其他证件，不得要求劳动者提供担保或者以其他名义向劳动者收取财物。

10. 什么是社会保险？我国建立了哪些社会保险制度？

社会保险是指国家通过立法，按照权利与义务相对应原则，多渠道筹集资金，对参保者在遭遇年老、疾病、工伤、失业、生育等风险情况下提供物质帮助(包括现金补贴和服务)，使其享有基本生活保障，免除或减少经济损失的制度安排。

社会保险法第二条规定，我国建立基本养老保险、基本医疗保险、工伤保险、失业保险、生育保险等社会保险制度，保障公民在年老、疾病、工伤、失业、生育等情况下依法从国家和社会获得物质帮助的权利。其中，基本养老保险制度包括职工基本养老保险制度、新型农村社会保险制度和城镇居民社会养老保险制度；基本医疗保险制度包括职工基本医疗保险制度、新型农村合作医疗制度和城镇居民医疗保险制度。

11. 用人单位应该履行哪些社会保险义务？享有哪些社会保险权利？

(1) 社会保险义务：一是申请办理社会保险登记的义务；二是申报和缴纳社会保险费的义务；三是代扣代缴职工社会保险的义务；四是向职工告知缴纳社会保险费明细的义务。

(2) 社会保险权利：一是有权免费查询、核对其缴费记录；二是有权要求社会保险经办机构提供社会保险咨询等相关服务；三是可以参加社会保险监督委员会，对社会保险工作提出咨询意见和建议，实施社会监督；四是对侵害自身权益和不依法办理社会保险事务的行为，有权依法申请行政复议或者提起行政诉讼。此外，还有权对违反社会保险法律、法规的行为进行举报、投诉。

12. 参加社会保险的个人享有哪些权利？

高校毕业生依法缴纳社会保险费后，享有以下权利：

(1) 有权依法享受社会保险待遇；

(2) 有权监督本单位为其缴费情况；

(3) 有权免费向社会保险经办机构查询、核对其缴费和享受社会保险待遇权益记录；

(4) 有权要求社会保险经办机构提供社会保险咨询等相关服务；

(5) 对侵害自身权益和不依法办理社会保险事务的行为，有权依法申请行政复议或者提起行政诉讼。

此外，还有权对违反社会保险法律、法规的行为进行举报、投诉。

13. 目前国家对用人单位及其职工和参保个人缴纳社会保险费的费率是如何规定的？

(1) 用人单位及其职工缴纳社会保险费的费率。根据《国务院关于完善企业职工基本养老保险制度的决定》(国发〔2005〕38 号)、《国务院关于建立城镇职工基本医疗保险制度的决定》(国发〔1998〕44 号)、《失业保险条例》(国务院令第 258 号)的规定，用人单位缴纳基本养老保险、基本医疗保险和失业保险的费率，分别是原则上为本单位工资总额的 20%、6%左右和 2%；用人单位缴纳工伤保险费按照《工伤保险条例》(国务院令第 586 号)规定实行行业差别费率和浮动费率，有关费率确定按照国家相应规定执行；用人单位缴纳生育保险费的费率按照《企业职工生育保险试行办法》(劳部发〔1994〕504 号)规定执行，由统筹地区政府根据实际情况自行确定，但不得超过用人单位工资总额的 1%。职工本人缴纳基本养老保险、基本医疗保险和失业保险的费率，分别为本人工资的 8%、2%和 1%。

(2) 参保个人缴纳社会保险费的费率。根据《国务院关于完善企业职工基本养老保险制度的决定》(国发〔2005〕38 号)的规定，无雇工的个体工商户和灵活就业人员参加职工基本养老保险的缴费费率为 20%，其中 8%计入个人账户；无雇工的个体工商户和灵活就业人员参加职工基本医疗保险的缴费费率，按国家有关规定，统筹地区可以参照当地基本医疗保险建立统筹基金的缴费水平确定。

(3) 城镇居民参加居民医疗保险和农村居民参加新型农村社会养老保险及新型农村合作医疗，主要采取定额方式缴纳社会保险费。

14. 高校毕业生如何处理劳动人事纠纷？

发生劳动人事争议，可以通过协商解决。当事人不愿协商或协商不成的，可以向调解组织申请调解；不愿调解、调解不成或者达成调解协议后不履行的，可以向劳动人事争议仲裁委员会申请仲裁；对仲裁裁决不服的，除法律另有规定的外，可以向人民法院提起诉讼。

对用人单位违反劳动保障法律、法规和规章的情况，高校毕业生可向人力资源社会保障部门举报、投诉。劳动保障监察机构将依法受理，纠正和查处有关违法行为。

15. 什么是服务外包和服务外包企业？

服务外包是指企业将其非核心的业务外包出去，利用外部最优秀的专业化团队来承接该业务，从而使其专注核心业务，达到降低成本、提高效率、增强企业核心竞争力和对环境应变能力的一种管理模式。

服务外包企业是指其与服务外包发包商签订中长期服务合同，承接服务外包业务的企业。

16. 目前服务外包产业主要涉及哪些领域及地区?

服务外包分为信息技术外包服务(ITO)、技术性业务流程外包服务(BPO)和技术性知识流程外包(KPO)等。ITO包括软件研发及外包、信息技术研发服务外包、信息系统运营维护外包等领域。BPO包括企业业务流程设计服务、企业内容管理数据库服务、企业运营数据库服务、企业供应链管理数据库服务等领域。KPO包括知识产权研究、医药和生物技术研发和测试、产品技术研发、工业设计、分析学和数据挖掘、动漫及网游设计研发、教育课件研发、工程设计等领域。

我国目前有服务外包示范城市21个,分别是北京、天津、上海、重庆、大连、深圳、广州、武汉、哈尔滨、成都、南京、西安、济南、杭州、合肥、南昌、长沙、大庆、苏州、无锡、厦门。

17. 服务外包企业吸纳高校毕业生有哪些财政支持?

按照《国务院办公厅关于鼓励服务外包产业加快发展的复函》(国办函〔2010〕69号)、《人力资源社会保障部、商务部关于加快服务外包产业发展促进高校毕业生就业的若干意见》(人社部发〔2009〕123号)等文件的规定,对符合条件的服务外包企业,每新录用1名大学以上学历员工从事服务外包工作并签订1年期以上劳动合同的,给予企业不超过每人4500元的培训支持;对符合条件的培训机构培训的从事服务外包业务人才(大学以上学历),通过服务外包业务专业知识和技能培训考核,并与服务外包企业签订1年期以上劳动合同的,给予培训机构每人不超过500元的培训支持。

服务外包企业吸纳高校毕业生参加就业见习的,享受相关财政补助政策。服务外包企业吸纳就业困难高校毕业生就业,享受社会保险补贴等扶持政策。就业困难高校毕业生参加服务外包培训可按规定享受职业培训补贴和职业技能鉴定补贴。

二、鼓励引导高校毕业生面向城乡基层、中西部地区以及民族地区、贫困地区和艰苦边远地区就业

18. 什么是基层就业?

基层就业就是到城乡基层工作。国家近几年出台了一系列优惠政策鼓励高校毕业生积极参加社会主义新农村建设、城市社区建设和应征入伍。一般来讲,"基层"既包括广大农村,也包括城市街道社区;既涵盖县级以下党政机关、企事业单位,也包括社会团体、非公有制组织和中小企业;既包含单位就业,也包括自主创业、自谋职业。

19. 国家鼓励毕业生到基层就业的主要优惠政策包括哪些?

《国务院关于进一步做好普通高等学校毕业生就业工作的通知》(国发〔2011〕16号)等文件规定:

(1) 各地要根据统筹城乡经济和加快基本公共服务发展的需要,大力开发社会管理和公共教育、医疗卫生、文化等领域服务岗位,增加高校毕业生就业机会。要进一步完善相关政策,重点解决好他们在工资待遇、社会保障、人员编制、户口档案、职称评定、教育培训、人员流动、资金支持等方面面临的实际问题,鼓励和引导高校毕业生到城乡基层特别是城市社区和农村教育、医疗卫生、文化、科技等基层岗位工作。

(2) 对到农村基层和城市社区从事社会管理和公共服务工作的高校毕业生,符合公益

性岗位就业条件并在公益性岗位就业的，按照国家现行促进就业政策的规定，给予社会保险补贴和公益性岗位补贴。

(3) 对到农村基层和城市社区其他社会管理和公共服务岗位就业的，给予薪酬或生活补贴，同时按规定参加有关社会保险。

(4) 对到中西部地区和艰苦边远地区县以下基层单位就业，并履行一定服务期限的高校毕业生，以及应征入伍服义务兵役的高校毕业生，按规定实施相应的学费补偿和国家助学贷款代偿。

(5) 自 2012 年起，省级以上机关录用公务员，除部分特殊职位外，均应从具有 2 年以上基层工作经历的人员中录用。市（地）级以下机关特别是县乡机关招录公务员，应采取有效措施积极吸引优秀应届高校毕业生报考，录用计划应主要用于招收应届高校毕业生。

(6) 对具有基层工作经历的高校毕业生，在研究生招录和事业单位选聘时实行优先。

20. 什么是基层社会管理和公共服务岗位？

所谓基层社会管理和公共服务岗位，包括大学生村官、支教、支农、支医、乡村扶贫，以及城市社区的法律援助、就业援助、社会保障协理、文化科技服务、养老服务、残疾人居家服务、廉租房配套服务等岗位。

2009 年 4 月，人力资源社会保障部下发《关于公布第一批基层社会管理和公共服务岗位目录的通知》（人社部函〔2009〕135 号），向社会公布第一批基层社会管理和公共服务岗位目录，以指导各地做好鼓励和引导高校毕业生到基层就业的工作。这批发布的岗位目录共分为基层人力资源和社会保障管理、基层农业服务、基层医疗卫生服务、基层文化科技服务、基层法律服务、基层民政、托老托幼、助残服务、基层市政管理、基层公共环境与设施管理维护，以及其他九大类领域，包括在街道（乡镇）、社区（村）等基层单位从事公共就业服务、社会保障、劳动关系协调、劳动监察、农业、扶贫开发、医疗、卫生、保健、防疫、文化、科技、体育、普法宣传、民事调解、托老、养老、托幼、助残、公共设施设备管理养护等相关事务管理服务工作的 50 种岗位。

21. 什么是其他基层社会管理和公共服务岗位？

在街道社区、乡镇等基层开发或设立的相应的社会管理和公共服务岗位。部分由政府出资，或由相关组织和单位出资。所安排使用的人员按规定享受相关补贴。

22. 什么是公益性岗位？

由政府开发、以满足社区及居民公共利益为目的的管理和服务岗位。对符合条件在公益性岗位安置就业的就业困难人员，按规定给予社会保险补贴和岗位补贴。符合公益性岗位安置条件的就业困难高校毕业生，可按规定享受公益性岗位就业援助政策。

23. 什么是公益性岗位社会保险补贴？

按照《财政部、人力资源社会保障部关于进一步加强就业专项资金管理有关问题的通知》（财社〔2011〕64 号）的规定，对就业困难人员的社会保险补贴实行“先缴后补”的办法。在公益性岗位安排就业困难人员，并缴纳社会保险费的，按其为就业困难人员实际缴纳的基本养老保险费、基本医疗保险费和失业保险费给予补贴，不包括就业困难人员个人应缴纳的基本养老保险费、基本医疗保险费和失业保险费，以及企业（单位）和个人应缴纳的其他社会保险费。社会保险补贴期限，一般最长不超过 3 年。

办理手续请见第 2 问。

24. 什么是公益性岗位补贴？

对在公益性岗位安排就业困难人员就业的单位，按其实际安排就业困难人员人数给予岗位补贴。公益性岗位补贴期限，一般最长不超过 3 年。

在公益性岗位安排就业困难人员就业的单位，可按季向当地人力资源社会保障部门申请公益性岗位补贴。公益性岗位补贴申请材料应附：符合享受公益性岗位补贴条件的人员名单及身份证复印件、就业失业登记证复印件、发放工资明细账（单）、单位在银行开立的基本账户等凭证材料。经人力资源社会保障部门审核后，财政部门将补贴资金支付到单位在银行开立的基本账户。

25. 为鼓励高校毕业生面向基层就业，实施学费补偿和助学贷款代偿政策的主要内容是什么？

按照《财政部、教育部关于印发〈高等学校毕业生学费和国家助学贷款代偿暂行办法〉的通知》（财教〔2009〕15 号）等文件的规定，中央部门所属高校应届毕业生（全日制本专科、高职生、研究生、第二学士学位毕业生）到中西部地区和艰苦边远地区基层单位就业，服务期在 3 年以上（含 3 年）的，其学费由国家实行补偿。在校学习期间获得国家助学贷款（含高校国家助学贷款和生源地信用助学贷款，下同）的，补偿的学费优先用于偿还国家助学贷款本金及其全部偿还之前产生的利息。定向、委培以及在校期间已享受免除全部学费政策的学生除外。

26. 国家实施补偿学费和代偿助学贷款的就业地域范围包括哪些？

国家对到中西部地区和艰苦边远地区基层单位就业，并履行一定服务期限的中央部门所属高校毕业生，按规定实施相应的学费补偿和助学贷款代偿。这里涉及的地域范围主要包括：

（1）西部地区：西藏、内蒙古、广西、重庆、四川、贵州、云南、陕西、甘肃、青海、宁夏、新疆等 12 个省（自治区、直辖市）；

（2）中部地区：河北、山西、吉林、黑龙江、安徽、江西、河南、湖北、湖南、海南等 10 个省；

（3）艰苦边远地区：由国务院确定的经济水平、条件较差的一些州、县和少数民族地区。（详情可登录中国政府网查询：http://www.gov.cn）

（4）基层单位：

① 中西部地区和艰苦边远地区县以下机关、企事业单位，包括乡（镇）政府机关、农村中小学、国有农（牧、林）场、农业技术推广站、畜牧兽医站、乡镇卫生院、计划生育服务站、乡镇文化站、乡镇劳动就业服务站等；

② 工作现场地处以上地区县以下的气象、地震、地质、水电施工、煤炭、石油、航海、核工业等中央单位艰苦行业生产第一线。

27. 学费补偿和助学贷款代偿的标准和年限是多少？

每生每学年补偿学费和代偿国家助学贷款的金额最高不超过 6000 元。在校学习期间每年实际缴纳的学费或获得的国家助学贷款低于 6000 元的，按照实际缴纳的学费或获得的国家助学贷款金额实行补偿或代偿。每年实际缴纳的学费高于 6000 元的，按照每年 6000 元的金额实行补偿或者代偿。

本科、专科(高职)、研究生和第二学士学位毕业生补偿学费或代偿国家助学贷款的年限，分别按照国家规定的相应学制计算。在校学习的时间低于相应学制规定年限的，按照实际学习时间计算补偿学费或代偿助学贷款年限。在校学习时间高于相应学制年限的，按照学制规定年限计算。

每年代偿学费或国家助学贷款总额的 1/3，3 年代偿完毕。

28. 中央部门所属高校毕业生如何申请学费补偿和助学贷款代偿？

(1) 在办理离校手续时向学校递交《学费和国家助学贷款代偿申请表》和毕业生本人、就业单位与学校三方签署的到中西部地区和艰苦边远地区基层单位服务 3 年以上的就业协议；

(2) 在校学习期间获得国家助学贷款的，在与国家助学贷款经办银行签订毕业后还款计划时，注明已申请国家助学贷款代偿，如获得国家助学贷款代偿资格，不需自行向银行还款；

(3) 高校负责审查申请资格并上报全国学生资助管理中心。

29. 地方所属高校毕业生到基层就业如何获得学费补偿和助学贷款代偿？

按照《财政部、教育部关于印发〈高等学校毕业生学费和国家助学贷款代偿暂行办法〉的通知》(财教〔2009〕15 号)的要求，各地要抓紧研究、制定本地所属高校毕业生面向本辖区艰苦边远地区基层单位就业的学费补偿和助学贷款代偿办法。地方所属高校毕业生到基层就业是否可以获得学费补偿或国家助学贷款代偿，以及如何申请办理补偿或代偿等，请向学校所在地政府有关部门查询。

30. 到基层就业如何办理户口、档案、党团关系等手续？

对到西部县以下基层单位和艰苦边远地区就业的高校毕业生，实行来去自由的政策，户口可留在原籍或根据本人意愿迁往就业地区；人事档案原则上统一转至就业单位所在地的县级政府人力资源社会保障部门，由公共就业和人才服务机构提供免费人事代理服务；党团组织关系转至就业单位，在工作期间积极要求入党的，由乡镇一级党组织按规定程序办理。

31. 中央有关部门实施了哪些基层就业项目？

近年来，中央各有关部门主要组织实施了四个引导高校毕业生到基层就业的专门项目，包括：团中央、教育部、财政部、人力资源社会保障部等四部门从 2003 年起组织实施的“大学生志愿服务西部计划”；中组部、人力资源社会保障部、教育部等八部门从 2006 年开始组织实施的“三支一扶”(支教、支农、支医和扶贫)计划；教育部、财政部、人力资源社会保障部、中央编办等四部门从 2006 年开始组织实施的“农村义务教育阶段学校教师特设岗位计划”；中组部、教育部、财政部、人力资源社会保障部等部门从 2008 年起组织实施的“选聘高校毕业生到村任职工作”(见附表 1)。

人力资源社会保障部门积极会同有关部门，按照统一征集岗位、统一发布公告、统一组织考试、统一服务管理的原则，统筹实施基层服务项目，做好各类项目之间的政策衔接，进一步落实对服务期满考核合格人员的就业政策措施。

32. 什么是农村义务教育阶段学校教师特设岗位计划？

2006 年，教育部、财政部、原人事部、中央编办下发《关于实施农村义务教育阶段学校教师特设岗位计划的通知》(教师〔2006〕2 号)，联合启动实施“特岗计划”，公开招聘高校毕业生到“两基”攻坚县农村义务教育阶段学校任教。特岗教师聘期 3 年。

33. 农村教师特岗计划实施的地区范围包括哪些？

2006 年—2008 年“特岗计划”的实施范围以国家西部地区“两基”攻坚县为主(含新疆生产建设兵团的部分团场)，包括纳入国家西部开发计划的部分中部省份的少数民族自治州，适当兼顾西部地区一些有特殊困难的边境县、少数民族自治县和少小民族县。2009 年，实施范围扩大到中西部地区国家扶贫开发工作重点县。

34. 农村教师特岗计划招聘对象和条件是什么？

(1) 以高等师范院校和其他全日制普通高校应届本科毕业生为主，可招少量应届师范类专业专科毕业生。

(2) 取得教师资格，具有一定教育教学实践经验，年龄在 30 岁以下的全日制普通高校往届本科毕业生。

(3) 参加过“大学生志愿服务西部计划”，有从教经历的志愿者和参加过半年以上实习支教的师范院校毕业生同等条件下优先。

(4) 报名者应同时符合教师资格条件要求和招聘岗位要求。

35. 农村教师特岗计划的招聘程序有哪些？

特岗教师实行公开招聘，合同管理。合同规定用人单位和应聘人员双方的权利和义务。

招聘工作由省级教育、人力资源社会保障、财政、编办等相关部门共同负责，遵循“公开、公平、自愿、择优”和“三定”(定县、定校、定岗)原则，按下列程序进行：(1) 公布需求，(2) 自愿报名，(3) 资格审查，(4) 考试考核，(5) 集中培训，(6) 资格认定，(7) 签订合同，(8) 上岗任教。

36. 什么是选聘高校毕业生到村任职？

2008 年，中组部、教育部、财政部、人力资源和社会保障部出台了《关于印发〈关于选聘高校毕业生到村任职工作的意见(试行)〉的通知》(组通字〔2008〕18 号)，计划用 5 年时间选聘 10 万名高校毕业生到农村担任村党支部书记助理、村委会主任助理或团支部书记、副书记等职务。从 2010 年开始，扩大选聘规模，逐步实现“一村一名大学生村官”计划的目标。选聘的高校毕业生在村工作期限一般为 2～3 年。

37. 选聘到村任职的对象是什么？要满足哪些条件？

选聘对象为 30 岁以下应届和往届毕业的全日制普通高校专科以上学历的毕业生，重点是应届毕业和毕业 1～2 年的本科生、研究生，原则上为中共党员(含预备党员)，非中共党员的优秀团干部、优秀学生干部也可以选聘。

基本条件是：(1) 思想政治素质好，作风踏实，吃苦耐劳，组织纪律观念强。(2) 学习成绩良好，具备一定的组织协调能力。(3) 自愿到农村基层工作。(4) 身体健康。此外，参加人力资源社会保障部、团中央等部门组织的到农村基层服务的“三支一扶”、“志愿服务西部计划”等活动期满的高校毕业生，本人自愿且具备选聘条件的，经组织推荐可作为选聘对象。

38. 选聘到村任职的程序是什么？

选聘工作一般通过个人报名、资格审查、组织考察、体检、公示、决定聘用、培训上岗等程序进行。

39．什么是“三支一扶”计划？

三支一扶是支教、支医、支农、扶贫的简称。2006年，中组部、原人事部等八部门下发《关于组织开展高校毕业生到农村基层从事支教、支农、支医和扶贫工作的通知》（国人部发〔2006〕16号），以公开招募、自愿报名、组织选拔、统一派遣的方式，从2006年开始连续5年，每年招募2万名高校毕业生，主要安排到乡镇从事支教、支农、支医和扶贫工作。服务期限一般为2～3年。招募对象主要为全国普通高校应届毕业生。

2011年4月，人力资源社会保障部下发《关于继续做好高校毕业生三支一扶计划实施工作的通知》（人社部发〔2011〕27号），决定继续组织开展高校毕业生“三支一扶”计划，从2011年起，每年选拔2万名，5年内选拔10万名高校毕业生到基层从事“三支一扶”服务。

40．什么是大学生志愿服务西部计划？

大学生志愿服务西部计划由共青团中央牵头，教育部、财政部、人力资源社会保障部共同组织实施。从2003年开始，每年招募1.8万名普通高等学校应届毕业生，到西部贫困县的乡镇从事为期1～3年的教育、卫生、农技、扶贫以及青年中心建设和管理等方面的志愿服务工作。

41．参加中央部门组织实施的基层就业项目，服务期满后享受哪些优惠政策？

根据中组部、人力资源社会保障部、教育部、财政部、共青团中央《关于统筹实施引导高校毕业生到农村基层服务项目工作的通知》（人社部发〔2009〕42号）等政策的规定，参加“选聘高校毕业生到村任职”、“三支一扶”、“大学生志愿服务西部计划”、“农村义务教育阶段学校教师特设岗位计划”项目、服务期满的毕业生，享受以下优惠政策：

（1）公务员招录优惠：每年拿出公务员考录计划的一定比例，专门用于定向招录服务期满且考核称职（合格）的服务基层项目人员。服务基层项目人员也可报考其他职位。

（2）事业单位招聘优惠：鼓励在项目结束后留在当地就业，参加各基层就业项目相对应的自然减员空岗，全部聘用服务期满的高校毕业生。从2009年起，到乡镇事业单位服务的高校毕业生服务满1年后，在现岗位空缺情况下，经考核合格，即可与所在单位签订不少于3年的聘用合同。同时，各省（区、市）县及县以上相关的事业单位公开招聘工作人员，应拿出不低于40%的比例，聘用各专门项目服务期满考核合格的高校毕业生。

（3）考学升学优惠：服务期满后3年内报考硕士研究生初试总分加10分；同等条件下优先录取；高职（高专）学生可免试入读成人本科。

（4）国家补偿学费和代偿助学贷款政策：参加各基层就业项目的毕业生，符合规定条件的，可享受相应的学费补偿和助学贷款代偿政策。

（5）服务期满自主创业的，可享受税收优惠、行政事业性收费减免、小额贷款担保和贴息等有关政策。

（6）其他：各基层就业项目服务年限计算工龄。服务期满到企业就业的，按照规定转接社会保险关系。

42．高校毕业生到艰苦边远地区或国家扶贫开发工作重点县就业有什么优惠政策？

根据《国务院关于进一步做好普通高等学校毕业生就业工作的通知》（国发〔2011〕16号）的规定，对到艰苦边远地区或国家扶贫开发工作重点县就业的高校毕业生，在机关工作的，试用期工资可直接按试用期满后工资确定，试用期满后级别工资高定1～2档；在事业单位工作的，可提前转正定级，转正定级时薪级工资高定1～2级。

三、鼓励高校毕业生应征入伍,报效祖国

43. 国家鼓励大学生应征入伍服义务兵役,这里的“大学生”如何界定?

“大学生”是指根据国家有关规定批准设立、实施高等学历教育的全日制公办普通高等学校、民办普通高等学校和独立学院,按照国家招生规定录取的全日制普通本科、专科(含高职)、研究生、第二学士学位的应(往)届毕业生、在校生和已被普通高校录取但未报到入学的学生。

征集的大学生以男性为主,女性大学生征集根据军队需要确定。

44. 公民应征入伍需要满足哪些政治条件?

征兵政治审查的内容包括:应征公民的年龄、户籍、职业、政治面貌、宗教信仰、文化程度、现实表现以及家庭主要成员和主要社会关系成员的政治情况等。征集服现役的公民必须热爱中国共产党,热爱社会主义祖国,热爱人民军队,遵纪守法,品德优良,决心为抵抗侵略、保卫祖国、保卫人民的和平劳动而英勇奋斗,等等。

45. 公民应征入伍要满足哪些基本身体条件?

公民应征入伍要符合国防部颁布的《应征公民体格检查标准》和有关规定。其中,有几项基本条件:

身高:男性162cm以上,女性160cm以上

体重:男性:不超过标准体重的+25%、-15%

女性:不超过标准体重的±15%

标准体重=(身高-110)kg

视力:陆勤岗位视力标准,大学专科以上文化程度的青年入伍,右眼裸眼视力放宽至4.6,左眼裸眼视力放宽至4.5。

屈光不正,准分子激光手术后半年以上,无并发症,视力达到相应标准,合格。

内科:乙型肝炎表面抗原呈阴性,等等。

46. 应征入伍服义务兵役大学生的年龄是如何规定的?

男性普通高等学校在校生为当年年满18至22周岁,高职(专科)毕业生可放宽到23周岁,本科及以上学历毕业生可放宽到24周岁。

女性普通高等学校在校生为当年年满18到20周岁,应届毕业生放宽到22周岁。

47. 大学生征集工作由哪个部门牵头负责?

高校所在地兵役机关会同有关部门进入高校开展征集工作,高校由学生管理部门或学校武装部门牵头负责,有意向参军入伍的大学生可向所在学校学工部(处)、就业中心、资助中心或武装部咨询有关政策。

48. 高校毕业生应征入伍服义务兵役要经过哪些程序?

(1) 网上报名预征:有应征意向的高校毕业生可在夏秋季征兵开始之前登录“大学生应征入伍网上报名平台”(网址为 http://zbbm.chsi.com.cn 或 http://zbbm.chsi.cn,下同)进行报名,填写、打印《应届毕业生预征对象登记表》和《高校毕业生应征入伍学费补偿国家助学贷款代偿申请表》(以下分别简称《登记表》、《申请表》),交所在高校征兵工作管

理部门。

(2) 初审、初检：毕业生离校前，在高校参加身体初检、政治初审，符合条件者确定为预征对象，高校协助兵役机关将《登记表》和《申请表》审核、盖章、发给毕业生本人，并完成网上信息确认。初审、初检工作最晚在 7 月 15 日前完成。

(3) 实地应征：高校应届毕业生可在学校所在地应征入伍，也可在入学前户籍所在地应征入伍。

组织高校应届毕业生在学校所在地征集的，结合初审、初检工作同步进行体格检查和政治审查，在毕业生离校前完成预定兵，9 月初学校所在地县(市、区)人民政府征兵办公室为其办理批准入伍手续。政治审查以本人现实表现为主，由其就读学校所在地的县(市、区)公安部门负责，学校分管部门具体承办，原则上不再对其入学前和就读返乡期间的现实表现情况进行调查。

在入学前户籍所在地应征入伍的，高校应届毕业生 7 月 30 日前将户籍迁回入学前户籍地，持《登记表》和《申请表》到当地县级兵役机关参加实地应征，经体格检查、政治审查合格的，9 月初由当地县(市、区)人民政府征兵办公室办理批准入伍手续。

49. 高校毕业生应征入伍服义务兵役享受哪些优惠政策？

高校毕业生应征入伍服义务兵役，除享有优先报名应征、优先体检政审、优先审批定兵、优先安排使用“四个优先”政策，家庭按规定享受军属待遇外，还享受优先选拔使用、学费补偿和国家助学贷款代偿、退役后考学升学优惠、就业服务等政策。

50. 高校毕业生应征入伍“四个优先”政策是怎样规定的？

高校毕业生预征对象参军入伍享受“四优先”政策：① 优先报名应征。报名由县级兵役机关直接办理。夏秋季征兵开始前，县级兵役机关通知其报名时间、地点、注意事项等。确定为预征对象的高校毕业生，持《应届毕业生预征对象登记表》，可以直接到学校所在地或户籍所在地县级兵役机关报名应征。② 优先体检政审。体检由县级兵役机关直接办理。夏秋季征兵体检前，县级兵役机关通知其体检时间、地点、注意事项等。确定为预征对象的高校毕业生，未能在规定时间内在学校参加体检的，本人持《应届毕业生预征对象登记表》，可在征兵体检时间内报名直接参加体检。③ 优先审批定兵。审批定兵时，应当优先批准体检政审合格的高校毕业生入伍。高职(专科)以上文化程度的合格青年未被批准入伍前，不得批准高中文化程度的青年入伍。④ 优先安排使用。在安排兵员去向时，根据高校毕业生的学历、专业和个人特长，优先安排到军兵种或专业技术要求高的部队服役；部队对征集入伍的高校毕业生，优先安排到适合的岗位，充分发挥其专长。

51. 国家对应征入伍服义务兵役的大学生给予资助是如何规定的？

高等学校学生应征入伍服义务兵役国家资助，是指国家对应征入伍服义务兵役的高校学生，在入伍时对其在校期间缴纳的学费实行一次性补偿或获得的国家助学贷款(包括校园地国家助学贷款和生源地信用助学贷款)实行代偿；应征入伍服义务兵役前正在高等学校就读的学生(含国家招生规定录取的高等学校新生)，服役期间按照国家有规定保留学籍的，退役后自愿复学的，国家实行学费减免。

52. 大学生应征入伍都可以享受学费补偿或国家助学贷款代偿政策吗？

在校期间已免除全部学费的学生，定向生、委培生和国防生，其他不属于服义务兵役到部队参军的学生，均不享受学费补偿和国家助学贷款代偿政策。

53. 因个人原因被部队退回，学生已获补偿、代偿的经费要被收回吗？

因本人思想原因，故意隐瞒病史或违法犯罪等被部队退回的学生，取消受助资格，并不得申请学费减免。已补偿的学费或代偿的国家助学贷款资金收回，并逐级汇总上缴全国学生资助管理中心。

54. 高校应届毕业生入伍服义务兵役年限是多少？

我国现行的义务兵役制度是 2 年。

55. 大学生兵退役后，享受哪些就学优惠政策？

(1) 退役后报考政法干警招录培养体制改革试点招生的，教育考试笔试成绩总分加 10 分；

(2) 具有高职(高专)学历的，退役后免试入读成人本科，或经过一定考核入读普通本科。

(3) 普通高校应届毕业生应征入伍服义务兵役，退役后 3 年内参加全国硕士研究生招生考试的，初试总分加 10 分，立二等功及以上的，退役后免试(指初试)推荐攻读硕士研究生。

56. 什么是政法干警招录培养体制改革试点考试？

国家为培养政治业务素质高，实战能力强的应用型、复合型政法人才，加强政法机关公务员队伍建设，2008 年开始重点从部队退役士兵和普通高校毕业生中选拔优秀人才，为基层政法机关特别是中西部和其他经济欠发达地区的县(市)级以下基层政法机关提供人才保障和智力支持。

57. 应征入伍的高校应届毕业生离校后户口档案如何迁转，存放在哪里？

被确定为预征对象的高校应届毕业生，回入学前户籍所在地应征的，将户口迁回入学前户籍所在地，档案转到入学前户籍所在地人才交流中心存放。在学校所在地应征的，可将户籍和档案暂时保留在学校。批准入伍后，其户口档案予以注销，档案放入新兵档案。

58. 大学生士兵退役后可享受哪些就业安置优惠政策？

按照国家规定发给退役金，由安置地的县级以上地方人民政府接收，根据当地的实际情况，可以发给经济补助；安置地的县级以上地方人民政府应当组织其免费参加职业教育、技能培训，经考试考核合格的，发给相应的学历证书、职业资格证书并推荐就业；报考公务员、应聘事业单位职位的，在军队服现役经历视为基层工作经历，同等条件下应当优先录用或者聘用；国有企业在新招录职工时，应拿出一定数量的工作岗位择优招录大学生退役士兵；基层专职武装干部重点招录退役大学生士兵；参加户籍所在地省级毕业生就业指导机构、原毕业高校就业招聘会，享受重点推荐、就业指导等就业服务。

59. 高校应届毕业生退役后户档迁移有何优惠政策？

高校应届毕业生入伍服义务兵役退出现役后一年内，可视同当年的高校应届毕业生，凭用人单位录(聘)用手续，向原就读高校再次申请办理就业报到手续，户档随迁(直辖市按照有关规定执行)。

60. 没有参加网上报名预征的大学生是否还可以应征入伍并享受有关优惠政策？

未参加网上报名预征的大学生，在征兵期间需要补办网上预征手续，没有经过网上报名预征的大学生不享受有关优惠政策。

61. 已经和工作单位签约，现在又想应征入伍，是否属违约？

高校毕业生应征入伍需要变更就业协议，不属于违约。依法参军服兵役，是每个公民应尽的光荣义务和权利，受国家法律和政策的保护，用人单位要依照《宪法》、《兵役法》等规定，支持本单位员工依法服兵役，并落实好他们退役后的安置工作。高校毕业生要和用人单位及时沟通协商，共同做好工作安排。

62. 什么是士官？与义务兵有什么区别？

我军现役士兵按兵役性质分为义务兵役制士兵和志愿兵役制士兵。义务兵役制士兵称为义务兵，志愿兵役制士兵称为士官。士官属于士兵军衔序列，但不同于义务兵役制士兵，是士兵中的骨干。义务兵实行供给制，发给津贴；士官实行工资制和定期增资制度。

63. 高校毕业生应征入伍是否直接为士官？

目前部队面向高校毕业生既招收士官，也招收义务兵，这是两个不同兵役性质的士兵系列。预征指的是义务兵，义务兵服役两年后，符合条件的，可以被选取为士官。

64. 士官直招什么时间开始？如何报名？

士官直招工作5、6月份开始，8月份批准入伍，符合军队特殊专业需求的毕业生，可以在学校或者户口所在地县（市、区）以上征兵办公室报名，经过体检、政审、学历专业审定等环节，招收到部队。

（注：因2013年征兵政策调整，第43～64问的相关内容做了适当修改。）

四、积极聘用高校毕业生参与国家和地方重大科研项目

65. 国家和地方重大科研项目包括哪些？

按照《科技部、教育部、财政部、人力资源社会保障部、国家自然科学基金委员会关于鼓励科研项目单位吸纳和稳定高校毕业生就业的若干意见》（国科发财〔2009〕97号）的规定，由高校、科研机构和企业所承担的民用科技重大专项、973计划、863计划、科技支撑计划项目以及国家自然科学基金会的重大重点项目等，可以聘用高校毕业生作为研究助理或辅助人员参与研究工作。此外的其他项目，承担研究的单位也可聘用高校毕业生。

66. 哪些高校毕业生可以被吸纳为研究助理或辅助人员？

吸纳对象主要以优秀的应届毕业生为主，包括高校以及有学位授予权的科研机构培养的博士研究生、硕士研究生和本科生。

67. 科研项目吸纳的高校毕业生是否为在编职工？

不是项目承担单位的正式在编职工，被吸纳高校毕业生需与项目承担单位签订服务协议，明确双方的权利、责任和义务。

68. 科研项目承担单位与被吸纳高校毕业生签订的服务协议应包含哪些内容？

（1）项目承担单位的名称和地址；

（2）研究助理的姓名、居民身份证号码和住址；

（3）服务协议期限；

（4）工作内容；

（5）劳务性费用数额及支付方式；

(6) 社会保险;

(7) 双方协商约定的其他内容。

服务协议不得约定由毕业生承担违约金。

69. 服务协议的期限如何约定?

根据《人力资源社会保障部办公厅关于重大科研项目单位吸纳高校毕业生参与研究工作签订服务协议有关问题的通知》(人社厅发〔2009〕47 号)等文件的规定,服务协议期限最多可签订 3 年,3 年以下的服务协议期限已满而项目执行期未满的,根据工作需要可以协商续签 3 年。

70. 服务协议履行期间可以解除协议吗?

服务协议履行期间,毕业生可以提出解除服务协议,但应提前 15 天书面通知项目承担单位。

项目承担单位提出解除服务协议的,应当提前 30 日书面通知毕业生本人。研究助理被解除服务协议或协议期满终止后,符合条件的毕业生可按规定享受失业保险待遇。

71. 被吸纳高校毕业生如何获取报酬?

由项目承担单位向高校毕业生支付劳务性费用,具体数额按照国家有关规定,参照相应岗位标准,由双方协商确定。

72. 项目承担单位是否给被吸纳的高校毕业生上保险?

项目承担单位应当为毕业生办理社会保险,具体包括基本养老保险、基本医疗保险、失业保险、工伤保险、生育保险,并按时足额缴费。参保、缴费、待遇支付等具体办法参照各项社会保险有关规定执行。

73. 被吸纳的高校毕业生户档如何迁转?

毕业生参与项目研究期间,根据当地情况,其户口、档案可存放在项目承担单位所在地或入学前家庭所在地公共就业和人才服务机构。项目承担单位所在地或入学前家庭所在地公共就业和人才服务机构应当免费为其提供户口、档案托管服务。

74. 服务协议期满后如何就业?

协议期满,如果项目承担单位无意续聘,则毕业生到其他岗位就业。同时,国家鼓励项目承担单位正式聘用(招用)人员时,优先聘用担任过研究助理的人员。项目承担单位或其他用人单位正式聘用(招用)担任过研究助理的人员,应当分别依据《劳动合同法》、《国务院办公厅转发人事部关于在事业单位试行人员聘用制度意见的通知》(国办发〔2002〕35 号)等规定执行。

75. 毕业生服务协议期满被用人单位正式录(聘)用后,如何办理落户手续?工龄如何接续?

担任过研究助理的人员被正式聘用(招用)后,按照有关规定,凭用人单位录(聘)用手续、劳动合同和《普通高等学校毕业证书》办理落户手续;工龄与参与项目研究期间的工作时间合并计算,社会保险缴费年限合并计算。

五、鼓励支持高校毕业生自主创业,稳定灵活就业

76. 高校毕业生自主创业,可以享受哪些优惠政策?

按照《国务院关于进一步做好普通高等学校毕业生就业工作的通知》(国发〔2011〕16

号)、《国务院办公厅转发人力资源社会保障等部门关于促进以创业带动就业工作指导意见的通知》(国办发〔2008〕111 号)等文件的规定，高校毕业生自主创业优惠政策主要包括：

(1) 税收优惠：持《就业失业登记证》(注明“自主创业税收政策”或附着《高校毕业生自主创业证》)的高校毕业生在毕业年度内(指毕业所在自然年，即 1 月 1 日至 12 月 31 日)从事个体经营的，3 年内按每户每年 8000 元为限额依次扣减其当年实际应缴纳的营业税、城市维护建设税、教育费附加和个人所得税。对高校毕业生创办的小型微利企业，按国家规定享受相关税收支持政策。

(2) 小额担保贷款和贴息支持：对符合条件的高校毕业生自主创业的，可在创业地按规定申请小额担保贷款；从事微利项目的，可享受不超过 10 万元贷款额度的财政贴息扶持；对合伙经营和组织起来就业的，可根据实际需要适当提高贷款额度。

(3) 免收有关行政事业性收费：毕业 2 年以内的普通高校毕业生从事个体经营(除国家限制的行业外)的，自其在工商部门首次注册登记之日起 3 年内，免收管理类、登记类和证照类等有关行政事业性收费。

(4) 享受培训补贴：对高校毕业生在毕业年度内参加创业培训的，根据其获得创业培训合格证书或就业、创业情况，按规定给予培训补贴。

(5) 免费创业服务：有创业意愿的高校毕业生，可免费获得公共就业和人才服务机构提供的创业指导服务，包括政策咨询、信息服务、项目开发、风险评估、开业指导、融资服务、跟踪扶持等“一条龙”创业服务。各地在充分发挥各类创业孵化基地作用的基础上，因地制宜建设一批大学生创业孵化基地，并给予相关政策扶持。对基地内大学生创业企业要提供培训和指导服务，落实扶持政策，努力提高创业成功率，延长企业存活期。

(6) 各城市应取消高校毕业生落户限制，允许高校毕业生在创业地办理落户手续(直辖市按有关规定执行)。

77. 高校毕业生怎样提升自主创业的能力？

各高校要广泛开展创业教育，积极开发创新创业类课程，完善创业教育课程体系，将创业教育课程纳入学分管理。

各地人力资源社会保障部门已形成一些成熟的创业培训模式，如“GYB”(产生你的企业想法)、“SYB”(创办你的企业)、“IYB”(改善你的企业)；高校毕业生可选择参加创业培训和实训，并可按规定享受培训补贴，以提高创业能力。

78. 什么是小额担保贷款？小额担保贷款的用途是什么？

小额担保贷款是指通过政府出资设立担保基金，委托担保机构提供贷款担保，由经办商业银行发放，以解决符合一定条件的待就业人员从事个体经营自筹资金不足的一项贷款业务。

小额担保贷款主要用作自谋职业、自主创业或合伙经营和组织起来创业的开办经费和流动资金。

79. 申请小额担保贷款额度是多少？贷款期限有多长？

国家规定对符合条件的高校毕业生自主创业的，可在创业地按规定申请小额担保贷款；从事微利项目的，可享受不超过 10 万元贷款额度的财政贴息扶持。各地区对申请小额担保贷款额度有不同规定。对合伙经营和组织起来就业的，可根据需要适当提高贷款额度。

小额担保贷款的期限一般不超过 2 年，可展期 1 年。

80. 怎样申请小额担保贷款？在哪些银行可以申请小额担保贷款？

小额担保贷款按照自愿申请、社区推荐、人力资源社会保障部门审查、贷款担保机构审核并承诺担保、商业银行核贷的程序，办理贷款手续。

各国有商业银行、股份制商业银行、城市商业银行和城乡信用社都可以开办小额担保贷款业务，各地区根据实际情况确定具体经办银行。在指定的具体经办银行可以办理小额担保贷款。

81. 哪些项目属于微利项目？

微利项目由各省、自治区、直辖市人民政府结合当地实际情况确定，并报财政部、中国人民银行、人力资源和社会保障部备案。对于从事微利项目的，财政据实全额贴息，展期不贴息。

82. 针对高校毕业生灵活就业有什么政策措施？

根据《国务院关于进一步做好普通高等学校毕业生就业工作的通知》(国发〔2011〕16 号)、《财政部、人力资源社会保障部关于进一步加强就业专项资金管理有关问题的通知》(财社〔2011〕64 号)等文件的规定，鼓励支持高校毕业生通过多种形式灵活就业，并给予相关政策扶持。对符合就业困难人员条件的灵活就业高校毕业生，要按规定落实社会保险补贴政策。对申报灵活就业的高校毕业生，各级公共就业和人才服务机构按规定提供人事、劳动保障代理服务，做好社会保险关系接续工作。

对就业困难人员灵活就业后缴纳的社会保险费，给予一定数额的社会保险补贴，补贴数额原则上不超过其实际缴费的 2/3。灵活就业的就业困难人员按规定向当地人力资源社会保障部门申请社会保险补贴。社会保险补贴申请材料应附：由灵活就业人员签字、人力资源社会保障部门盖章确认的、注明具体从事灵活就业的岗位、地址等内容的相关证明材料，灵活就业人员身份证复印件、就业失业登记证复印件、社会保险征缴机构出具的社会保险费明细账(单)等凭证材料。经人力资源社会保障部门审核后，财政部门将补贴资金支付给申请者本人。

六、支持高校毕业生参加就业见习和技能培训

83. 什么是就业见习？

就业见习是指由各级人力资源社会保障部门根据离校未就业高校毕业生本人意愿，组织其到经政府认定的就业见习单位进行见习锻炼、积累工作经验、提升就业能力的一项就业促进措施。

2009 年起，人力资源社会保障部会同教育部、工业和信息化部、国资委、工商总局、全国工商联和共青团中央联合下发《关于印发三年百万高校毕业生就业见习计划的通知》(人社部发〔2009〕38 号)，决定自 2009 年至 2011 年，拓展和规范一批用人单位作为高校毕业生见习基地，用 3 年时间组织 100 万离校未就业高校毕业生参加就业见习。

未就业高校毕业生如参加就业见习可向当地人力资源和社会保障部门及当地团组织咨询，当地人力资源和社会保障部门是就业见习的组织实施单位。

84. 离校后未就业高校毕业生如何参加就业见习？

人力资源社会保障部门通过媒体、公共就业和人才服务机构以及电视、网络、报纸等多种渠道，发布就业见习信息，公布见习单位名单、岗位数量、期限、人员要求等有关内容，或者组织开展见习单位和高校毕业生的双向选择活动，帮助离校未就业高校毕业生和见习单位对接。离校后未就业回到原籍的高校毕业生可与原籍所在地人力资源社会保障部门及当地团组织联系，主动申请参加就业见习。

85. 就业见习期限有多长？

高校毕业生就业见习期限一般为3～12个月。

高校毕业生就业见习活动结束后，见习单位对高校毕业生进行考核鉴定，出具见习证明，作为用人单位招聘和选用见习高校毕业生的依据之一。在见习期间，由见习单位正式录（聘）用的，在该单位的见习期可以作为工龄计算。

86. 就业见习单位给毕业生上保险吗？

见习期间所在见习单位为毕业生办理人身意外伤害保险。

87. 离校未就业高校毕业生参加就业见习享受哪些政策和服务？

(1) 获得基本生活补助（基本生活补助费用由见习单位和地方政府分担，各地要根据当地经济发展和物价水平，合理确定和及时调整基本生活补助标准）；

(2) 免费办理人事代理；

(3) 办理人身意外伤害保险；

(4) 见习期满未被录用可继续享受就业指导与服务。

88. 见习单位能享受什么优惠政策？

对企业（单位）吸纳离校未就业高校毕业生参加就业见习的，由见习企业（单位）先行垫付见习人员见习期间基本生活补助，再按规定向当地人力资源社会保障部门申请就业见习补贴。

就业见习补贴申请材料应附：实际参加就业见习的人员名单、就业见习协议书、见习人员身份证、登记证复印件和大学毕业证复印件、企业（单位）发放基本生活补助明细账（单）、企业（单位）在银行开立的基本账户等凭证材料。经人力资源社会保障部门审核后，财政部门将资金支付到企业（单位）在银行开立的基本账户。

见习单位支出的见习补贴相关费用，不计入社会保险缴费基数，但符合税收法律、法规规定的，可以在计算企业所得税应纳税所得额时扣除。

89. 高校毕业生如何申请参加职业培训？

职业培训由各地人力资源社会保障部门负责组织实施。高校毕业生可到当地人力资源社会保障部门咨询了解职业培训开展情况，选择适宜的培训项目参加。

职业培训工作主要由政府认定的培训机构、技工院校或企业所属培训机构承担。

90. 高校毕业生能否享受职业培训补贴政策？如何申请职业培训补贴？

高校毕业生毕业年度内参加就业技能培训或创业培训，可按规定向当地人力资源社会保障部门申请职业培训补贴。毕业后按规定进行了失业登记的高校毕业生参加就业技能培训或创业培训，也可向当地人力资源社会保障部门申请职业培训补贴。

按照《财政部、人力资源社会保障部关于进一步加强就业专项资金管理有关问题的通知》(财社〔2011〕64号)等文件的规定,申请材料经人力资源社会保障部门审核后,财政部门按规定将补贴资金直接拨付给申请者本人。职业培训补贴申请材料应附:培训人员身份证复印件、就业失业登记证复印件、职业资格证书(专项职业能力证书或培训合格证书)复印件、就业或创业证明材料、职业培训机构开具的行政事业性收费票据(或税务发票)等凭证材料。

高校毕业生参加就业技能培训或创业培训后,培训合格并通过职业技能鉴定取得初级以上职业资格证书(未颁布国家职业技能标准的职业应取得专项职业能力证书或创业培训合格证书),6个月内实现就业的,按职业培训补贴标准的100%给予补贴。6个月内没有实现就业的,取得初级以上职业资格证书,按职业培训补贴标准的80%给予补贴;取得专项职业能力证书或创业培训合格证书,按职业培训补贴标准的60%给予补贴。

91. 高校毕业生如何获取职业资格证书?

高校毕业生个人可向职业技能鉴定所(站)自主申请职业技能鉴定。职业技能鉴定要参加理论知识考试和操作技能(专业能力)考核。经鉴定合格者,由人力资源社会保障部门核发相应的职业资格证书。

92. 高校毕业生能否享受职业技能鉴定补贴政策,如何申请技能鉴定补贴?

按照《财政部、人力资源社会保障部关于进一步加强就业专项资金管理有关问题的通知》(财社〔2011〕64号)等文件的规定,对高校毕业生在毕业年度内通过初次职业技能鉴定并取得职业资格证书或专项职业能力证书的,按规定给予一次性职业技能鉴定补贴。

通过初次职业技能鉴定并取得职业资格证书或专项职业能力证书的,可向职业技能鉴定所在地人力资源社会保障部门申请一次性职业技能鉴定补贴。职业技能鉴定补贴申请材料应附:申请人身份证复印件、就业失业登记证复印件、职业资格证书复印件、职业技能鉴定机构开具的行政事业性收费票据(或税务发票)等凭证材料。经人力资源社会保障部门审核后,财政部门按规定将补贴资金支付给申请者本人。

七、为高校毕业生提供就业指导、就业服务和就业援助

93. 主要有哪些机构为高校毕业生提供就业服务?

(1) 公共就业和人才服务机构

由各级人力资源社会保障部门举办的公共就业和人才服务机构,为高校毕业生免费提供政策咨询、就业信息、职业指导、职业介绍、就业援助、就业与失业登记或求职登记等各项公共服务,按规定为登记失业高校毕业生免费提供人事档案管理等服务。此外,还定期开展面向高校毕业生的公共就业和人才服务专项活动,比如每年5月“民营企业招聘周”、每年9月“高校毕业生就业服务月”、每年11月“高校毕业生就业服务周”等,为高校毕业生和用人单位搭建供需对接平台。

(2) 高校毕业生就业指导机构

目前,各省教育部门、各高校普遍建立了高校毕业生就业指导机构,为毕业生提供就业咨询、用人单位招聘及实习实训信息、求职技巧、职业生涯辅导、毕业生推荐、实习实践能力提升和就业手续办理等多项就业指导和服务。

(3) 职业中介机构

主要包括从事人力资源服务的经营性机构，政府鼓励各类职业中介机构为高校毕业生提供就业服务，对为登记失业高校毕业生提供服务并符合条件的职业中介机构按规定给予职业介绍补贴。

94. 职业中介机构如何享受职业介绍补贴？

按照《财政部、人力资源社会保障部关于进一步加强就业专项资金管理有关问题的通知》(财社〔2011〕64 号)等文件的规定，在工商行政部门登记注册的职业中介机构，可按经其就业服务后实际就业的登记失业人员人数向当地人力资源社会保障部门申请职业介绍补贴。

职业介绍补贴申请材料应附：经职业中介机构就业服务后已实现就业的登记失业人员名单、接受就业服务的本人签名及身份证复印件、就业失业登记证复印件、劳动合同等就业证明材料复印件、职业中介机构在银行开立的基本账户等凭证材料。申请材料经人力资源社会保障部门审核后，财政部门按规定将补贴资金支付到职业中介机构在银行开立的基本账户。

95. 高校毕业生获取就业信息的主要渠道有哪些？

(1) 浏览各类就业信息网站，包括中央有关部门主办的全国性就业信息网站、地方有关部门主办的就业信息网站、各高校就业信息网站及校内 bbs 求职版面、其他专业性就业网站等(主要网址见附表 2)；

(2) 参加各类招聘和双向选择活动，包括国家有关部门、各地、学校、用人单位等相关机构组织的各类现场或网络招聘活动；

(3) 参与校企合作实习，包括社会实践、毕业实习等活动；

(4) 查阅媒体广告，如报纸、刊物、电台、电视台、视频媒体等；

(5) 他人推荐，如导师、校友、亲友等；

(6) 主动到单位求职自荐等。

96. 在校期间高校毕业生可以通过哪些途径提升就业能力？

在学好专业知识技能的同时，根据学校要求或安排，毕业生可以通过选修或必修就业指导课程、参与学校组织的就业实习、技巧辅导、模拟招聘等活动，学习和了解相关职业的资料和信息，充分借助社会实践平台，全面提升就业能力。

高校毕业生还可通过学校实施的毕业证书与职业资格证书“双证书”制度、组织到企业顶岗实习、参加人力资源社会保障部门认定的定点机构开展的职业技能培训等，切实增强自身的岗位适应能力与就业竞争力，促进职业素养的养成。

97. 困难家庭高校毕业生包括哪些？享受哪些帮扶政策？

困难家庭高校毕业生是指来自城镇低保家庭、低保边缘户家庭、农村贫困家庭和残疾人家庭的普通高校毕业生。

各级机关考录公务员、事业单位招聘工作人员时，免收困难家庭高校毕业生的报名费和体检费。

为帮助困难家庭的高校毕业生求职就业，高校一般都会安排经费作为困难家庭毕业生的求职补助，或对已成功就业的困难家庭毕业生给予奖励。困难家庭的毕业生可向所在院系书面申请。学校也应根据平时掌握的情况，对困难家庭的毕业生给予主动帮助。

98. 面对求职困难，高校毕业生该如何应对？

(1) 主动了解国家促进就业的相关政策，努力争取各方支持；

(2) 主动联系学校就业指导老师和专业教师，并保持经常沟通；

(3) 积极参加校园招聘会和各类人才洽谈会；

(4) 主动到各级人力资源社会保障部门所属的公共就业和人才服务机构进行求职登记，获得免费的政策咨询、就业信息、职业指导、职业介绍、就业援助等服务；

(5) 通过网络等各种渠道，广泛搜集社会需求信息；

(6) 充分利用亲友、校友、学校社团等资源，积极获取就业信息；

(7) 了解社会发展动态，树立正确的就业观，合理调整求职预期。

99. 高校毕业生如何办理就业登记和失业登记？离校后未就业如何获得相应的就业指导和服务？

各级公共就业和人才服务机构要按照就业促进法的规定，为已就业高校毕业生免费办理就业登记，并按规定提供人事、劳动保障代理服务。对未就业的高校毕业生可按规定办理失业登记，并纳入户籍所在地失业人员统一管理，落实相关就业扶持政策。各级人力资源社会保障部门、教育部门和各高校将进一步完善以实名制为基础的高校毕业生就业统计制度，做好高校毕业生毕业前后的信息衔接和服务接续。

回到原户籍所在地报到的未就业高校毕业生，能够免费享受当地人力资源社会保障部门提供的公共就业和人才服务。

100. 离校未就业高校毕业生登记失业后，可以享受哪些服务和政策？

登记失业高校毕业生可免费获得政策咨询、职业指导、职业介绍和人事档案托管等服务政策。有意愿参加就业见习的，可按规定提供基本生活补助并办理一次性人身意外伤害保险；参加职业培训和技能鉴定的，可以按规定申请培训补贴和鉴定补贴。有创业意愿的，可以享受有关税收优惠、小额担保贷款及贴息、行政事业性收费减免、创业服务等扶持政策。

各级公共就业和人才服务机构已将就业困难的高校毕业生纳入当地就业援助体系，建立专门台账，实施“一对一”职业指导和重点帮扶，并向用人单位重点推荐，或通过公益性岗位安置就业。符合就业困难条件的高校毕业生可按规定得到就业援助，并落实社会保险补贴或公益性岗位补贴等政策。

附表 1　中央部门组织实施的基层就业项目

项目名称 细则	选聘高校毕业生到村任职工作	农村义务教育阶段学校教师特设岗位计划	高校毕业生“三支一扶”计划	大学生志愿服务西部计划
组织实施部门	中组部牵头，教育部、财政部、人力资源社会保障部、共青团中央等部门共同组织实施	教育部牵头，财政部、人力资源社会保障部、中央编办共同组织实施	人力资源社会保障部牵头，中组部、教育部、财政部、农业部、卫生部、扶贫办、共青团中央共同组织实施	共青团中央牵头，教育部、财政部、人力资源社会保障部共同组织实施
招募对象与条件	30 岁以下应届和往届的全日制普通高校专科以上学历的毕业生。重点是应届和毕业 1～2 年本科生、研究生，原则上为中共党员（含预备党员），非中共党员的优秀团干部、优秀学生干部也可选聘。参加人力资源和社会保障部、团中央等部门组织的到农村基层服务的“三支一扶”、“志愿服务西部计划”等活动期满的高校毕业生，本人自愿且具备选聘条件的，经组织推荐可作为选聘对象。对于各省（区、市）此前已经选聘到村任职的高校毕业生，本人自愿，通过组织考察推荐，可转为选聘对象	1. 以高等师范院校和其他全日制普通高校应届毕业生为主，可招少量应届师范类专业专科毕业生 2. 取得教师资格，具有一定教学实践经验，年龄在 30 岁以下的全日制普通高校往届本科毕业生 3. 参加过“大学生志愿服务西部计划”、有从教经历的志愿者和参加过半年以上实习支教的师范院校毕业生同等条件下优先 4. 报名者应同时符合教师资格条件要求和招聘岗位要求	主要为全国普通高校应届毕业生	普通高校应届毕业生
招募方式	程序为：个人报名、资格审查、组织考察、体检、公示、决定聘用、培训上岗	公开招聘、合同管理。方式：专场招聘会、网上招聘会、组织设岗所在地有关部门到高校招聘等	公开招募、自愿报名、组织选拔、统一派遣	全国公开招募、自愿报名
数量规模	从 2008 年开始，计划每年选聘 2 万名，连续 5 年，共选聘 10 万名高校毕业生。2008—2010 年，实际已选聘 11.3 万名。从 2010 年开始，扩大选聘规模，逐步实现“一村一名大学生村官”计划的目标	从 2006 年开始，用 5 年时间实施。2006 年共安排 2～3 万个特设岗位，以后每年根据实际情况另行确定招聘人数。2009 年中央“特岗计划”项目计划安排 5～7 万个特设岗位，鼓励各地启动实施地方项目	从 2006 年开始，每年选派 2 万名高校毕业生，目前已实施 5 年，共选派 17 万余名“三支一扶”高校毕业生	从 2003 年开始，已实施 8 年多。截至 2011 年 11 月，总实施规模已超过 10 万人，平均每年保持约 1.7 万名志愿者在岗

续表

细则 \ 名称 \ 项目	选聘高校毕业生到村任职工作	农村义务教育阶段学校教师特设岗位计划	高校毕业生“三支一扶”计划	大学生志愿服务西部计划
岗位	一般安排为村党组织书记助理、村委会主任助理、村团组织书记或副书记等职务	特设岗位教师原则上安排在县以下农村初中，适当兼顾乡镇中心学校。人口较少的边境县、少数民族自治县和少数民族县可安排在农村生源占60%左右的县城学校	支农、支教、支医和扶贫岗位，及部分乡镇团委副书记岗位	到西部贫困县的乡镇从事基础教育、农业科技、医疗卫生、基层青年工作、服务新疆、服务西藏、基层社会管理等工作
服务期间身份	为“村级组织特设岗位”人员，系非公务员身份	特设岗位教师	“三支一扶”志愿者	西部计划志愿者
户档管理	1. 到西部和艰苦边远地区农村任职的，户口可留在现户籍所在地 2. 档案由县委组织部门或县级人事部门所属人才服务机构免费代理 3. 党团关系转到所在村	1. 聘任期间，特设岗位教师的户口和档案的管理，由省级政府根据当地实际情况确定。 2. 档案关系原则上统一转至工作学校所在地。	1. 户口由省级“三支一扶”办公室指定的机构统一管理；也可根据本人意愿转回入学前户籍所在地 2. 人事档案原则上统一转至服务单位所在地县级政府人力资源社会保障部门。党团关系转至服务单位	1. 户口可保留学校两年，也可转回户籍所在地 2. 档案由户籍存放地公共就业和人才服务机构免费代理
日常管理	1. 工作管理及考核比照公务员有关规定进行，由乡镇党委、政府负责 2. 乡镇党委、政府负责住宿及日常生活管理和服务	聘期内，由地方教育行政部门对其进行跟踪评估	用人单位负责安排工作岗位，承担日常管理工作。县级人力资源社会保障部门负责年度和服务期满考核工作。服务期满考核合格，经省级办公室审核颁发证书	县级成立领导小组和项目管理办公室，主要负责协调指导服务单位工作和对志愿者进行日常管理

续表

项目 名称 细则	选聘高校毕业生到村任职工作	农村义务教育阶段学校教师特设岗位计划	高校毕业生“三支一扶”计划	大学生志愿服务西部计划
待遇（补贴和保险）	1. 项目经费由中央和地方财政共同承担 2. 比照当地乡镇从高校毕业生中新录用公务员试用期满后工资水平确定工作、生活补贴标准，在艰苦边远地区的，按规定发放艰苦边远地区津贴 3. 参加养老社会保险 4. 任职期间，办理医疗、人身意外伤害商业保险	1. 特设岗位教师聘任期间，执行国家统一的工资制度和标准 2. 其他津贴补由各地根据当地同等条件公办教师收入和中央补助水平综合确定。同时提供必要的交通补助、体检费。按规定纳入当地社会保障体系，享受相应社会保障待遇，政府不安排商业保险	1. 所需经费由中央财政与地方财政共同承担，中央财政在招募计划内按实际到岗人数和不同地区标准给予补助 2. 从 2009 年起，服务期间参照本地乡镇事业单位从高校毕业生中新聘用工作人员试用期满后工资收入水平标准，确定工作、生活补贴标准，按月发放 3. 服务期间按照规定统一参加相应的社会保险，以提高其保障水平	1. 服务期间，中央财政按有关标准发放生活补贴，在西部艰苦边远地区开展志愿服务的，享受艰苦边远地区津贴 2. 每年发放两次交通补贴；同意对志愿者进行培训、体检，办理人身意外伤害保险和医疗保险 3. 服务期间计算工龄
期满就业政策	选聘工作期限一般为 2～3 年。工作期间县级组织人事部门与其签订聘任合同。工作期满后，经组织考核合格、本人自愿的，可继续聘任。不再续聘的，引导和鼓励其就业、创业	1. 聘任期为 3 年，鼓励服务期满后继续扎根基层从事农村教育事业 2. 聘期结束后可留在当地任教 3. 重新择业的，各地要为其重新选择工作岗位提供方便条件和必要帮助 4. 可推荐免试攻读教育硕士	总的原则是志愿服务、期满自主择业。在派遣前均签订服务协议，服务期限为 2～3 年 1. 原服务单位有空岗时优先聘用服务期满考核合格的“三支一扶”大学生。 2. 规定事业单位有职位空缺需补充人员时，应拿出一定职位专门吸纳	总的原则是鼓励扎根基层，或者自主择业和流动就业，服务期限为 1～3 年 1. 服务期满 2 年且考核合格的，3 年内报考研究生，初试总分加 10 份，同等条件下优先录取 2. 服务期满 2 年且考核合格的，报考公务员享受相关优惠政策 3. 出省服务的和在本省服务的志愿者优惠政策必须保持一致

附表 2　高校毕业生就业主要网站

国家一级高校毕业生就业信息网

1	全国招聘信息公共服务网	http://www.cjob.gov.cn
2	全国大学生就业公共服务立体化平台	http://www.ncss.org.cn
3	中国国家人才网	http://www.newjobs.com.cn
4	中国人力资源市场网	http://www.chrm.gov.cn
5	中国就业网	http://www.chinajob.gov.cn
6	中国人事考试网	http://www.cpta.com.cn
7	中国中小企业信息网	http://www.sme.gov.cn

各地高校毕业生就业信息网

1	北京市人力资源社会保障局网	www.bjld.gov.cn
2	北京市人力资源和社会保障局毕业生就业网	www.bjbys.com
3	北京高校毕业生就业信息网	www.bjbys.net.cn
4	北京人才网	www.bjrc.com
5	天津市人力资源社会保障局网	www.tj.lss.gov.cn
6	天津市高校毕业生就业信息网	www.tjbys.com
7	北方人才网	www.tjrc.com.cn
8	河北省人力资源社会保障厅网	www.he.lss.gov.cn
9	河北就业服务网	www.he.lm.gov.cn
10	河北人才网	www.hbrc.com.cn
11	河北省大中专毕业生就业服务信息网	www.hbxsw.org
12	山西省人力资源社会保障厅网	www.sx.hrss.gov.cn
13	山西人才网	www.sjrc.com.cn
14	山西毕业生网	www.sxbys.com.cn
15	内蒙古人力资源社会保障厅网	www.nm12333.cn
16	内蒙古人才网	www.nmgrc.com
17	内蒙古高校毕业生就业信息网	www.nmbys.com
18	辽宁省人力资源社会保障厅网	www.ln.hrss.gov.cn
19	辽宁省就业网	www.jyw.gov.cn
20	辽宁人事人才公共服务网	www.lnrc.com.cn
21	辽宁省高校毕业生就业信息网	www.lnjy.com.cn
22	吉林省人力资源社会保障厅网	hrss.jl.gov.cn
23	吉林人力资源网	www.jl.lm.gov.cn
24	吉林人才网	www.jlRC.com.cn
25	吉林省高校毕业生就业信息网	www.jilinjobs.cn
26	黑龙江省人力资源社会保障厅网	www.hl.lss.gov.cn
27	黑龙江人才网	http://www.rc.com.cn
28	黑龙江省大中专学校毕业生就业服务信息网	www.work.gov.cn
29	上海市人力资源社会保障局网	www.12333sh.gov.cn

续表

30	上海公共招聘网	www. 12333sh. gov. cn
31	上海人才服务网	www. shrc. com. cn
32	上海高校毕业生就业信息网	www. firstjob. com. cn
33	江苏省人力资源社会保障厅网	www. jshrss. gov. cn
34	江苏公共就业服务网	lm. jshrss. gov. cn
35	江苏人事人才公共信息网	www. jsrsrc. gov. cn
36	江苏毕业生就业网	www. jsbys. com. cn
37	浙江省人力资源社会保障厅网	www. zjhrss. gov. cn
38	浙江人才网	www. zjrc. com
39	浙江人力资源网	www. zjhr. com
40	浙江省大学生网上就业市场	www. ejobmart. cn
41	安徽省人力资源社会保障厅网	www. ah. hrss. gov. cn
42	安徽人才网	www. ahhr. com. cn
43	安徽大中专毕业生就业信息网	www. ahbys. com
44	福建省人力资源社会保障厅网	www. fjlss. gov. cn
45	福建省人事人才网	www. fjrs. gov. cn
46	福建省毕业生就业公共网	www. fjbys. gov. cn
47	江西省人力资源社会保障厅网	hrss. jiangxi. gov. cn
48	江西人力资源网	www. jxzp. cc
49	江西人才人事网	www. jxrcw. com
50	江西省高校毕业生就业信息网	www. jxbys. net. cn
51	山东省人力资源社会保障厅网	www. sdhrss. gov. cn
52	山东就业网	www. sdlss. gov. cn
53	山东人才网	www. sdrc. com. cn
54	山东高校毕业生就业信息网	www. sdbys. cn
55	河南省人力资源社会保障厅网	www. ha. lss. gov. cn
56	中国中原人才网	www. zyrc. com. cn
57	河南省毕业生就业信息网	www. hnbys. gov. cn
58	湖北省人力资源社会保障厅网	www. hb12333. com
59	湖北人才网	www. jobhb. com
60	湖北毕业生就业信息网	www. job. e21. edu. cn
61	湖南省人力资源社会保障厅网	rst. hunan. gov. cn
62	湖南人才网	www. hnrcsc. com
63	湖南人力资源网	ldt. hunan. gov. cn
64	湖南省毕业生就业网	www. hunbys. com
65	广东省人力资源社会保障厅网	www. gdrst. gov. cn
66	广东人力资源市场网	www. gd. lss. gov. cn/lm
67	广东人才网	www. gdrc. com
68	广东大学生就业在线	www. gradjob. com. cn
69	广西自治区人力资源社会保障厅网	www. gx. lss. gov. cn

续表

70	广西人才网	www. gxrc. com
71	广西西南人才市场	www. gxxnrc. com
72	广西毕业生就业网	www. gxbys. com
73	海南省人力资源社会保障厅网	hi. lss. gov. cn
74	海南人才招聘网	www. hnrczpw. com
75	海南大中专毕业生就业指导信息网	www. hnbys. net
76	重庆市人力资源社会保障局网	www. cqhrss. gov. cn
77	重庆大学生就业网	www. cqxsjy. com
78	重庆人才公共信息网	www. cqrc. net
79	重庆高校毕业生就业信息网	www. cqbys. com
80	四川省人力资源社会保障厅网	www. scrs. gov. cn
81	四川省人才网	www. scrc168. com
82	四川省高校毕业生就业信息网	www. job. scedu. net
83	贵州省人力资源社会保障厅网	gz. hrss. gov. cn
84	贵州人才信息网	www. gzrc. gov. cn
85	贵州省大中专毕业生就业指导中心	www. gzsjyzx. com
86	云南人力资源和社会保障厅	www. ynhrss. gov. cn
87	云南人事人才信息网	www. ynrs. gov. cn
88	云南人才网	www. ynhr. com
89	云南省教育厅大中专毕业生就业服务网	www. yn111. net
90	西藏人力资源信息网	www. tibetrlinfo. org. cn
91	西藏高校毕业生就业信息网	www. xzjyzdzx. com. cn
92	陕西省人力资源社会保障厅网	www. shaanxihrss. gov. cn
93	陕西人才公共服务网	www. snhr. gov. cn
94	陕西人才公共服务网毕业生就业服务	bys. xajob. com
95	甘肃省人力资源社会保障厅网	www. rst. gansu. gov. cn
96	西北人才网	www. xbrc. gov. cn
97	甘肃省促进就业网	www. gscjjy. cn
98	青海省人力资源社会保障厅网	www. qhhrss. gov. cn
99	青海人才市场网	www. qhrcsc. com
100	青海人力资源市场网	www. qhhrm. cn
101	青海毕业生就业信息网	www. qhbys. com
102	宁夏自治区人力资源社会保障厅网	www. nxhrss. gov. cn
103	宁夏劳动就业网	www. nxjob. cn
104	宁夏人才网	www. nxrc. com. cn
105	宁夏毕业生网	www. nxbys. com
107	新疆自治区人力资源社会保障厅网	www. xjrs. gov. cn
108	新疆生产建设兵团劳动和社会保障网	www. xjbt. lss. gov. cn
109	中国新疆人才网	www. xjrc365. com
110	新疆兵团人事人才网	www. xbrs. gov. cn

参考文献

[1] http://www.beisen.careersky.org 中性格测评部分.

[2]〔美〕保罗·D.蒂戈尔，巴巴拉·巴伦-蒂戈尔著，李楠译.就业宝典[M].北京：中信出版社，2002.

[3] 王林，陈淑刚主编.职业生涯规划与就业指导[M].北京：北京理工大学出版社，2013.

[4] 布莱德·哈林顿、道格拉斯·蒂姆·豪尔著，张星，张璐译.职业生涯规划与管理[M].北京：机械工业出版社，2013.

[5] http://www.tools.hsbcadvance.com/vs/cn/Default.aspx 职业价值观测验.

[6] 百度百科价值观、职业价值观、马斯洛需求层次理伦.

[7]〔美〕施恩.职业锚：发现你的真正价值[M].北京：中国财政经济出版社，2004.

[8] 钟谷兰，杨开.大学生职业生涯发展与规划[M].上海：华东师范大学出版社，2008.

[9]〔美〕塞缪尔·H.奥西普，露易丝·F.菲茨杰拉德著，顾雪英，姜飞月等译.生涯发展理论(第四版)[M].上海：上海教育出版社，2010.

[10] 方伟.大学生职业生涯规划咨询案例教程[M].北京：北京大学出版社，2008.

[11]〔美〕唐娜·J.叶纳著，刘红霞，杨伟国译.职业生涯规划自测、技能与路径(第四版)[M].北京：机械工业出版社，2011.

[12] 李海燕.大学生职业生涯规划[M].广州：中山大学出版社，2012.

[13] 孙文博，张弛.大学生职业生涯规划[M].北京：清华大学出版社，北京交通大学出版社，2010.

[14] 李晓波，李洪波.大学生职业生涯规划与发展[M].北京：化学工业出版社，2012.

[15] 张延东.大学生职业生涯规划与设计[M].北京：现代教育出版社，2012.

[16] 邵晓红.大学生职业生涯与发展规划[M].北京：北京大学出版社，2009.

[17] 赵麟斌.大学生职业生涯规划与就业指导(第二版)[M].北京：北京大学出版社，2011.

[18] 程社明.你的船 你的海[M].北京：新华出版社，2007.

[19] http://www.beisen.careersky.org 决策部分.

[20] 孙科炎，李国旗.决策心理学[M].北京：中国电力出版社，2012.

[21] 蒋建荣.大学生职业发展与就业训练教程[M].北京：中国出版集团现代教育出版社，2009.

[22] 余勇.大学生职业生涯规划与就业创业指导[M].天津：南开大学出版社，2012.

[23] 焦连合.新编大学生职业发展与就业指导教程[M].济南：山东大学出版社，2008.

[24] 杜俊峰.大学生就业与创业指导[M].天津：南开大学出版社，2012.

[25] 陈敏.大学生职业生涯发展与管理[M].上海：复旦大学出版社，2008.

[26] 程正方.现代管理心理学[M].北京：北京师范大学出版社，2009.

[27]〔美〕卡耐基著，刘娟译.人性的弱点[M].北京：中华工商联合出版社有限责任公司，2010.

[28]〔美〕里尔登著，侯志瑾等译.职业生涯发展与规划[M].北京：中国人民大学出版社，2010.

[29] 李开复.做最好的自己[M].北京：人民出版社，2005.

[30] 李莉，李兰芬，杨小儒.大学生职业发展与社会技能的关系研究[J].中国健康心理学杂志，2007，(7).

[31] 李艳，张海燕，孔令升.河北省大学毕业生就业和职业适应状况调研——以沧州师范学院为例[J].沧州师范专科学校学报，2010，(4).

[32] 刘进.浅析大学毕业生角色的转换[J].中国成人教育，2007，(9).

[33] 刘苹. 大学毕业生实现角色转换的有效方法[J]. 当代经济,2006,(7).
[34]〔美〕沃特金斯著,杨斌,曹越译. 最初的 90 天——如何成功进行角色转换[M]. 北京:经济科学出版社,2004.
[35] 杨明,高静. 成功走向职场——职业发展与就业指导[M]. 山东:山东人民出版社,2009.
[36] 宋三弦. 我为什么不要应届毕业生[M]. 重庆:重庆出版社,2005.
[37] 奚从清. 角色论——个人与社会的互动[M]. 杭州:浙江大学出版社,2010.
[38] 闫继臣. 大学生职业发展与就业指导[M]. 北京:中国劳动社会保障出版社,2009.
[39] 周彦平. 毕业生的角色转换[J]. 现代物业(中旬刊),2010(12).
[40] 张彬彬,郑日吕. 507 名理工科大学生择业效能感现状分析[J]. 中国心理卫生杂志. 2002,(11).
[41] 张钰. 高职学生择业自我效能性别差异的实证研究[J]. 职业教育研究,2007,(1).
[42] 戴忠恒. 心理教育测量[M]. 上海:华东师范大学出版社,1987.
[43] 甘寿国,蔡涛. 大学生职业生涯规划及其影响探究[J]. 高教探索,2007.
[44] 林清文. 生涯发展与规划手册[M]. 广州:世界图书出版公司,2003.
[45] 江苏省高校招生就业指导服务中心. 大学生核心就业力培养[M]. 南京:江苏教育出版社,2009.
[46] 朱莉,姜峰. 赢在未来:大学生创业实务与策略[M]. 济南:山东大学出版社,2010.
[47] 周浩杰. 大学到底怎么读[M]. 广州:南方日报出版社,2008.
[48]〔美〕卡尔·纽坡特著,赵娟译. 如何在大学里脱颖而出[M]. 深圳:海天出版社,2006.
[49] 任仲平. 论责任公民道德建设关键环节[N]. 人民日报,2005-9-19(1).